DIRECTORIO NACIONAL
para la CATEQUESIS

DIRECTORIO

NACIONAL

para la CATEQUESIS

UNITED STATES CONFERENCE OF CATHOLIC BISHOPS

United States Conference of Catholic Bishops
Washington, D.C.

El *Directorio nacional para la catequesis* fue elaborado por el Comité de Educación y el Comité de Catequesis, organismos de la *United States Conference of Catholic Bishops* (USCCB) [Conferencia de los Obispos Católicos de los Estados Unidos]. Fue aprobado por el cuerpo completo de los Obispos Católicos de los Estados Unidos, en su Reunión general en junio de 2003, y recibió la posterior *recognitio* de la Santa Sede, y ha sido autorizada su publicación por el suscripto.

Monseñor William P. Fay
Secretario General, USCCB

Contenido

Abreviaturas

AA	Decreto *Sobre el apostolado de los seglares (Apostolicam actuositatem)*
AG	Decreto *Sobre la actividad misionera de la Iglesia (Ad gentes divinitus)*
AN	Instrucción *Sobre las comunicaciones sociales en el vigésimo aniversario de* Communio et progressio *(Aetatis novae)*
CA	Carta encíclica *En el centenario de la* Rerum Novarum *(Centesimus annus)*
CCE	*Catecismo de la Iglesia Católica (Catechismus Catholicae Ecclesiae)*
CD	Decreto *Sobre el ministerio pastoral de los Obispos (Christus Dominus)*
CIC	*Código de derecho canónico (Codex iuris canonicae)*
CL	Exhortación apostólica postsinodal *Vocación y misión de los laicos en la Iglesia y en el mundo (Christifideles laici)*
CT	Exhortación apostólica *Sobre la catequesis en nuestro tiempo (Catechesi tradendae)*
DCG	*Directorio catequístico general (Directorium catechisticum generale)*
DD	Carta apostólica *Sobre la santificación del domingo (Dies Domini)*
DGC	*Directorio general para la catequesis*
DI	Declaración *Sobre la unicidad y la universalidad salvífica de Jesucristo y de la Iglesia (Dominus Iesus)*
DS	*Enchiridio symbolorum*
DV	Constitución dogmática *Sobre la divina revelación (Dei verbum)*
EA	Exhortación apostólica postsinodal Ecclesia in America *(Ecclesia in America)*
ECE	Constitución apostólica *Sobre las universidades católicas* (Ex corde Ecclesiae)
EE	Carta encíclica *Sobre la Eucaristía en su relación con la Iglesia (Ecclesia de Eucharistia)*
EN	Exhortación apostólica *Acerca de la evangelización del mundo contemporáneo (Evangelii nuntiandi)*
EV	Carta encíclica *Sobre el valor y el carácter inviolable de la vida humana (Evangelium vitae)*
FC	Exhortación apostólica *Sobre la misión de la familia cristiana en el mundo actual (Familiaris consortio)*
FD	Constitución apostólica *Para la publicación del* Catecismo de la Iglesia Católica *(Fidei depositum)*
GS	Constitución pastoral *Sobre la Iglesia en el mundo actual (Gaudium et spes)*
HV	Carta encíclica *Sobre la regulación de la vida humana (Humanae vitae)*
IGMR	*Ordenación general del Misal Romano (Institutio generalis Missalis Romani)*
IM	Decreto *Sobre los medios de comunicación social (Inter mirifica)*
LG	Constitución dogmática *Sobre la Iglesia (Lumen gentium)*
LM	Carta apostólica *Para la aprobación y promulgación de la edición típica latina de* Catecismo de la Iglesia Católica *(Laetamur magnopere)*
MusSacr	Instrucción *Sobre la música en la sagrada Liturgia (Musicam sacram)*

NA   Declaración *Sobre las relaciones de la Iglesia con las religiones no-cristianas* (*Nostra aetate*)

NPI   *National Parish Inventory* [*Catálogo parroquial nacional*]. Sin traducción.

OE   Decreto *Sobre las Iglesias Orientales Católicas* (*Orientalium Ecclesiarum*)

OS   Carta apostólica *Sobre la ordenación sacerdotal reservada sólo a los hombres* (*Ordinatio sacerdotalis*)

PO   Decreto *Sobre el ministerio y vida de los presbíteros* (*Presbyterorum ordinis*)

PT   Carta encíclica *Sobre la paz entre todos los pueblos* (*Pacem in terris*)

RICA   *Rito de la iniciación cristiana de adultos* [USCCB, 1991]; también se menciona el *Ritual de iniciación cristiana de adultos* [Vaticano, 1972]

RM   Carta encíclica *Sobre la permanente validez del mandato misionero* (*Redemptoris Missio*)

RP   Exhortación apostólica postsinodal *Sobre la reconciliación y la penitencia en la misión de la Iglesia hoy* (*Reconciliatio et paenitentia*)

RV   *Renovemos la visión: Fundamentos para el ministerio con jóvenes católicos*

SANC   *Sentíamos arder nuestro corazón: Plan pastoral de Estados Unidos para la formación en la fe del adulto*

SC   Constitución dogmática *Sobre la sagrada Liturgia* (*Sacrosanctum Concilium*)

SRS   Carta encíclica *La preocupación social de la Iglesia* (*Sollicitudo rei socialis*)

TMA   Carta apostólica *Mientras se aproxima el tercer milenio* (*Tertio millennio adveniente*)

UUS   Carta encíclica *Sobre el empeño ecuménico* (*Ut unum sint*)

UR   Decreto *Sobre el ecumenismo* (*Unitatis redintegratio*)

VQA   Carta apostólica *En el XXV aniversario de la Constitución* Sobre la sagrada Liturgia (*Vicesimus quintus annus*)

VS   Carta encíclica *Sobre algunas cuestiones fundamentales de la enseñanza moral de la Iglesia* (*Veritatis splendor*)

DIRECTORIO NACIONAL
para la CATEQUESIS

Introducción

Vayan, pues, y enseñen en todas las naciones,
bautizándolas en el nombre del Padre y del Hijo y
del Espíritu Santo, y enseñándolas a cumplir todo cuanto
yo les he mandado; y sepan que yo estaré con ustedes
todos los días, hasta el fin del mundo. (*Mt 28, 19-20*)

1. UNA VISIÓN DEL
DIRECTORIO NACIONAL PARA LA CATEQUESIS

Jesucristo es el emisario único del Padre y los apóstoles son los emisarios de Jesucristo. "Como el Padre me ha enviado, así también los envío yo."[1] El ministerio de los apóstoles continúa la misión de Cristo —desde el Padre y en el Espíritu Santo para la salvación de todos.

En primer lugar, Cristo manda a sus apóstoles que vayan y prediquen en todas partes, con una meta específica en sus corazones: proclamar su Evangelio y conducir a todas las personas a la comunión con Dios. No deben permanecer donde se encuentran, preguntándose qué hacer. Este sentido de movimiento, dirección y orientación hacia el exterior para incluir a todos los hombres en el plan universal de salvación en Cristo es vital para la autenticidad y el éxito de la misión que Cristo les confió. Su misión es la misión de Cristo: urgente, decidida y guiada por el Espíritu Santo.

Desde su mismo inicio, el mandato de Jesucristo a sus apóstoles determina el curso de la misión fundamental de la Iglesia de formar discípulos de todas las naciones. El mandato misionero del Señor fluye del amor eterno de la Santísima Trinidad. En el plan de salvación eterno de Dios en Cristo y a través del Espíritu Santo, la Iglesia es el sacramento universal de esa salvación y, como tal, es misionera por naturaleza. Su dinamismo misionero está impulsado por el amor de Cristo[2] y guiado por

---

1   *Jn* 20, 21.
2   Cf. *2 Co* 5, 14.

el Espíritu Santo.[3] "Porque cree en el designio universal de salvación, la Iglesia debe ser misionera."[4] En obediencia al mandato divino, los após-toles, sus sucesores y sus discípulos han respondido a través de todas las épocas proclamando con entusiasmo el mensaje del Evangelio al mundo entero. Esa misión fundamental es siempre inseparable de la persona de Jesucristo.

Jesucristo es el centro energizante de la evangelización y el corazón de la catequesis. Cristo, el primer evangelizador, es Él mismo la Buena Nueva que proclama el Reino de Dios y logra la salvación de todos a través de su sufrimiento, muerte y resurrección redentores. La catequesis revela cabalmente la plenitud del designio eterno de Dios en la persona de Jesucristo. Él es "el camino, la verdad y la vida."[5] Jesucristo es a la vez el mensaje, el mensajero, el propósito del mensaje y su consumación. Sólo Él puede guiarnos al amor del Padre en el Espíritu Santo e invitarnos a com-partir la vida de la Santísima Trinidad. La obra de la evangelización y la cate-quesis es siempre "[hacia] el Padre, por la acción de un mismo Espíritu."[6]

El mandato misionero del Señor ordena a los apóstoles bautizar en el nombre del Padre y del Hijo y del Espíritu Santo. Es por ello que el mandato misionero es trinitario por naturaleza: nació en el corazón del Padre, fue pronunciado en el anuncio que hizo el Hijo del Reino de los Cielos en la tierra, ya presente en el misterio en la Iglesia, y es santificado continuamente por la presencia y guía del Espíritu Santo. El fin último de esta misión es hacer partícipes a hombres y mujeres de la comunión entre el Padre y el Hijo en su Espíritu de amor.[7]

De acuerdo con el designio del Padre, la Iglesia procede de la misión del Hijo y del Espíritu Santo.[8] De acuerdo con el designio divino de redención, el Padre envía al Hijo. Creó al varón y la mujer para compartir

---

3   Cf. Juan Pablo II, Carta encíclica *Redemptoris Missio. Sobre la permanente validez del mandato misionero* (RM), n. 21, en http://www.vatican.va/edocs/ESL0040/_INDEX.HTM.

4   *Catecismo de la Iglesia Católica* (CCE), 2da edición, n. 851 (Washington, DC: United States Conference of Catholic Bishops, 2001).

5   *Jn* 14, 6.

6   *Ef* 2, 18.

7   Cf. RM, n. 23.

8   Cf. Concilio Vaticano II, Decreto *Ad gentes. Sobre la actividad misionera de la Iglesia* (AG), n. 2, en http://www.vatican.va/archive/hist_councils/ii_vatican_council/documents/vat-ii_decree_19651207_ad-gentes_sp.html.

su propia vida divina. Esa comunión entre Dios y la humanidad se realiza en la Iglesia.

Jesucristo, el Hijo eterno del Padre, instituyó la Iglesia a fin de llevar a cabo para todos el plan de salvación del Padre. Cristo proclamó la Buena Nueva de la venida del Reino de Dios para que todos la escuchen y respondan a ella. En efecto, Él inauguró el Reino en su persona. La Iglesia es "el reino de Cristo, presente ya en el misterio."[9]

El Espíritu Santo es el "protagonista trascendente de la realización de esta obra en el espíritu del hombre y en la historia del mundo."[10] Él guía a la Iglesia en su misión, siguiendo los pasos de su fundador para hacer llegar buenas noticias a los pobres, libertad a los cautivos y vista a los ciegos —manifestando siempre el misterio de Cristo en la misión de la Iglesia.

Es Cristo quien da el gran encargo a los apóstoles. Él les confía la continuación de su propia misión. En efecto, Él ruega poder estar en ellos así como el Padre está en Él.[11] Cristo es el centro de la historia de la salvación y el fin hacia el que se encamina la historia humana. Los apóstoles deben anunciar la salvación que Cristo obtuvo para todo el mundo y reunir las diversas naciones en comunión con Él. Este mandato misionero es "cristocéntrico" por su misma naturaleza: se origina en Él, transmite la verdad acerca de Él y se dirige al término hacia el cual se dirige Él. El mensaje del Evangelio es precisamente la Buena Nueva de Jesucristo. No puede centrarse en ningún otro que no sea Jesucristo.

El encargo de Cristo a sus apóstoles implica enseñar a Cristo y las enseñanzas de Cristo. En el cumplimiento de su labor apostólica, los Doce deben transmitir las enseñanzas de Cristo, la verdad que Él comunica o, en términos más exactos, la Verdad que Él es.[12] Al igual que su Maestro, los apóstoles deben declarar: "la doctrina que yo enseño no es mía, sino de aquel que me ha enviado."[13] Esto es verdad no sólo porque Cristo les transmitió su enseñanza, sino también porque Cristo mismo se dio a ellos. Al igual que San Pablo, ellos deben confesar: "yo recibí del Señor lo mismo que les he transmitido."[14] Esto es verdad no sólo porque no son

---

9   Concilio Vaticano II, Constitución dogmática *Lumen gentium. Sobre la Iglesia* (LG), n. 3.

10   RM, n. 21.

11   Cf. Jn 17, 23.

12   Cf. Jn 14, 6.

13   Jn 7, 16.

14   1 Co 11, 23.

ellos quienes elaboraron la enseñanza, sino también porque ellos, a su vez, deben preservar la enseñanza hasta el fin de los tiempos. Después de que Jesús completó la tarea que le encomendó el Padre y los apóstoles ya no contaron con su presencia física, Él no los dejó huérfanos. Jesús envió su Espíritu, y a través de su Espíritu, Cristo permanece eternamente en la Iglesia y en su misión apostólica de ir, hacer discípulos, bautizar y enseñar. A sus hermanos, convocados de entre todas las gentes, los constituyó místicamente como su cuerpo, comunicándoles su Espíritu.[15]

Jesús confió a sus apóstoles una misión divina que continuará hasta el final de los tiempos. El Evangelio que los apóstoles "deben transmitir en todo tiempo es el principio de la vida para la Iglesia."[16] Su oficio y ministerio tienen permanencia. Para la Iglesia, "tiempo" es el tiempo del Cristo Resucitado que prometió estar siempre entre nosotros. La presencia viviente de Cristo Resucitado en la Iglesia anticipa la plenitud de la Iglesia como el Reino de Dios "hasta el fin de los tiempos". La Iglesia en sí misma es el testigo vivo del Señor Resucitado, ya que su vida y actividades son testimonios constantes de que Jesús vive.

En obediencia al mandato divino, los apóstoles, sus sucesores y sus discípulos han respondido a través de los tiempos proclamando con entusiasmo el mensaje del Evangelio a todo el mundo. Esa misión fundamental es siempre inseparable de la persona de Jesucristo.

Catequesis es el término que se emplea para describir el ministerio esencial de la Iglesia a través del cual se han transmitido las enseñanzas de Cristo a los creyentes a lo largo de todas las épocas. En la Exhortación apostólica *Catechesi tradendae*, el Papa Juan Pablo II propone la siguiente descripción del ministerio de la catequesis:

> Muy pronto se llamó *catequesis* al conjunto de los esfuerzos realizados en la Iglesia para hacer discípulos, para ayudar a los hombres a creer que Jesús es el Hijo de Dios a fin de que, por la fe, tengan la vida en su nombre, y para educarlos e instruirlos en esta vida y construir así el Cuerpo de Cristo.[17]

---

15 Cf. LG, n. 7.
16 LG, n. 20.
17 CCE, n. 4; cf. Juan Pablo II, Exhortación apostólica *Catechesi tradendae. Sobre la catequesis en nuestro tiempo* (CT), nn. 1-2, en http://www.vatican.va/holy_father/john_paul_ii/apost_exhortations/documents/hf_jp-ii_exh_16101979_catechesi-tradendae_sp.html.

En un sentido más específico, "globalmente se puede considerar aquí la catequesis en cuanto *educación en la fe* de los niños, de los jóvenes y adultos, que comprende especialmente una enseñanza de la doctrina cristiana, dada generalmente de modo orgánico y sistemático, con miras a iniciarlos en la plenitud de la vida cristiana."[18]

En los años transcurridos desde el Concilio Vaticano II, el ministerio de la catequesis ha recibido renovado énfasis en la Iglesia.

2. RENOVACIÓN DE LA CATEQUESIS

La renovación de la catequesis reclamada por el Concilio Vaticano II concluyó en 1971 en la promulgación del primer *Directorio catequístico general*.[19] Los años transcurridos desde su promulgación han sido un período excepcional para la reorientación y promoción de la catequesis en la Iglesia universal. La publicación en 1972 del *Ritual de iniciación cristiana de adultos* para la Iglesia de Rito Latino probó ser especialmente útil para la renovación catequística. En su Exhortación apostólica *Acerca de la evangelización del mundo contemporáneo (Evangelii nuntiandi)*, el Papa Pablo VI instituyó un importante principio para la renovación catequística, al describir la catequesis como una labor de evangelización en el contexto de la misión de la Iglesia.[20] El Papa Juan Pablo II desarrolló aún más este concepto en su Exhortación apostólica *Sobre la catequesis en nuestro tiempo (Catechesi tradendae)*, en la que describió la catequesis como un momento único "en el proceso total de evangelización."[21] Durante todo su pontificado, el Papa Juan Pablo II ha contribuido vigorosamente a la renovación universal de la catequesis a través de sus múltiples cartas encíclicas, exhortaciones apostólicas y discursos.

---

18 CCE, n. 5, que cita a CT, n. 18.

19 Para una historia del desarrollo del *Directorio catequístico general* (DCG), publicado en 1971, ver su "Introducción". Para conocer su historia, ver *Compartir la luz de la fe: Directorio catequético nacional para los católicos de los Estados Unidos*, ver nn. 2-7. Para el *Catecismo de la Iglesia Católica*, ver Juan Pablo II, Constitución apostólica *Fidei depositum*. Para la historia del desarrollo del *Directorio general para la catequesis*, cf. nn. 8-13.

20 Pablo VI, Exhortación apostólica *Evangelii nuntiandi. Acerca de la evangelización del mundo contemporáneo* (EN), n. 44.

21 CT, n. 18.

Guiada por estos documentos del Magisterio pontificio e impulsada por el documento *Compartir la luz de la fe: Directorio catequético nacional para los católicos de los Estados Unidos,* dado a conocer en 1979, la renovación de la catequesis en los Estados Unidos ha incluido la recuperación del entusiasmo evangelizador de la primera iglesia, un renovado interés por los escritos y las enseñanzas de los Padres de la Iglesia y la restauración del catecumenado. El desarrollo de la catequesis se ha caracterizado por la generosa dedicación de obispos, pastores, dirigentes catequísticos y catequistas. Muchas iniciativas y actividades encomiables han producido resultados positivos en la instrucción y formación catequísticas de adultos, jóvenes y niños.

Aquí en los Estados Unidos, la publicación de este *Directorio nacional para la catequesis* expresa nuestra permanente preocupación pastoral del ministerio catequístico. Desde la publicación en 1979 de *Compartir la luz de la fe,* nosotros los obispos hemos dedicado una atención considerable a la catequesis y hemos seguido desarrollando un importante patrimonio catequístico en la Iglesia Católica en Estados Unidos. La publicación de más de una docena de documentos, declaraciones y planes pastorales para respaldar la misión catequística de la Iglesia en los Estados Unidos constituye una prueba evidente de nuestro compromiso de proclamar el Evangelio.[22] Esperamos sinceramente que este nuevo *Directorio nacional para la catequesis* será recibido y estudiado cuidadosamente en el contexto de las necesidades pastorales de cada diócesis y parroquia asentadas en los Estados Unidos.

3. SEÑALES DE VITALIDAD EN EL MINISTERIO CATEQUÍSTICO EN LOS ESTADOS UNIDOS

Las múltiples evidencias de años recientes muestran una notable vitalidad en el ministerio de la catequesis en los Estados Unidos.

---

22   Algunos de estos documentos son: *Catholic Higher Education and the Pastoral Mission of the Church, A Vision of Evangelization, Empowered by the Spirit, Statement in Support of Catholic Elementary and Secondary Schools, Guidelines for Doctrinally Sound Catechetical Materials, The Teaching Ministry of the Diocesan Bishop, Vayan y hagan discípulos: Plan y estrategia nacional para la evangelización católica en los Estados Unidos, Renovemos la visión, Statement in Support of Catechetical Ministry, Sharing Catholic Social Teaching* y *Sentíamos arder nuestro corazón: Plan pastoral de Estados Unidos para la formación en la fe del adulto.*

- La Sagrada Escritura y la Tradición siguen siendo los cimientos del ministerio eclesial de la Palabra. Ambas siguen desempeñando un rol esencial e indispensable en la catequesis. La Sagrada Escritura inspira, guía y nutre la misión catequística de la Iglesia.

- Los documentos de la Iglesia universal, así como aquellos que hemos publicado reunidos en Conferencia, han sido bien recibidos y sirven de guía orientadora para la labor catequística en los Estados Unidos. Muchas diócesis han empleado esos documentos para encauzar el desarrollo, la evaluación y revisión de sus programas de catequesis. Los autores, los editores y las editoriales de textos y recursos catequísticos han empleado estos documentos para mejorar sus publicaciones. Estos documentos también han estimulado estudios e investigaciones más serios en el campo de la catequesis.

- Como obispos católicos de los Estados Unidos hemos multiplicado e intensificado nuestro compromiso y supervisión de la catequesis, tanto en forma individual como colectiva. A nivel diocesano, muchos de nosotros nos hemos comprometido más directamente con la supervisión del ministerio catequístico. A nivel nacional, como la *United States Conference of Catholic Bishops* (USCCB) [Conferencia de los Obispos Católicos de los Estados Unidos], hemos creado un Comité Permanente de Catequesis y un Comité Especial para la Supervisión del Uso del *Catecismo de la Iglesia Católica*.

- Tanto las iniciativas diocesanas como las parroquiales se destacan porque realizan serios esfuerzos en la planificación de la catequesis. Muchas diócesis han elaborado políticas integrales que rigen sus misiones catequísticas. Por lo general, estas políticas incluyen directrices sobre la relación católica-judía y otros sobre contenidos curriculares, ecuménicos e interreligiosos. Estas políticas también incluyen las disposiciones que especifican la celebración de los sacramentos, como también los procedimientos relativos al personal y los objetivos para la formación de catequistas. Muchas parroquias han elaborado manuales para padres de familia que exponen las metas de los programas de catequesis de la parroquia. Además, las personas a cargo de la planificación de los programas de las catequesis diocesanas y parroquiales son cada vez más concientes de las necesidades de los grupos raciales, étnicos y culturales, como también de las riquezas que su diversidad y contribuciones exclusivas ofrecen a la Iglesia.

- La diversidad cada vez mayor en la mayoría de las Iglesias particulares ha brindado abundantes oportunidades. Las comunidades con múltiples etnias, razas y orígenes culturales hacen posible un espíritu que renueva y sostiene la vida de las Iglesias particulares.
- La formación de los catequistas sigue siendo una prioridad apremiante en la mayoría de las diócesis y parroquias en los Estados Unidos. Muchas diócesis ofrecen directamente un programa sistemático de capacitación y formación para catequistas. Otras colaboran en comunión íntima con colegios de enseñanza superior, universidades y otras instituciones católicas de educación superior para brindar programas de formación y certificación para catequistas y dirigentes de catequesis. A nivel nacional, la Comisión de Certificación y Acreditación de la *United States Conference of Catholic Bishops* (USCCB) ha aprobado una serie de normas para la certificación del Ministerio para la juventud parroquial, de dirigentes de catequesis y de dirigentes eclesiales laicos.
- La participación comprometida de los laicos en el ministerio catequístico continúa aumentando. En el nivel diocesano, cada vez más laicos asumen importantes responsabilidades y ejercen funciones de liderazgo en la catequesis. En las parroquias de todo el país, decenas de miles de creyentes laicos se entregan con generosidad al apostolado catequístico como dirigentes de los programas de catequesis. Más aún, cientos de miles de ellos se desempeñan como catequistas en programas catequísticos parroquiales y en escuelas católicas.
- Los clérigos y los religiosos continúan dedicándose con entusiasmo a la catequesis. Los programas de educación permanente de los clérigos y religiosos se han expandido notablemente e incluyen ahora respaldo para sus respectivas funciones en la catequesis. Alentamos enérgicamente la participación en estos programas. Los diáconos han hecho importantes contribuciones a la catequesis, especialmente en lo que se refiere a la preparación para los sacramentos, las homilías y sermones, y la justicia social.

- El carácter misionero de la catequesis es ahora más evidente que en el pasado. La catequesis que despierta una fe inicial e incita a la conversión a Cristo en una cultura cada vez más secular está dando resultados positivos.

- La implementación del *Rito de la iniciación cristiana de adultos* en muchas diócesis y parroquias en los Estados Unidos ha enfatizado la necesidad de contar con una catequesis basada más directamente sobre el catecumenado bautismal. En este contexto, más que comunicar meramente información, la catequesis aspira a lograr una formación más integral de la persona. El catecumenado restaurado busca promover una conversión comprometida a través de una catequesis sistemática basada sobre una integración más profunda de las Sagradas Escrituras y la Sagrada Tradición, a través de la catequesis litúrgica, de un apropiado ministerio pastoral y de la inserción en la comunidad parroquial. Estos cuatro aspectos conducen a las personas a una vida de fe en Cristo, a la esperanza en sus promesas y a la caridad hacia quienes padecen necesidades. Esta vida de fe, esperanza y caridad se alimenta a través de la comunión con Jesús en la liturgia, sobre todo en la Eucaristía.

- La catequesis para adultos tiene un papel cada vez más preponderante, y las diócesis están prestando mucha más atención a la importancia central de la catequesis para adultos en su programación pastoral. Una catequesis a lo largo de toda la vida es absolutamente necesaria para la formación cristiana de los creyentes. Una dimensión esencial de la vocación laica, que algunas veces no se tiene en cuenta o se descuida, es la misión social de los cristianos en el mundo. Cada uno de los creyentes es llamado a servir "al más pequeño de éstos", a tener "hambre y sed de justicia", a ser "forjador de la paz". La misión social de la Iglesia nos pertenece a todos, es decir, constituye una parte esencial de todo auténtico creyente. Ser creyente significa que se vive de determinada manera —caminando junto al Señor, actuando con justicia, amando con generosidad, viviendo en paz entre todas las personas. La catequesis para adultos debe incluir oportunidades para aprender y reflexionar sobre cómo cada uno es llamado a vivir los principios básicos de la doctrina social de la Iglesia en la vida familiar, el trabajo, la comunidad y el mundo. Cada vez con más intensidad se considera que la catequesis para

adultos es la forma principal de catequesis y se le otorga prioridad en la planificación catequística.

- En años recientes, los dirigentes catequísticos y los catequistas de
la Iglesia han demostrado un mayor compromiso para responder
a las necesidades de personas con incapacidades físicas, mentales, emocionales y de desarrollo. En la actualidad, muchas más
diócesis ofrecen programas catequísticos para personas con
necesidades especiales.

- Se ha fortalecido el componente catequístico en un programa
integral del Ministerio para la juventud. Este ministerio intenta
capacitar a los jóvenes para que vivan como discípulos de
Jesucristo, atraerlos a la participación responsable en la vida y la
misión de la Iglesia y promover su crecimiento personal y espiritual. Las metas articuladas por los programas diocesanos y parroquiales del ministerio de la juventud incluyen en forma cada vez
mayor el conocimiento del contenido esencial de la fe católica a
través de una catequesis integral y sustantiva basada sobre el
Catecismo de la Iglesia Católica.[23]

- Las escuelas católicas siguen esforzándose para convertirse en
comunidades de fe y centros de evangelización más auténticos.
Muchas escuelas católicas han emprendido un nuevo desafío,
clarificando su identidad católica específica y ofreciendo la bienvenida a una gran cantidad de personas pobres y carenciadas,
muchas de las cuales provienen de otras tradiciones cristianas y
de otras creencias. Estas escuelas ofrecen una posibilidad excepcional para la evangelización católica y un contexto privilegiado
para ejercer la virtud de la caridad hacia esas otras comunidades
religiosas, así como para fortalecer la identidad católica en presencia de otras creencias religiosas.

- En los años recientes, la catequesis en los Estados Unidos ha
incluido un tratamiento más sustantivo de la Doctrina eclesial de
la justicia social. Se ha producido una integración más efectiva
de la doctrina social de la Iglesia. Exhortamos y alentamos los
esfuerzos continuos en este ámbito.

---

23   Cf. también las pautas trazadas por la USCCB, *Renovemos la visión: Fundamentos para el ministerio con jóvenes católicos* (Washington, D.C.: USCCB, 1997).

- Los recursos catequísticos, textos, materiales y recursos de ayuda continúan mejorando. A través de nuestro Comité Especial para la Supervisión del Uso del *Catecismo de la Iglesia Católica*, nosotros los obispos hemos iniciado un proceso a través del cual se están revisando los textos catequísticos para asegurar su conformidad con el *Catecismo de la Iglesia Católica*, con la participación y cooperación de los editores de materiales catequísticos.
- Existe una conciencia cada vez mayor de que la catequesis efectiva en los Estados Unidos debe utilizar la más reciente tecnología de las comunicaciones. Los medios de comunicación podrán convertirse en instrumentos esenciales para la proclamación del evangelio en la evangelización y la catequesis. Se han hecho grandes progresos para comprender la influencia de los medios de comunicación en la cultura y en las culturas de los Estados Unidos, y también para utilizar las diversas tecnologías de comunicación con el propósito de divulgar el mensaje cristiano y las enseñanzas auténticas de la Iglesia en formas que tengan sentido en el mundo contemporáneo. Los dirigentes catequísticos y los catequistas continúan ocupándose ellos mismos de desarrollar las habilidades necesarias para utilizar todos los medios tecnológicos a su disposición a fin de proclamar el mensaje del evangelio.

Estas señales de vitalidad en el ministerio catequístico de los Estados Unidos certifican que proclamamos realmente la "Palabra de la vida".[24]

4. DESAFÍOS DEL MINISTERIO CATEQUÍSTICO EN LOS ESTADOS UNIDOS

Junto a estos signos de vitalidad encontramos algunos importantes desafíos. Muchos de éstos pueden compararse con estos signos vitales que acabamos de mencionar.

---

24 *1 Jn* 1, 1.

A. Desafíos a la catequesis por las condiciones sociales y culturales

Estos desafíos surgen a partir de diferentes circunstancias:

- El secularismo de nuestra cultura que penetra en todo y el consiguiente combate que se debe librar para vivir la fe católica en el hogar, así como para establecer una cultura y una identidad católicas visibles en el lugar de trabajo y en la comunidad
- La indiferencia y la ambigüedad religiosas por un lado, y por otro lado la expansión de sectas, cultos y la espiritualidad de la Nueva Era *(New Age)*, todo lo cual convive con el deseo que tienen muchas personas de retornar a lo sagrado y trascendente
- El desafío de comprometer a los adultos en una formación para toda la vida
- El desafío de inspirar un compromiso en los adultos jóvenes con la Iglesia a la luz de sus características y actitudes distintivas y de sus preocupaciones espirituales
- El considerable número de niños y jóvenes católicos que no están inscriptos en ningún programa catequístico sistemático[25]
- La necesidad de trabajar con el propósito de alcanzar una mayor colaboración para el ministerio en todos los niveles
- El desafío de alentar y desarrollar el liderazgo de los laicos en el ministerio catequístico
- La variedad de necesidades relacionadas con las diversas culturas

B. Desafíos a la catequesis con respecto a la doctrina

Estos desafíos cuestionan la presentación del contenido completo y auténtico de la fe. Es por eso que exigen a las personas responsables de la catequesis que presten una mayor atención a la necesidad de brindar una catequesis que

---

25 Actualmente, en los Estados Unidos están inscriptos en los programas de catequesis parroquial el 52 por ciento de los niños católicos en edad escolar, mientras que el 16 por ciento de los niños de escuela primaria están matriculados en escuelas católicas. Tal vez el 2 por ciento recibe enseñanza en su hogar y el porcentaje de jóvenes católicos que cursan la escuela secundaria y que no reciben catequesis sistemática es generalmente un número mucho más elevado. Cf. Bryan T. Froehle y Mary L. Gautier, *Catholicism USA: A Portrait of the Catholic Church in the United States* (Washington, D.C.: Center for Applied Research in the Apostolate [CARA], 2000), 63-86.

- Se concentre en el misterio de la Santísima Trinidad que constituye el misterio central de la fe cristiana y en la estructura trinitaria de las creencias y enseñanzas de la Iglesia
- Enfatice la iniciativa de Dios en el mundo y la actividad humana como respuesta a esa iniciativa
- Presente la plenitud del misterio de Cristo, divino y humano, y su centralidad en la historia de la salvación
- Asegure la naturaleza eclesial y el contexto de la catequesis con el énfasis apropiado en la Tradición, es decir, en la íntegra transmisión viva y auténtica de la Palabra de Dios en la Iglesia
- Enseñe que la ley revelada de Dios, tal como está establecida en la ley natural y tal como la enseña la Iglesia, es la fuente de la moralidad cristiana y la formación de la conciencia
- Provea un desarrollo adecuado de la interrelación del Magisterio con las Sagradas Escrituras y la Tradición y presente el contexto eclesial de las creencias católicas y las enseñanzas del Magisterio, por cuanto éste último es la autoridad docente viviente de la Iglesia que incluye al papa y los obispos en comunión con él
- Presente una comprensión decididamente cristiana de la naturaleza de la persona humana que contenga las siguientes nociones fundamentales: que las personas humanas son religiosas por naturaleza, que el deseo de Dios está grabado en el corazón humano y que la persona humana es una unidad de alma y cuerpo que no puede reducirse a lo meramente material o a lo meramente espiritual
- Presente una comprensión más adecuada de la gracia y el pecado original
- Presente los sacramentos en el contexto del Misterio pascual y como los medios a través de los cuales compartimos la nueva vida de Cristo por intermedio de la efusión del Espíritu Santo
- Integre al proceso catequístico los ritos y símbolos litúrgicos, las celebraciones litúrgicas y el año litúrgico
- Lleve a una comprensión más profunda de las otras Iglesias, comunidades eclesiales y religiones no cristianas en sus contextos particulares y que, en consecuencia, entienda las relaciones de la Iglesia Católica con cada una de ellas
- Preste más atención a la doctrina social de la Iglesia

C. Desafíos que se presentan al ministerio de la catequesis

También se presentan actualmente muchos desafíos para el ministerio de la catequesis en los Estados Unidos.

Para muchos católicos existe una brecha entre su fe y su vida cotidiana, así como una relación inadecuada entre sus creencias religiosas y sus elecciones morales. A veces, la cultura estadounidense excluye o margina los valores religiosos de los católicos, tanto a nivel individual como institucional. La catequesis necesita presentar la vida cristiana como respuesta a la invitación que nos hace Cristo de seguirlo —en nuestra vida personal y familiar, en la parroquia y en la comunidad humana más amplia.

Para la catequesis, la brecha cada vez más grande entre los ricos y los pobres presenta un problema difícil de resolver. Para algunos católicos, su mundo se caracteriza por una prosperidad creciente, mientras que para otros se caracteriza por una pobreza persistente. Estos dos factores influyen en su capacidad para recibir y proclamar el mensaje del Evangelio, así como en su capacidad para vivir una vida cristiana. Si la catequesis debe producir un impacto significativo en la cultura y modificar la vida cotidiana de los católicos, entonces debe plantear en primer lugar y en forma coherente las necesidades de los pobres y vulnerables. Debe ofrecer criterios a través de los cuales los católicos que son pobres en el plano económico puedan reconciliar el hecho de su pobreza con las exigencias del Evangelio. También debe ofrecer criterios por medio de los cuales los católicos prósperos puedan reconciliar el hecho de su riqueza con esas mismas exigencias. Tanto las personas necesitadas como las prósperas deben llegar a saber a través de la catequesis que la meta final de la vida cristiana es la comunión con Dios, no el poder, las riquezas y la influencia.

El ritmo frenético de la vida, causado por las expectativas económicas y sociales, genera en muchas personas graves limitaciones de tiempo, lo que les impide participar en los programas catequísticos y en la vida de la Iglesia. Dado que se programa mucho tiempo para otras actividades, con frecuencia queda muy poco tiempo o casi ninguno para participar en las actividades relacionadas con la Iglesia. La forma en que las personas, incluidos los católicos, eligen hoy en día vivir sus vidas simplemente no les permite tener la misma cantidad de tiempo libre que tenían en el pasado. Con frecuencia, los compromisos familiares o sociales se organizan de tal modo que la asistencia a la Misa o la participación en programas catequísticos se hace muy difícil.

Si el mensaje de Jesucristo debe echar raíces, la catequesis debe tener en cuenta el hecho de que los padres de familia probablemente cultivarán en sus hijos las habilidades de pensamiento y resolución de problemas en forma independiente, de tal forma que sus hijos podrán triunfar económicamente. Por consiguiente, en la actualidad, los jóvenes son también más críticos que antes con respecto a sus estilos de aprendizaje y desarrollan esas habilidades cuando tienen menos edad. Esto no significa que automáticamente rechazan todo lo que aprenden, pero sí significa que seguramente rechazarán algunos principios aprendidos o se negarán a integrarlos en sus vidas si no se les enseña con métodos que tengan sentido para ellos en los planos emocional, espiritual e intelectual.

Los jóvenes católicos, al igual que los jóvenes de otras tradiciones de fe, han surgido como los principales consumidores de una cultura popular en desarrollo, una cultura que pone el énfasis en un nivel de materialismo y permisividad diseñado para vender productos y entretenimiento a la cantidad más grande de personas y del modo más eficiente posible. Esta cultura popular ha influido profundamente sobre las concepciones del bien y del mal y, con frecuencia, ha nublado cada vez más la auténtica culpabilidad humana asociada con la toma de decisiones. Por lo general, las películas, los espectáculos transmitidos por televisión, los videojuegos interactivos y los sitios web que promueven la cultura popular utilizan imágenes que manifiestan juicios sin valores sobre el bien y el mal, fundamentados únicamente en la conveniencia o el utilitarismo. Una gran parte de la publicidad dirigida a los jóvenes intenta exaltar una cultura popular que no hace referencia alguna a los valores del cristianismo. Estos mensajes poderosos y atractivos no sólo ignoran o subvaloran las aspiraciones religiosas, la moral o los valores que podrían tener los jóvenes sino que, por lo general, contradicen el mensaje del Evangelio.

El consumismo y el materialismo que dominan la cultura de los Estados Unidos presentan desafíos extremadamente exigentes a los catequistas porque, a menudo, se los considera valores primarios o, incluso, fines en sí mismos. La catequesis debe encontrar formas de ayudar a las personas a romper el círculo de "comprar, usar, comprar nuevamente, usar nuevamente", sin dejar de relacionar estas formas cotidianas de toma de decisiones con la integración de los valores del Evangelio en sus vidas. La catequesis debe dejar en claro que la persona de Jesucristo constituye una alternativa realista a la gratificación inmediata y a la satisfacción de las necesidades personales.

La revolución informativa, que incluye tanto a la Internet como a los medios de comunicación en todas sus formas y las comunicaciones sociales en general, presenta desafíos muy serios para la catequesis. Actualmente, muchas personas, especialmente los jóvenes, esperan que las experiencias de aprendizaje sean entretenidas y tienden a juzgar la efectividad de tales experiencias en forma por demás superficial, sobre la base de si son entretenidas, en lugar de valorar cuán enriquecedoras o auténticas son para la humanidad. Se enseña a los jóvenes —tanto por el entusiasmo que genera la tecnología como por la efervescencia de la cultura popular— a rechazar algo si los aburre. Y por lo general, lo único que no los aburre son aquellas cosas que los seducen o les produce placer.

La catequesis debe investigar las nuevas posibilidades que ofrecen las nuevas tecnologías e imaginar modelos y sistemas completamente novedosos, si es que el mensaje del Evangelio debe penetrar en la cultura, tener sentido para la próxima generación de católicos y suscitar una respuesta de fe. La catequesis necesita encontrar formas más sofisticadas para utilizar esas nuevas tecnologías, asociando la gran cantidad de recursos humanos y materiales de la Iglesia, a fin de llevar a otras personas a conocer a Cristo, su mensaje y su modo de vida.

5. PROPÓSITO DEL *DIRECTORIO*

Nosotros, los obispos, esperamos que este *Directorio nacional para la catequesis* sea una fuente de inspiración para los catequistas en las diócesis y parroquias de los Estados Unidos y un importante punto de referencia para la formación de catequistas y la preparación de los recursos catequísticos. Tiene tres propósitos básicos, dirigidos a la orientación y planificación general de la actividad catequística en este país:

1. Proveer los principios teológicos y pastorales fundamentales que surgen del Magisterio de la Iglesia y aplicarlos a la actividad pastoral de la catequesis

2. Ofrecer lineamientos para la aplicación de esos principios teológicos y pastorales fundamentales en este país a fin de continuar la renovación de la catequesis

3. Explicitar la naturaleza, el propósito, el objeto, las tareas, el contenido básico y las diversas metodologías de la catequesis

6. PÚBLICO AL QUE ESTÁ DIRIGIDO Y UTILIZACIÓN

El *Directorio nacional para la catequesis* está dirigido principalmente a aquellas personas que en los Estados Unidos son responsables de la catequesis en las diócesis, parroquias y escuelas. Esto incluye, de acuerdo con su competencia, a obispos, personal de la diócesis con responsabilidades catequísticas, sacerdotes, diáconos, seminaristas, religiosas y religiosos, dirigentes catequísticos parroquiales, catequistas, directores (y directoras) y docentes de escuelas católicas, ministros de instituciones universitarias, miembros de juntas y comités educativos y catequísticos de las diócesis y parroquias, así como a padres de familia y tutores legales que ejercen su responsabilidad como educadores primarios de sus hijos. También puede resultar útil para los ministros para la juventud y para las personas que enseñan catequesis y disciplinas relacionadas a ésta última en instituciones de educación superior e institutos catequísticos. Este *Directorio* resultará especialmente útil para la formación de las personas que se están preparando para ordenarse como diáconos y sacerdotes, para la formación continua de diáconos y sacerdotes y para la preparación y formación continua de dirigentes catequísticos y catequistas. Este *Directorio* también debe ser un material de referencia fundamental para autores, editores y editoriales de textos catequísticos y otros recursos de la catequesis. Debido a que algunas personas con intereses catequísticos especiales pueden concentrar el estudio de este documento en capítulos individuales que expresan sus necesidades o preocupaciones, los lectores de todo el documento encontrarán que algunas directivas se repiten. Esperamos que este *Directorio nacional para la catequesis* sea leído en su totalidad a fin de promover estudios futuros, profundizar la investigación en el campo de la catequesis y conducir a una continua y más profunda renovación de la catequesis en los Estados Unidos.

7. AUTORIDAD

El *Directorio nacional para la catequesis* es un documento oficial de la *United States Conference of Catholic Bishops* (USCCB).[26] Ha sido revisado y aprobado por la Sagrada Congregación para el Clero de acuerdo con los principios establecidos en el *Directorio general para la catequesis* y en la Constitución apostólica *Pastor bonus.*

Sin embargo, se debe tener en cuenta que no todas las partes de este documento son de igual importancia o tienen la misma autoridad teológica. Algunos contenidos proveen las enseñanzas de la Iglesia, otros ofrecen orientaciones pastorales. Las enseñanzas de la Iglesia deben interpretarse a la luz de la guía del Magisterio. Las orientaciones pastorales son criterios, aplicaciones o lineamientos prudentes que pueden seguir evolucionando. Por eso es que en sí mismas tienen menor carácter normativo.

Dado que la Iglesia continuará brindando pautas y orientaciones para la renovación de la catequesis, y dado que el contexto cultural para la catequesis en los Estados Unidos continuará cambiando, periódicamente se revisará este documento a los fines de su actualización y mejora.

8. CONCLUSIÓN

El mandato de Cristo a sus apóstoles se ha hecho oír a través de todas las épocas, llamando a hombres y mujeres de todas las razas y naciones, en cada época y en todas partes del mundo, a fin de que se unan a Él para anunciar con claridad, entusiasmo y decisión la venida del Reino de Dios, un reino de amor, justicia y paz. Cristo mismo inaugura ese Reino en su propia persona y nos lleva a compartir la vida de la Santísima Trinidad.

Todos los días Jesús enseñaba, sentado en el Templo.[27] Los apóstoles, sus discípulos, e incluso sus enemigos lo llamaban "maestro": "Maestro, te seguiré a donde quiera que vayas";[28] "Maestro, ¿qué debo hacer para conseguir la vida eterna?";[29] "Maestro, queremos verte hacer una señal prodigiosa."[30]

---

26 Este documento fue elaborado en nombre de la *United States Conference of Catholic Bishops* como un proyecto inicial del Comité Episcopal de Educación. Al llegar al final del proyecto la responsabilidad se transfirió al nuevo Comité Episcopal de Catequesis. Ambos comités fueron auxiliados en su labor por una Junta Editorial Supervisora designada en el 2000 por el Comité de Educación.

27 Cf. Mt 26, 55.

28 Mt 8, 19.

29 Lc 10, 25.

30 Mt 12, 38.

Nicodemo reconoció frente a Jesús: "Maestro, sabemos que has venido de parte de Dios, como maestro."[31] Cristo enseñaba a individuos, a grupos pequeños y a grandes multitudes. Enseñaba desde las laderas de montes y barcos, en ciudades y sinagogas, en montañas y a orillas del mar, durante el sábado judío y en fiestas religiosas, temprano por la mañana y en la oscuridad de la noche. Enseñaba con autoridad.[32]

Cristo es el Maestro único, porque su doctrina no es simplemente un cúmulo de verdades abstractas sino la Verdad misma, "la comunicación del Misterio vivo de Dios."[33] En realidad, Cristo es "el único que enseña,"[34] cuyo mensaje es idéntico a Él mismo. Sus palabras no expresan meramente la palabra de Dios: Él *es* la Palabra de Dios. Lo que Él es y lo que dice forman una armonía integral, una unión singular en el primogénito del Padre, el Hijo Unigénito de Dios, la Palabra hecha carne. Después de lavarle los pies a sus apóstoles, les dijo: "ustedes me llaman Maestro y Señor, y dicen bien, porque lo soy."[35] Este Maestro único prometió que permanecerá con su Iglesia hasta el fin de los tiempos. Junto con su Padre, Cristo envió su Espíritu para hacer presente el Reino de Dios. El Espíritu ya estaba presente en Cristo y en su Iglesia, aunque todavía no se había dado a conocer. La misión de Cristo y del Espíritu Santo llega a su cumplimiento pleno en la Iglesia, la cual es el Cuerpo de Cristo y el Templo del Espíritu Santo.

La misión divina que Jesús confió a su Iglesia continuará hasta el fin de los tiempos. Ella es el sacramento, el signo en este mundo de la comunión eterna del Padre, el Hijo y el Espíritu Santo. La promesa de Cristo es una fuente de gran esperanza para toda la Iglesia, para todos sus miembros que comparten su misión de diferentes maneras. Pero su promesa también recuerda a todos los miembros que la fecundidad plena de la misión depende íntegramente de su unión vital con Jesucristo.

El Espíritu Santo ha otorgado una vocación y una misión a la santidad a todas las personas responsables de la catequesis en la Iglesia. El Espíritu Santo también las guía en el desarrollo de una espiritualidad

---

31 Jn 3, 2.
32 Cf. Mc 1, 22.
33 CT, n. 7.
34 CT, n. 6.
35 Jn 13, 13.

apropiada a sus funciones específicas en la catequesis. La espiritualidad de las personas comprometidas con el ministerio catequístico tiene su centro en el encuentro con Cristo. Este encuentro se arraiga en la Palabra viva de Dios y promueve en forma permanente la esperanza que todos pueden llegar al conocimiento de la verdad de Cristo y aceptar la salvación que nos brinda. Este encuentro se expresa en un amor sincero por la Iglesia, imitación del amor de Cristo, y busca el crecimiento interior en la paz y la alegría de Cristo. Abraza el Misterio pascual, accede a la misión apostólica de Cristo y se enriquece con la profunda devoción a la Madre de Dios. El desafío para todas aquellas personas comprometidas con la catequesis es llevar cada una de estas señales en sus corazones y en sus almas.

CAPÍTULO 1

Proclamar el Evangelio en los Estados Unidos

En esos días había en Jerusalén judíos devotos, venidos de todas partes del mundo. Al oír el ruido, acudieron en masa y quedaron desconcertados, porque cada uno los oía hablar en su propio idioma. Atónitos y llenos de admiración, preguntaban: "¿No son galileos todos estos que están hablando? ¿Cómo, pues, los oímos hablar en nuestra lengua nativa?" (*Hch* 2, 5-8)

9. INTRODUCCIÓN

El sonido del viento, fuerte e impetuoso, señaló el descenso del Espíritu Santo en Pentecostés. Reunió a los discípulos y a judíos nacidos en el extranjero, provenientes de todo el mundo, en una asamblea polifacética que prefiguraba una anticipación de la confluencia de todas las naciones al fin de los tiempos. El poder del Espíritu Santo transformó el dialecto nativo de los discípulos en una forma tal que la misma Palabra de Dios, Jesucristo, pudo ser comprendida en las lenguas y culturas de todos los pueblos de la tierra. En este conmovedor encuentro de lo divino con lo humano, el Espíritu Santo lanzó a la Iglesia a su misión de evangelización. Por medio del Espíritu Santo, quien es siempre el agente primero de la evangelización, la trascendente y eterna Palabra de Dios penetra continuamente en los corazones y las mentes de hombres y mujeres de toda época y lugar.

Este capítulo presenta algunos de los factores culturales y religiosos que al principio del siglo XXI afectan a la catequesis en los Estados Unidos. Los catequistas proclaman el Evangelio para que pueda echar raíces en los catequizandos y pueda suscitar su conversión a la persona y al mensaje de Jesucristo. Las circunstancias en las que tiene lugar el proceso catequístico condicionan a la vez la recepción del Evangelio y la respuesta al mismo. Dicho brevemente, este capítulo

- Describe la cultura y las culturas de los Estados Unidos
- Ofrece un perfil de los católicos
- Describe la catequesis
- Presenta la situación de la familia y el hogar en los Estados Unidos

10. CARACTERÍSTICAS GENERALES DE LA CULTURA DE LOS ESTADOS UNIDOS

A. Libertad

La *Declaración de independencia* hace una afirmación histórica: "Sostenemos como evidentes estas verdades: que todos los hombres son creados iguales; que son dotados por su Creador de ciertos derechos inalienables; que entre éstos están la vida, la libertad y la búsqueda de la felicidad."[36] Estas palabras ponen en evidencia los principios fundadores de los Estados Unidos. Los derechos que afirman provienen de Dios, no derivan de reyes o presidentes, decretos o edictos, estatutos o leyes. La democracia de los Estados Unidos de América ha sido fundada sobre la base de estos derechos. A lo largo de los más de dos siglos de existencia de esta nación, el derecho a la libertad se ha insertado en lo más profundo de nuestra psiquis.

En nuestros días, a veces se corre el riesgo de distorsionar este derecho a la libertad, al convertirlo en un derecho desligado de responsabilidades y expresarlo en sí mismo como un derecho incondicional a la libertad de elección individual y un derecho exagerado a la privacidad. Este fuerte énfasis en lo individual, la libertad individual y los derechos individuales sin el correspondiente énfasis en la ley natural proporcionada por el Creador, también ha generado una multiplicidad de sistemas culturales

---

36   *Declaration of Independence*, párrafo 2.

y de creencias, los cuales incluyen varias tradiciones religiosas y muchas expresiones de la vida comunitaria. Tal individualismo y pluralismo plantean verdaderos desafíos a la cohesión social en los Estados Unidos.

La sociedad estadounidense refleja la diversidad de individuos que la integran, cada uno de los cuales tiene el derecho inalienable a la libertad. Este pluralismo se hace visible en la libertad religiosa, en la diversidad étnica y cultural y en la expresión de una amplia variedad de opciones sociales y morales. También es un factor que contribuye a la privatización de la religión y a un sentimiento cada vez mayor de relativismo moral en los Estados Unidos.

B. Libertad religiosa

Muchas personas emigraron hasta estas costas escapando de la persecución religiosa y en búsqueda de la libertad religiosa. Desde la fundación de la república, el derecho general a la libertad incluía el derecho específico a la libertad de religión, un derecho natural fundamental según la enseñanza católica. El compromiso de los fundadores con la libertad era tan resuelto que la Constitución de los Estados Unidos, en la *Bill of Rights* [*Declaración de derechos*, "*Primera enmienda*"], expresa una visión de los Estados Unidos que incluye la libertad de religión: "el Congreso no elaborará ley alguna que instituya una religión oficial del Estado o que prohíba practicarla libremente."[37] El énfasis de los fundadores en la libertad individual exhibe hoy en día un compromiso cultural con la libertad religiosa. La tolerancia religiosa es un signo distintivo de la experiencia estadounidense. Generaciones de cristianos, judíos, musulmanes, budistas y seguidores de muchos otros grupos religiosos han encontrado un hogar en los Estados Unidos, junto con los creyentes nativos americanos que los precedieron.

La fuerte herencia de individualismo también puede llevar a los ciudadanos estadounidenses a tratar las creencias y valores religiosos como cuestiones privadas que no tienen cabida en la vida pública. Si bien la religión debe mantenerse separada del gobierno según el sistema constitucional estadounidense, la religión no debe separarse nunca de la sociedad. La Iglesia enseña que los católicos deben "comprender su ciudadanía no sólo como un deber y un privilegio, sino como una oportunidad de participar en forma más plena en la edificación de la cultura de

---

37   *Constitution of the United States*, "Bill of Rights", First Amendment.

la vida."[38] "En la tradición católica, la ciudadanía responsable es una virtud; la participación en el proceso político es una obligación moral."[39] Asimismo, la separación constitucional entre la religión y el gobierno significa que el gobierno debe abstenerse de establecer una única religión como la religión del Estado o de preferir una religión por sobre otra, pero también y al mismo tiempo debe proteger el libre ejercicio de la religión en todos los estados. En los últimos años, algunas instituciones de educación superior y los medios de comunicación han promovido un movimiento que se aparta de la neutralidad respecto de la religión y han contribuido a una creciente hostilidad contra la religión en general y contra el catolicismo en particular. Esto ha conducido inclusive a la sanción de leyes que legitiman estas políticas. Si bien el derecho a la libertad de religión ha sufrido y continúa sufriendo algunos graves desafíos, este principio de libertad religiosa, tal como se articula en la Constitución, aún inspira a las personas que habitan en los Estados Unidos a ocuparse del bien común.

C. Libertad económica

La responsabilidad individual, la igualdad de oportunidades y el sistema de libre empresa dominan la estructura económica de los Estados Unidos. Algunas personas que inmigraron originalmente en esta nación tenían la visión de una tierra de libertad política, oportunidad económica y libertad religiosa individual. Encontraron una vasta tierra con campos abiertos, tierra fértil y una gran expansión de los recursos naturales. A lo largo de los años, millones de inmigrantes han encontrado un trabajo productivo que les ha permitido ampliar sus libertades, mejorar la calidad de sus vidas y contribuir a la construcción de una gran nación. Como resultado de ello, la cultura de los Estados Unidos valora la libertad económica. Existe el consenso general en los Estados Unidos de que todas las personas deben tener igual acceso a las oportunidades económicas y sociales en un marco de libre mercado. Sin embargo, una amplia brecha separa a los pobres de los ricos y la codicia puede corromper, y de hecho corrompe, algunas de nuestras instituciones

---

38   USCCB, *Vivir el Evangelio de la vida: Reto a los católicos de Estados Unidos* (Washington, D.C.: USCCB, 1998), n. 34, en http://www.priestsforlife.org/spanish/vivirelevangelio.htm.

39   USCCB, *Ciudadanos comprometidos: Responsabilidad cívica para un nuevo milenio* (Washington, D.C.: USCCB, 1999), 9, en http://www.priestsforlife.org/spanish/cuidadanoscomprometidos.htm.

económicas. "Toda decisión o institución económica deberá ser juzgada de acuerdo con su capacidad de proteger o menoscabar la dignidad de la persona humana... lo que hace *para* el pueblo, cómo *afecta* al pueblo y hasta qué punto permite la *participación* popular."[40] Todas las personas tienen derecho a la vida y a asegurar las necesidades básicas de la vida (por ejemplo, alimento, vestimenta, abrigo, educación, cuidado de la salud, medio ambiente seguro, seguridad económica).

D. Pragmatismo

El pragmatismo es otra marca distintiva de la cultura de los Estados Unidos, la que está infiltrada y afectada por una filosofía fuertemente utilitarista e individualista, que se muestra mucho más preocupada por el conocimiento práctico que por el saber intelectual. Muchas personas en los Estados Unidos tienden a pensar inmediatamente en la utilidad personal o corporativa, pero son menos proclives a pensar en abstracto. Esta orientación práctica hace que la cultura de los Estados Unidos esté abierta a una amplia variedad de nuevas ideas y posibilidades, pero susceptible a la influencia de propósitos utilitarios. Una cultura de consumo individualista puede alentar el egoísmo que se expresa en la actitud de "¿Qué puedo ganar yo?"

E. Interés en la ciencia y la tecnología

Esta preocupación por la practicidad ha llevado a destacados desarrollos científicos y tecnológicos. El pueblo de los Estados Unidos posee ahora un poder sin precedentes, tanto para lograr un inmenso bien en nombre del género humano como para provocar un mal inimaginable. La ciencia y la tecnología han provisto las herramientas para librar al mundo de algunos de sus problemas más acuciantes, tales como el hambre, muchas enfermedades o la distribución no equitativa de los bienes del mundo, así como las herramientas para negar la dignidad humana, violar la auténtica libertad humana e incluso destruir la vida humana en forma masiva. Los avances de la ciencia y la tecnología son tan rápidos que a menudo se descubren los medios para hacer algo antes de que se consideren sus efectos

---

40   USCCB, *Edición para el décimo aniversario de* Justicia económica para todos: Carta pastoral sobre la enseñanza social católica y la economía de EE.UU. (Washington, D.C.: USCCB, 1997), n. 13.

del modo adecuado. En todas las áreas del desarrollo científico y tecnológico, el dilema fundamental no es simplemente qué podemos hacer, sino qué debemos hacer. El criterio básico no debe ser simplemente qué logra un avance tecnológico en particular para la persona humana y para la comunidad humana, sino más bien qué consecuencias conlleva para el bienestar de la persona humana y de la comunidad humana.

Nuevos adelantos significativos, especialmente en el campo de la biotecnología y la tecnología de la información, presentan oportunidades con las que la familia humana puede avanzar genuinamente, pero presentan a la vez nuevos dilemas morales.

Las decisiones respecto del aborto, el infanticidio, el cuidado de las personas con discapacidades, los enfermos y los ancianos, el control de la conducta por medio de la cirugía o terapias con drogas, la ingeniería genética y el control de la población, incluso las definiciones de vida y muerte en sí mismas, se deben adoptar sobre la base del valor inherente de cada vida humana. Dado que cada persona está hecha a imagen y semejanza de Dios, todo ataque a seres humanos inocentes es injustificable. Este principio es especialmente importante en una sociedad que parece poner poco o ningún límite a la libertad de elección individual.

La revolución en la tecnología de la información proporciona a la Iglesia nuevas formas sin precedentes para proclamar el Evangelio en los Estados Unidos. La Palabra de Dios que, por medio del poder del Espíritu Santo en Pentecostés, pudo ser comprendida por personas que hablaban muchas lenguas diferentes, puede invitar ahora, en una forma completamente nueva, a las personas de todas las lenguas y culturas a que conozcan a Cristo y le sigan. Los rápidos desarrollos de medios de comunicaciones cada vez más nuevos, más veloces y más eficientes requieren que la Iglesia evalúe estos desarrollos a la luz del Evangelio. Los medios de comunicación se han convertido ahora en un escenario fundamental en el que se debe transmitir el mensaje de Cristo a todo el mundo. "Hoy los medios de comunicación afectan nuestra vida más que nunca."[41] A fin de ser fiel a su misión, la Iglesia debe emplear todos los medios de la tecnología de la información de la manera más eficaz posible para llevar a otros a Cristo.

---

41   USCCB, *Renovar la mentalidad de los medios de comunicación* (Washington, D.C.: USCCB, 1998), n. 2; Concilio Vaticano II, Decreto *Inter mirifica. Sobre los medios de comunicación social* (IM), n. 11.

F. Globalización

La rápida globalización de las comunicaciones, el transporte y los merca-
dos han acercado al mundo entero. El desarrollo económico en todo el
mundo ha dado lugar a niveles de vida más altos para casi todas las personas, en comparación con las eras anteriores de la historia de la
humanidad. Sin embargo, dentro del contexto de la globalización de las
economías, algunas naciones ricas se han enriquecido cada vez más, y
algunas naciones pobres se han empobrecido cada vez más, con lo cual se
ha ampliado la brecha que ya existía entre pueblos y naciones.

El mensaje de Jesucristo nos llama a la responsabilidad y solidaridad
globales. "Más allá de las diferencias de lengua, raza, etnia, género, cultura y nación, somos una familia humana."[42] Debemos comprometernos
genuinamente a defender y exaltar la dignidad de los pobres y los vulnerables, aquí en los Estados Unidos y en todo el mundo. Debemos proteger
la vida humana y cuidar la creación de Dios cuando perfeccionamos la
verdadera libertad humana y fomentamos los derechos humanos y la solidaridad. Somos los custodios de nuestros hermanos y hermanas, porque el
amor de Dios no conoce ni límites ni fronteras.

Los católicos de los Estados Unidos tienen responsabilidades especiales y cuentan con extraordinarias oportunidades para enaltecer la solidaridad global. Somos miembros de una Iglesia universal que trasciende las
fronteras nacionales, cuya misión es hacer discípulos a todas las naciones
y proclamar el Evangelio hasta los confines de la tierra. También somos
ciudadanos de una nación rica y poderosa, que ejerce una masiva influencia más allá de nuestras fronteras. Debemos garantizar que la libre empresa
sin medida no empobrezca aun más a los pobres. Más que cualquier otra
nación de la tierra, somos responsables de la globalización cultural y
económica. Los católicos de los Estados Unidos han mostrado a menudo
compromiso y generosidad para lograr un mundo más justo. Demostramos
constantemente nuestra inquietud por los pobres y los oprimidos a través
de nuestros esfuerzos humanitarios. Pero hay tanto por hacer en esta
nueva era de comunicaciones globales e interdependencia económica para
"mantenerse unidos en el espíritu con el vínculo de la paz. Porque no hay
más que un solo cuerpo y un solo Espíritu, [...] un solo Señor, una sola fe,

---

42   USCCB, *Llamados a la solidaridad mundial: Retos internacionales para las parroquias de Estados Unidos*
(Washington, D.C.: USCCB, 1998), 4.

un solo bautismo, un solo Dios y Padre de todos, que reina sobre todos, actúa a través de todos y vive en todos."[43]

G. Movilidad

La cultura de los Estados Unidos sigue siendo moldeada por la presencia de inmigrantes. Hoy en día, una de cada diez personas de los Estados Unidos nació en otro país, una proporción que ha aumentado rápidamente en la última década. En los Estados Unidos, más que nunca antes, la "comunidad" tiene menos raíces en un contexto geográfico o de vecindario. Por el contrario, la vida comunitaria tiene lugar en grupos afines, entre personas con intereses similares o entre aquellos que están vinculados por el trabajo, la escuela u otros ambientes, tales como Internet o por medio de infrecuentes reuniones en persona.

Gracias al transporte y la tecnología de las comunicaciones, combinados con la tradición de movilidad, los límites geográficos son menos importantes que nunca antes. Esta situación afecta a las parroquias, ya que son comunidades de fe, y las comunidades de fe también se vinculan geográficamente cada vez menos. Los resultados de las investigaciones sugieren que a lo sumo uno de cada cinco católicos asisten regularmente a Misa a una parroquia que no es la más cercana a su hogar.[44] Esto puede afectar a la catequesis, ya que con frecuencia aquellos interesados en la educación religiosa para sí mismos o para sus hijos tenderán a buscar parroquias en las que puedan formar un fuerte sentido de comunidad, en lugar de buscar sólo la más cercana. No obstante, como práctica general, la mayoría de los católicos participan en la vida de su parroquia territorial.

---

43   *Ef* 4, 3-6.
44   Cf. CARA, Catholic Poll *(Encuesta católica)* 2002.

11. DIVERSIDAD EN LA CULTURA DE LOS ESTADOS UNIDOS

A. Diversidad cultural

Prácticamente todas las razas, orígenes étnicos y grupos culturales de la tierra están representados en la población de los Estados Unidos. En consecuencia, existen diferencias culturales significativas entre estos diversos grupos raciales, étnicos y culturales.

Actualmente, 12 por ciento de la población de los Estados Unidos está compuesta por afroamericanos; 13 por ciento son hispanos/latinos,[45] 4 por ciento asiáticos, 1 por ciento nativos americanos y 70 por ciento de ascendencia europea o de Medio Oriente. Las pautas de crecimiento de estos grupos varían debido a diferentes estructuras de edades, pautas de inmigración y prácticas reproductivas. Según las proyecciones del censo de los Estados Unidos, para el año 2025 la población de hispanos/latinos crecerá 71 por ciento, la población asiática 78 por ciento y la población afroamericana 2 por ciento. La población de ascendencia anglosajona o blanca, europea o de Medio Oriente descenderá 6 por ciento.[46]

B. Diversidad religiosa

Desde hace mucho tiempo, Estados Unidos ha sido un refugio para aquellos que escapaban de la persecución religiosa, razón por la cual todas las principales religiones del mundo están representadas en la población de los Estados Unidos. Los resultados de las encuestas actuales demuestran que los católicos representan 23 por ciento de la población de los Estados

---

45   USCCB, *Encuentro y misión: un marco pastoral renovado para el ministerio hispano* (Washington, D.C.: USCCB, 2002), nota 5: "El término 'hispano' fue utilizado por el Censo de 1970 y fue adoptado por el liderazgo de la iglesia de ese tiempo para ayudar a definir a un pueblo con identidad, visión y misión comunes. Desde 1970, éste ha sido parte integral de la *memoria histórica* del ministerio hispano y continúa siéndolo en las labores pastorales de toda la Iglesia hoy. En años recientes, el término 'latino' ha sido utilizado ampliamente por la iglesia y por los líderes comunitarios, especialmente en las zonas urbanas. 'Latino' es una palabra de auto-identificación que surge de la comunidad y que es aceptada por la Iglesia. Sin embargo, aunque a esta población se le denomina 'hispana', es esencial que, para establecer un mejor entendimiento y una relación laboral eficaz, se reconozca que estas personas vienen de diferentes países y traen consigo una identidad especial. Las fuerzas unificadoras son su tradición de fe, idioma, y valores." En http://www.usccb.org/hispanicaffairs/encuentromissionsp.shtml.

46   Cf. *U.S. Census Bureau National Population Projections, 2003 and 2025,* http://www.census.gov/ population/www/projections/natsum-T5.html (consultado el 29 de agosto de 2003).

Unidos. Diez iglesias ortodoxas diferentes representan menos de 1 por ciento de la población, y más de seiscientos organismos cristianos no católicos en conjunto representan alrededor de 52 por ciento de la población de los Estados Unidos. Los judíos componen más de 1 por ciento de la población de los Estados Unidos y representan a tres tradiciones principales. Finalmente, alrededor de 23 por ciento de la población adulta de los Estados Unidos se identifica ya sea con organismos religiosos fuera de la tradición judeocristiana (3 por ciento), afirman que no están afiliados a ningún organismo religioso (14 por ciento) o se niegan a responder las preguntas de las encuestas acerca de su afiliación religiosa (6 por ciento).[47]

Estados Unidos goza de una rica vida comunitaria que se ha sostenido por el énfasis puesto en el pluralismo y en la libertad individual. A causa de este énfasis en la libertad de elección individual, la vida religiosa de los Estados Unidos se vive en el contexto de personas que se asocian libremente con personas de otras creencias religiosas. La dinámica relacionada con la libertad de asociación y con el pluralismo religioso en general, junto con la falta de intromisión de las organizaciones religiosas en el gobierno nacional, son los factores que se resaltan generalmente para explicar la considerable vitalidad religiosa de los Estados Unidos. En los Estados Unidos, casi una de cada dos personas asiste regularmente a un servicio cultual.

C. Diversidad dentro de la Iglesia Católica

1. Diversidad étnica

Al igual que todas las razas, los orígenes étnicos y las culturas del mundo están representadas en la población de los Estados Unidos, muchas de ellas también encuentran un hogar dentro de la Iglesia Católica. Cada grupo

---

47   Cf. Barry Kosim, Egon Mayer y Ariela Keysar, *American Religious Identification Survey* (New York: The Graduate Center of the City of New York, 2001), 12. Cf. también David B. Barret, George T. Kurian y Todd M. Johnson, *World Christian Encyclopedia* (Oxford: Oxford University Press, 2001), 789. Cf. Barry Kosim, Egon Mayer, y Ariela Keysar, *American Religious Identification Survey* (New York: The Graduate Center of the City of New York, 2001), 12. Cf. también David B. Barret, George T. Kurian, y Todd M. Johnson, *World Christian Encyclopedia* (Oxford: Oxford University Press, 2001), 789. Barrett y otros mencionan que en el año 2000 se consignan 610 denominaciones protestantes en América. En forma adicional, ellos detallan más de 4,000 (cuatro mil) organismos religiosos cristianos, la mayoría de ellos grupos muy pequeños, pero también unas pocas organizaciones de muchos miembros, tales como la *Iglesia de Jesucristo de los Santos de los Últimos Días* y la *Iglesia Científica de Cristo*, a las que no se las considera "protestantes".

aporta su propio idioma, historia, costumbres, rituales y tradiciones "para construir el Cuerpo de Cristo."[48] Dado que las personas pueden alcanzar su humanidad plena sólo por medio de la cultura, la Iglesia Católica en los Estados Unidos acepta e incorpora el rico pluralismo cultural de todos los fieles, estimula la identidad cultural distintiva de cada grupo cultural y exhorta al enriquecimiento mutuo. Al mismo tiempo, la Iglesia Católica promueve la unidad de fe dentro de la diversidad multicultural de la población.

Si bien la influencia de los católicos hispanos/latinos dentro de la Iglesia ha sido sustancial incluso antes de la fundación de la nación, su número creciente y la presencia cada vez mayor en los Estados Unidos hoy en día repercute significativamente en la inculturación de la fe en los Estados Unidos y en la formación continua de un nuevo pueblo de Dios.

"Las raíces históricas de la América negra y las de la América católica están íntimamente entrelazadas."[49] La experiencia de la esclavitud ha configurado profundamente las vidas y la cultura de los católicos afroamericanos. La evangelización se ha trenzado con su historia desde su llegada a este país, y los elementos de su cultura continúan enriqueciendo y realzando a la Iglesia en los Estados Unidos.

La colonización europea de las Américas fue a menudo dura y dolorosa para los pueblos indígenas. Muchas veces, estos pueblos fueron desplazados de sus tierras de origen, sometidos a la devastación de la guerra y la enfermedad y finalmente relegados a vivir en reservas en tierras que nadie más deseaba. Sin embargo, los americanos nativos respondieron generosamente al don de Dios de la fe cristiana, y su palabra echó raíces en sus culturas. Gracias a la atención pastoral y a la presencia evangelizadora de la Iglesia entre los pueblos nativos, la proporción de americanos nativos que son católicos a menudo es más alta que en otros grupos étnicos.

Muchos nuevos inmigrantes proceden de América Latina y el Caribe, Asia y las islas del Pacífico, Medio Oriente, África y el este de Europa.[50] La Iglesia tiene una oportunidad única de invitar a estos inmigrantes

---

48 *Ef* 4,12.

49 Black Bishops of the United States, *What We Have Seen and Heard* [*Lo que hemos visto y oído*], (Cincinnati: St. Anthony Messenger Press, 1984), 17 [versión del traductor].

50 Cf. USCCB, *Acogiendo al forastero entre nosotros: Unidad en la diversidad* (Washington, D.C.: USCCB, 2000), 1, en http://www.usccb.org/mrs/UIDSPA~1.PDF.

recientes "a la conversión, a la comunión y a la solidaridad."[51] La diversidad de orígenes étnicos, educación y situaciones sociales exige a la Iglesia que integre a los nuevos inmigrantes en una forma tal que se respeten a la vez esas diversas culturas y las experiencias de Iglesia y que se enriquezcan tanto los inmigrantes como la Iglesia. La Iglesia del siglo XXI en los Estados Unidos será una Iglesia de muchas culturas, idiomas y tradiciones, pero será única en la fe.

2. Iglesias autónomas

Las Iglesias Orientales Católicas,[52] que son Iglesias autónomas, siguen las tradiciones bizantina, antioquena, caldea, armenia, copta o las tradiciones de Alejandría. Aquellas con jerarquías establecidas en los Estados Unidos son las Iglesias Melquita, la Ucraniana, la Rutena y la Rumana de tradición bizantina; la Siríaca y la Maronita de tradición antioquena; la Caldea y Siro-Malabar de tradición caldea; y las de tradición armenia.

La Iglesia Latina de Occidente y las Iglesias Orientales Católicas componen juntas la única Iglesia Católica. Desde el siglo I, las Iglesias de Oriente y Occidente han desarrollado diversas tradiciones con énfasis teológicos, liturgias y formas de espiritualidad distintivas, todas ellas expresiones fieles de la enseñanza de Cristo. Las Iglesias Latina y Orientales, en comunión con el Obispo de Roma como cabeza suprema de la Iglesia universal, son para el mundo un signo visible de la unidad de la Iglesia de Cristo. Al mismo tiempo, cada Iglesia particular tiene su propia identidad y tradiciones, cada una se gobierna a sí misma según sus propios procedimientos específicos.[53] "La Iglesia universal necesita el testimonio que las Iglesias particulares pueden brindarse entre sí, ya que ninguna tradición teológica o litúrgica puede agotar la riqueza del mensaje de Cristo ni su amor."[54] En su promoción de todas las tradiciones que componen la Iglesia universal, la unidad de la Iglesia se basa claramente

---

51   Juan Pablo II, Exhortación apostólica postsinodal *Ecclesia in America* (EA), n. 3.

52   Cf. USCCB, *Eastern Catholics in the United States of America* (Washington, D.C.: USCCB, 1999).

53   Cf. Concilio Vaticano II, Decreto *Orientalium Ecclesiarum. Sobre las Iglesias Orientales Católicas* (OE), n. 5.

54   USCCB, Department of Education, *Compartir la luz de la fe: Directorio catequético nacional para los católicos de los Estados Unidos* (Washington, D.C.: USCCB, 1977), n. 73. Citado de aquí en adelante como *Directorio catequético nacional*.

no en un idioma, rito, tradición espiritual o escuela teológica particulares, sino ante todo en una única piedra angular, Jesucristo.[55]

En medio de esta diversidad, "la Iglesia no cesa de confesar su única fe, recibida de un solo Señor, transmitida por un solo bautismo, enraizada en la convicción de que todos los hombres no tienen más que un solo Dios y Padre."[56]

D. Diversidad regional

Los Estados Unidos se caracterizan por una considerable diversidad regional.

El noreste de los Estados Unidos, que abarca los nueve estados desde Maine en el norte hasta Pennsylvania y Nueva Jersey en el sur, está más industrializado y urbanizado que las restantes tres principales regiones de los Estados Unidos. Históricamente, las principales tradiciones protestantes han sido predominantes en esta región, la cual contiene un gran número de católicos.[57] En general, el clima cultural del noreste tiende a separar la religión de las otras áreas de la vida, más que el medio oeste o el sur. Su mezcla étnica ha sido desde hace tiempo una combinación diversa de poblaciones europeas provenientes del norte, el centro, el este y el sur de Europa. Los nuevos grupos de población que ingresaron en la segunda mitad del siglo XX incluyeron a negros del sur de Estados Unidos e hispanos/latinos, principalmente de Puerto Rico, la República Dominicana y México.[58] Como ciudadanos de los Estados Unidos, los puertorriqueños pudieron emigrar libremente a los Estados Unidos en un momento en que las restricciones legales redujeron en gran medida la inmigración a las grandes ciudades portuarias del noreste, las que tradicionalmente habían sido los principales puntos de entrada. También se han asentado inmigrantes asiáticos en el noreste en la segunda mitad del siglo XX, lo cual incluye a las olas más recientes de inmigración vietnamita a Massachusetts, Pennsylvania y Nueva York.[59]

---

55 Cf. *1 P* 2, 4-8.

56 CCE, n. 172.

57 Cf. Edwin S. Gaustad y Philip L. Barlow, *The New Historical Atlas of Religion in America* (Oxford: Oxford University Press, 2001), 321-323.

58 Cf. Frank Hobbs y Nicole Stoops, *Demographic Trends in the Twentieth Century* (Washington, D.C.: U.S. Census Bureau, 2002), 83-87.

59 Cf. *Demographic Trends in the Twentieth Century*, 83. Cf. también U.S. Department of Commerce, *We the Americans: Asians* (Washington, D.C.: U.S. Department of Commerce, 1993), 2-3.

El sur, que abarca los dieciséis estados al sur del río Ohio y al este del Misisipí, y además Texas, Oklahoma, Arkansas, y Luisiana, así como el Distrito de Columbia, goza de una economía en rápido desarrollo y tiene una base de población más joven que la del noreste.[60] Históricamente, la mezcla étnica del sur ha estado compuesta principalmente por negros — descendientes de africanos que en la época anterior a la Guerra Civil trabajaban como esclavos en las plantaciones—, por blancos —descendientes de los dueños de las plantaciones, principalmente de origen inglés, franceses, escoceses y irlandeses que se establecieron en pequeñas granjas en las zonas rurales apartadas y en las zonas montañosas— y por personas provenientes de México. La región recibe ahora una inmigración en rápido aumento de hispanos/latinos y gran número de emigrantes internos de EE.UU., especialmente del noreste y del medio oeste. Inmigrantes asiáticos, especialmente de Vietnam, también se han establecido en Texas, Florida, Virginia, Georgia y Louisiana.[61] Las confesiones y organismos religiosos protestantes evangélicos desempeñan un papel especial en esta cultura, y la religión ocupa un lugar más público que en el noreste. Con la excepción del sur de Louisiana, Florida y partes de Texas, los católicos continúan siendo decididamente una minoría en medio de la mayoría protestante evangélica del sur.

El medio oeste consta de los doce estados que están al oeste de Pennsylvania, al este de Montana, y al norte de Oklahoma, Arkansas, y los otros estados limítrofes del sur. Combina los rasgos distintivos de la vida rural y la cultura de las pequeñas ciudades, especialmente en los estados de las Planicies, con grandes ciudades y zonas metropolitanas principales, especialmente alrededor de la región de los Grandes Lagos. Desde fines del siglo XIX, su mezcla étnica ha incluido una fuerte presencia, en las zonas rurales, de grupos tanto protestantes como católicos del norte de Europa. Las zonas metropolitanas cuentan con una marcada presencia de afroamericanos, así como de población descendiente de europeos del este y del sur. En los últimos años se ha producido un marcado aumento de la presencia de hispanos/latinos de México y otros lugares de América Latina en las pequeñas ciudades de las Grandes Planicies y en los centros urbanos. Las denominaciones protestantes predominantes incluyen a luteranos y

---

60 Cf. *Demographic Trends in the Twentieth Century*, 60.
61 Cf. *Demographic Trends in the Twentieth Century*, 83; *We the Americans: Asians*, 2-3. Cf. también Censo de EE.UU. del año 2000.

metodistas. Los rasgos culturales comparten aspectos del noreste más secular y el sur protestante evangélico, más conservador desde el punto de
vista social.

El oeste abarca los trece estados de las Rocallosas y el Pacífico. El porcentaje de aquellos que indican algún tipo de filiación con una religión
organizada, especialmente las denominaciones protestantes tradicionales,
es más bajo en esta región.[62] La población de esta región siempre ha incluido a hispanos/latinos (por cierto, gran parte de esta región integraba
México) y, al igual que en el caso de Texas, muchos hispanos/latinos tienen
ancestros que vivían allí antes de que los Estados Unidos anexaran estas
tierras a fines de la década de 1840. Junto con los hispanos/latinos cuyos
ancestros han estado aquí durante un largo tiempo se encuentran los emigrantes e inmigrantes mexicanos recién llegados. La población también ha
incluido a asiáticos, que cuentan aquí con un número mucho más grande
que en otras regiones de los Estados Unidos. Estas zonas también incluyen
concentraciones más recientes de inmigrantes vietnamitas, laosianos y de
Hmong en las zonas metropolitanas del norte y el sur de California.[63] El
anticatolicismo es una realidad distintiva de la zona noroeste del Pacífico.
El noroeste tiene el porcentaje más bajo, en toda la nación, de personas que
asisten a Iglesias, con un 33 por ciento que detalla una denominación religiosa. De aquellos que detallan una denominación, más de un tercio son
católicos romanos.

Finalmente, los residentes de Alaska y Hawaii, muchos de los cuales
son descendientes de americanos nativos, asiáticos y polinesios, enrique-
cen aún más la diversidad de vida en estos Estados Unidos.

12. PERFIL DE LOS CATÓLICOS
EN LOS ESTADOS UNIDOS

A. Información demográfica

Si bien no es posible hacer una descripción completa del catolicismo en
los Estados Unidos, se pueden presentar los aspectos más destacados de la
imagen general.

---

62   Cf. *The New Historical Atlas of Religion in America*, 352.
63   Cf. *Demographic Trends in the Twentieth Century*, 83. Cf. también *We the Americans: Asians*, 2-3; cf. Censo
     de EE.UU. del año 2000.

La población católica de los Estados Unidos asciende ahora a más de 62 millones de personas y continúa creciendo.[64] Los católicos son más educados y más prósperos que lo que eran antes del Concilio Vaticano II. La población católica de los Estados Unidos se puede comparar en términos generales, en cuanto a su distribución racial y étnica, con la población de los Estados Unidos en su conjunto, con una proporción ligeramente más baja de afroamericanos y una proporción más elevada de hispanos/latinos. La población católica de los Estados Unidos presenta una mayor diversidad étnica que cualquier otra población católica del mismo tamaño en cualquier otro país del mundo.[65]

Las significativas diferencias de actitud entre una generación y otra, combinadas con los cambios en la vida eclesial relacionados con la experiencia del Concilio Vaticano II, proporcionan otra clave importante para comprender la diversidad de la vida y las prácticas de la Iglesia. Por ejemplo, en las encuestas realizadas en 2001 y 2002, los católicos de más edad eran más proclives que los católicos más jóvenes a informar que estaban satisfechos con la parroquia a la que asisten a Misa y con la manera en que la Iglesia satisface sus necesidades espirituales.[66]

B. Vida pastoral

Los ámbitos pastorales católicos han sufrido grandes cambios en las últimas décadas. A medida que aumentó la cantidad de católicos, también aumentó la cantidad de Iglesias diocesanas que les brindan servicio bajo el liderazgo de un obispo diocesano o eparquial. En las Iglesias Orientales, las eparquías son el equivalente de las diócesis. Actualmente, en los Estados Unidos hay dieciséis eparquías de Iglesias Orientales (que brindan servicio a las Iglesias Maronita, Caldea, Malabar y Bizantina, incluidos melquitas, rumanos, rutenos, ucranianos y siríacos) y un exarcado (para los católicos armenios). En conjunto, brindan servicio ministerial a casi medio de millón de católicos orientales. Además, 179 diócesis de la Iglesia Latina brindan servicio ministerial a más de 62 millones de católicos.[67]

---

64 Cf. Eileen W. Linder (Ed.), *Yearbook of American and Canadian Churches* (Nashville: Abingdon Press, 2002), 9, 11-12. Cf. también *The Official Catholic Directory* (New Providence, N.J.: P. J. Kenedy & Sons, 2002).

65 Cf. *Catholicism USA*, 4-19.

66 Cf. CARA, Catholic Poll *(Encuesta católica)* 2001, 2002.

67 Cf. *The Official Catholic Directory* (2002).

A medida que aumentó la cantidad de católicos, también aumentó la cantidad de parroquias sin sacerdotes residentes de tiempo completo: de 4 por ciento de todas las parroquias en 1980 a 15 por ciento de todas las parroquias en 2001.[68] Es una realidad que hay sacerdotes que prestan servicio ministerial a dos o más parroquias; estos ámbitos exigentes requieren un gran compromiso a fin de que se proporcione la supervisión catequética apropiada. La cantidad de escuelas parroquiales católicas ha disminuido, de 9,700 en 1950 a 7,500 en 2001.[69] Dado que menos jóvenes católicos se inscriben en las escuelas católicas, la cantidad de jóvenes católicos que participan en programas catequéticos en parroquias ha aumentado notablemente. Un cuarto menos de estudiantes asiste a escuelas católicas hoy en día en comparación con 1950, pero más del cuádruplo de la cantidad de estudiantes participan en programas catequéticos parroquiales.[70]

En las últimas décadas, la vida parroquial ha aumentado en cuanto a su progresión y complejidad: ha aumentado la cantidad de parroquias, así como también la cantidad promedio de católicos por parroquia. Sólo alrededor de 25 por ciento de las parroquias católicas de los Estados Unidos tienen menos de 430 fieles registrados. Alrededor de 22 por ciento de todas las parroquias de los Estados Unidos celebran Misas en idiomas diferentes del inglés al menos una vez por mes; en una amplia mayoría de estas parroquias, el segundo idioma es el español. Alrededor de un tercio de todas las parroquias brindan servicio ministerial a más de un grupo étnico. Finalmente, alrededor de un tercio de todas las parroquias de los Estados Unidos están situadas en zonas rurales.[71]

C. Personal

En los últimos treinta años, se han visto cambios notables en la cantidad de personas que ejercen el ministerio en la Iglesia Católica. La cantidad de sacerdotes diocesanos y sacerdotes de comunidades religiosas no ha mantenido el mismo ritmo de crecimiento que la población católica. Desde mediados de la década de 1960, los años en los que fueron más numerosos,

---

68   Cf. The Official Catholic Directory (años señalados).
69   Cf. Catholicism USA, 68. Cf. The Official Catholic Directory (2002).
70   Cf. Catholicism USA, 76.
71   Cf. CARA, Special Report: National Parish Inventory (NPI) (Washington, D.C.: Center for Applied Research in the Apostolate, 2000).

la cantidad de religiosos —tanto hombres como mujeres— se ha reducido a la mitad, y el promedio de edad de los religiosos que permanecen es de más de sesenta y tres años.

Los ministros laicos en la Iglesia son los que más han aumentado entre el personal eclesial en los últimos treinta años. Mientras que la necesidad de proporcionar una formación adecuada para todos los laicos que participan en el ministerio eclesiástico es un desafío constante, esta participación cada vez mayor de los laicos ha sido una bendición para la Iglesia y es una señal de esperanza para el futuro. Algunos han desarrollado habilidades profesionales por medio de programas académicos de post grado y programas de ministerio con especialización en catequesis, liturgia y ministerio pastoral, y ejercen un liderazgo valioso en estas áreas. Muchos otros prestan servicios como catequistas, miembros de equipos de catecumenado, ministros litúrgicos, ministros de jóvenes, defensores de la justicia social, ministros pastorales, consejeros parroquiales y miembros de comités, representantes ecuménicos, etc. La cantidad de diáconos permanentes también ha aumentado notablemente en los últimos años. Asimismo, en lo que constituye un avance destacado, muchos jóvenes católicos ahora pasan uno o dos años después de su graduación universitaria como voluntarios en programas patrocinados por comunidades religiosas u otras entidades eclesiales. A la luz del mandato misionero de Jesús, el desafío que enfrentan los laicos católicos sin responsabilidades jerárquicas es el de ser todavía más activos en la misión de la Iglesia de evangelizar la cultura y asumir más responsabilidad para proclamar el Evangelio en sus vidas diarias.

13. LA FAMILIA Y EL HOGAR
EN LOS ESTADOS UNIDOS

Si bien la velocidad del cambio social en los Estados Unidos ha aumentado considerablemente en los últimos treinta años, la vida familiar continúa siendo la piedra angular de la vida social estadounidense. Las Iglesias, otras comunidades religiosas y otros grupos dedicados están trabajando juntos para brindar respaldo a las familias y para estimular una política pública que refuerce la función de la familia en la sociedad.

Vemos significativos signos de esperanza para las familias de hoy en día.

- Hay un movimiento que se incrementa gradualmente, para fortalecer y respaldar la vida familiar a lo largo de toda la nación. Hombre y mujeres comparten las responsabilidades de ser padres y las funciones de los padres y las madres son más flexibles.
- Muchas instituciones de servicios muestran un renovado interés en la vida familiar y en cómo proporcionar sus servicios de maneras que respalden las responsabilidades propias de las familias.
- Algunos líderes políticos parecen estar arribando a un consenso respecto de la creencia de que las cuestiones sobre la familia deben constituir el núcleo central del proceso de definición de la política pública,[72] aun cuando otros pretenden redefinir la familia.

Otros cambios en la sociedad presentan a la vez oportunidades y riesgos para muchas familias. Se cuestionan incluso las definiciones básicas de "matrimonio" y "familia".

- Si bien los católicos tienden a casarse a mayor edad, y se divorcian con índices ligeramente más bajos que la población de los Estados Unidos en su conjunto, estas estadísticas están cambiando en forma gradual y se están acercando a los niveles de lo que es habitual para la cultura general. Resulta especialmente significativo el gran incremento en el porcentaje de católicos que se han divorciado o separado en los últimos años, a pesar de las enseñanzas de Cristo respecto de la indisolubilidad del matrimonio. Aunque el índice de divorcios ha declinado ligeramente, casi la mitad de los matrimonios celebrados en los Estados Unidos terminarán en divorcio; alrededor de un tercio de los matrimonios entre dos católicos terminan en divorcio. Una cantidad cada vez mayor de niños no vive con ambos padres naturales. Se espera que alrededor de la mitad de los niños que nacen hoy en día pasen por la experiencia del divorcio de sus padres para cuando cumplan dieciocho años de edad. Una cantidad cada vez mayor de niños experimentará múltiples divorcios y rupturas familiares, y la mayoría de las investigaciones sobre las consecuencias del divorcio indican un impacto negativo en los niños.

---

72   Cf. USCCB Committee on Marriage and Family, *A Family Perspective on Church and Society* (Washington, D.C.: USCCB, 1998), 1.

- Si bien es cierto que los católicos no se vuelven a casar tan a menudo como el resto de la sociedad, hay una convergencia cada vez mayor de actitudes entre los más jóvenes católicos y no católicos. La diferencia de actitud y conductas respecto del matrimonio y la vida familiar entre los católicos y los no católicos está desapareciendo.[73]

- Las familias nucleares tradicionales —aquellas con una madre, un padre y al menos un hijo de menos de dieciocho años que vive en el hogar— están disminuyendo. En comparación con las décadas anteriores, las familias nucleares tradicionales constituyen actualmente un porcentaje notablemente menor de todos los tipos de familias con niños que viven en el hogar.

- En más de la mitad de las familias con niños en edad escolar, ambos padres trabajan fuera del hogar. Además, más de la mitad de las madres con niños menores de seis años y tres de cada cuatro madres con niños en edad escolar tienen empleos fuera del hogar.[74]

- Más personas de ambos sexos optan por mantenerse solteras.

- Casi la mitad de las parejas que asisten a preparación matrimonial en la Iglesia Católica están viviendo juntas, en contradicción con las enseñanzas de la Iglesia respecto del matrimonio y la sexualidad humana. "Esta cohabitación es un fenómeno acentuado y en aumento, con un impacto negativo en el rol del matrimonio como base fundamental de la familia… Es un factor principal en la declinante importancia central del matrimonio en la estructura familiar."[75]

- La cantidad promedio de niños que nacen por hogar en los Estados Unidos ha declinado de manera uniforme.

- En 1980, el 82 por ciento de todas las familias con niños menores de dieciocho años tenían dos padres que vivían en el hogar; en el año 2000, sólo el 76 por ciento de las familias tenían dos padres

---

73   Cf. USCCB Secretariat for Family, Laity, Women, and Youth, *The Changing American Family: Is There a Difference?* (Washington, D.C.: USCCB, 1995), 8.

74   Cf. *A Family Perspective on Church and Society*, 2.

75   USCCB Committee on Marriage and Family, *Marriage Preparation and Cohabiting Couples* (Washington, D.C.: USCCB, 1999), 6, http://www.usccb.org/laity/marriage/cohabitating.htm [versión del traductor].

que vivían en el hogar.[76] Mientras tanto, la cantidad de hogares con un solo padre está aumentado, y casi la mitad de los padres únicos nunca ha estado casado.[77]

* La cantidad de estadounidenses que crían a sus nietos está aumentando.

* Un ingreso adecuado es un problema importante para las familias con un solo progenitor, la mayor parte de las cuales son encabezadas por mujeres con escaso o ningún respaldo financiero o emocional por parte de los padres de los niños.[78] Un cuarto de todos los nacimientos se produce fuera del matrimonio. Nunca se ha establecido la paternidad de una gran mayoría de estos niños.[79] Alrededor de dos tercios de las madres intentan criar a sus hijos esencialmente solas y trabajan fuera del hogar. La cantidad de niños en guarderías escolares y centros de cuidado diurno continúa aumentando. La cantidad de niños que se quedan solos en casa después de la escuela también continúa aumentando. Otro problema es el alto índice de católicos que no se casan con católicos. La Iglesia debe proporcionar guía especial para ayudar a estas parejas a criar a sus hijos como cristianos católicos.

Las siguientes tendencias indican una erosión de algunos valores fundamentales. A menudo, estas tendencias subyacen a los cambios sociales indicados anteriormente.

* El respeto por la dignidad y el valor de toda vida humana se ve cuestionado a causa de la aceptación social del aborto, la tendencia hacia el suicidio asistido por médicos y una mentalidad anticonceptiva.

* El vínculo esencial entre el esposo y la esposa se ve cuestionado a causa de una actitud mutua cada vez más individualista de los cónyuges.

* La autoridad natural de los padres en la relación con sus hijos se ve cuestionada por el sentido de autosuficiencia y autonomía que los niños desarrollan a edades cada vez más tempranas.

---

76 Cf. *Demographic Trends in the Twentieth Century*, A-49.
77 Cf. *A Family Perspective on Church and Society*, 4.
78 Cf. *A Family Perspective on Church and Society*, 4.
79 Cf. *A Family Perspective on Church and Society*, 4.

- La transmisión de los valores tradicionales dentro de la familia se ve cuestionada tanto por el crecimiento y la persuasión cada vez mayores de la cultura popular como también por el factor de movilidad de las familias emigrantes.

"En la base de estos fenómenos negativos está muchas veces una corrupción de la idea y de la experiencia de la libertad, concebida no como la capacidad de realizar la verdad del proyecto de Dios sobre el matrimonio y la familia, sino como una fuerza autónoma de autoafirmación, no raramente contra los demás, en orden al propio bienestar egoísta."[80]

La Iglesia Católica de los Estados Unidos ofrece una alternativa consoladora frente a la erosión de estos valores fundamentales de la sociedad. La Iglesia tiene una visión distintivamente cristiana del matrimonio y la familia que tiene sus raíces en la ley natural y de la cual son testimonio la Sagrada Escritura y la Tradición. La relación de comunión de amor que existe entre las personas de la Trinidad constituye el modelo para la vida familiar cristiana. La familia constituye una revelación y la realización especiales de la comunión eclesial, y es por eso que puede y debe ser denominada la "iglesia doméstica", "mediante la participación en la vida y misión de la Iglesia."[81]

14. CONCLUSIÓN

Esta reseña ha presentado algunos factores culturales y religiosos contemporáneos que influyen en la catequesis en los Estados Unidos. Estos factores son como las muchas lenguas de los visitantes en Jerusalén en aquel primer Pentecostés. Cada lengua diferente presentaba un obstáculo diferente para oír la palabra de Dios proclamada por los apóstoles, pero el Espíritu Santo, que hace presente "la única revelación traída por Cristo a los hombres,"[82] hizo que el mismo mensaje fuera accesible para todos en sus circunstancias particulares. La Iglesia y sus catequistas deben meditar continuamente y comprender más profundamente la experiencia de

---

80   Juan Pablo II, Exhortación apostólica *Familiaris consortio. Sobre la misión de la familia cristiana en el mundo actual* (FC), n. 6, en http://www.vatican.va/holy_father/john_paul_ii/apost_exhortations.

81   FC, n. 49.

82   Juan Pablo II, Carta apostólica *Tertio millenio adveniente. Mientras se aproxima el tercer milenio* (TMA), n. 44.

Pentecostés a fin de expresar en todas las lenguas y culturas "la incalculable riqueza que hay en Cristo."[83] Si la catequesis debe ser eficaz, todos los que son responsables de ella deben supervisar los rápidos cambios de las tendencias sociales y culturales. El catequista debe ser capaz de presentar la persona real de Jesucristo a las personas reales de este tiempo y este lugar de la historia.

En el proceso de la proclamación abierta del Evangelio a esta cultura y en las culturas discretas que la componen, la Iglesia se apoya firmemente en el hecho que, por medio del misterio de la encarnación, personas de todas las culturas son capaces de recibir el Evangelio, y por medio de éste, las personas de todas las culturas pueden experimentar la conversión a Jesucristo y comprometerse a seguir su camino a fin de estar en comunión con la Iglesia universal. Dado que la catequesis se lleva a cabo siempre dentro de un entorno social y cultural, los catequistas deben considerar atentamente tanto la integridad del mensaje cristiano que anuncian como las circunstancias particulares en la que lo anuncian. Lo hacen dentro de la comunidad de la Iglesia y confiando firmemente en que el único Maestro y primer Evangelizador estará con ellos "hasta el fin del mundo."[84] Este tema se desarrollará más detalladamente en el capítulo siguiente.

---

83   *Ef* 3, 8.
84   *Mt* 28, 20.

CAPÍTULO 2

La catequesis dentro de la misión de evangelización de la Iglesia

---

Vayan por todo el mundo y prediquen
el Evangelio a toda criatura. (*Mc* 16, 15)

---

15. INTRODUCCIÓN

Cristo encomendó a sus apóstoles: "vayan por todo el mundo y prediquen el Evangelio a toda criatura."[85] Por eso, "ellos fueron y proclamaron el Evangelio por todas partes, y el Señor actuaba con ellos y confirmaba su predicación con los milagros que hacían."[86] Cristo enseñó a sus apóstoles lo que Él recibió del Padre: "lo que yo le he oído decir a él es lo que digo al mundo."[87] A su vez, los apóstoles debían reiterar en forma fiel y completa esta palabra divina. Esta "reiteración" de la Palabra de Dios es la catequesis.[88]

Cristo llama a todos los fieles a proclamar la Buena Nueva por todo el mundo y a transmitir su mensaje a las sucesivas generaciones profesando, viviendo y celebrando la fe en la Liturgia y en la oración. La evangelización y la catequesis se cuentan entre los principales recursos mediante los cuales la Iglesia transmite la fe. "Evangelizar constituye, en efecto, la dicha y vocación propia de la Iglesia, su identidad más profunda. Ella existe para

---

85   *Mc* 16, 15.
86   *Mc* 16, 20.
87   *Jn* 8, 26.
88   Cf. *Hch* 18, 25; *Rm* 2, 18; *Ga* 6, 6.

evangelizar."[89] La catequesis es una etapa indispensable en la rica, compleja y dinámica realidad de la evangelización. Es un momento deslumbrante "en el proceso total de evangelización."[90] Otros elementos de la evangelización incluyen la colaboración ecuménica entre los cristianos y la promoción de su unidad, debido a que "el signo de la unidad entre todos los cristianos [es el] camino e instrumento de evangelización."[91]

En este capítulo se describe la función propia de la catequesis en el marco de la misión evangelizadora de la Iglesia. La catequesis comienza con la primacía de la revelación, presenta la fundamental misión evangelizadora de la Iglesia, muestra cómo la catequesis se enmarca en el contexto de la evangelización e identifica la fuente y las fuentes de la catequesis. Por consiguiente, en este capítulo se exponen los propósitos y las tareas de la catequesis y se concluye describiendo la relación dinámica entre el mensaje del Evangelio y la cultura.

16. LA REVELACIÓN

A. La revelación personal de Dios en la historia de la salvación

"Dispuso Dios en su sabiduría revelarse a sí mismo y dar a conocer el misterio de su voluntad."[92] La voluntad divina es que vayamos al Padre a través de Cristo, la Palabra hecha carne, y en el Espíritu Santo convertirnos en partícipes de su naturaleza divina (*theosis*). En consecuencia, la revelación divina es la manifestación sobrenatural de la vida íntima de Dios: Padre, Hijo y Espíritu Santo. El deseo de Dios de comunicarse a sí mismo a nosotros es íntegramente su propia iniciativa. La revelación personal de Dios se propone llevar a cabo nuestra participación en la vida de la Sagrada Trinidad, algo tan extraordinario que, para nosotros, es imposible siquiera imaginarlo.

Desde el principio, Dios ha hecho conocer el inagotable misterio de su amor para que podamos compartir su vida divina. Al hacerlo, Dios requiere una respuesta de fe de su pueblo. Es tan inimaginable el don que

---

89   EN, n. 14.
90   CT, n. 18.
91   EN, n. 77.
92   Concilio Vaticano II, Constitución dogmática *Dei verbum. Sobre la divina revelación* (DV), n. 2.

Dios nos hace de sí mismo, que nuestra respuesta sólo puede ser de sumisión, es decir, de obediencia en la fe. Dios se revela ante nosotros en forma gradual y por etapas, acercándosenos cada vez más a fin de prepararnos para recibir con alegría la culminación de la revelación personal de Dios en la persona y misión de la Palabra encarnada, Jesucristo. El plan de esta revelación se manifiesta "con palabras y gestos intrínsecamente conexos entre sí, de tal forma que las obras realizadas por Dios en la historia de la salvación manifiestan y confirman la doctrina y los hechos significados por las palabras, y las palabras, por su parte, proclaman las obras y esclarecen el misterio contenido en ellas."[93]

Dios se reveló en primer lugar a través de la creación y continuamente nos da pruebas de su existencia en el orden creado. Dios sostiene y dirige la creación hacia su culminación en Jesucristo. Dios se reveló a sí mismo en una forma especial a través de la historia de Israel.[94] Creó a nuestros primeros padres en comunión con Él. Después del pecado original, Él reveló su amoroso plan divino de redención a través de las alianzas con Noé y Abraham. En la época de los patriarcas Isaac, Jacob y José, constituyó a Israel como su pueblo, para que ellos lo conocieran como el único y verdadero Dios. Dios liberó a los israelitas de la esclavitud en Egipto, instituyó la alianza del Monte Sinaí y, a través de Moisés, les dio su ley. Él habló a su pueblo a través de jueces, sacerdotes y profetas y continuó forjando a su pueblo en la esperanza del Salvador prometido. Dios celebró una alianza con el Rey David y prometió que, a través de la descendencia de David, Él establecería su Reino para siempre.[95] Vemos esta alianza cumplida en María, la virgen madre del Hijo unigénito de Dios. Ella fue un canal único de la revelación de Dios, dando a luz de manera obediente a su Palabra hecha carne, para establecer su Reino para siempre.

Dios se reveló en forma plena en Jesucristo, el Hijo de Dios hecho hombre. Jesús es el "mediador y plenitud de toda la revelación."[96] En Cristo, Dios dijo todo en la Palabra única, perfecta y trascendente. Jesucristo "completa y perfecciona la revelación [...] con su total presencia y manifestación personal, con palabras y obras, señales y milagros, y, sobre todo, con su muerte y resurrección gloriosa de entre los

---

93   DV, n. 2.
94   Cf. Pontificia Comisión Bíblica, *El pueblo judío y sus Sagradas Escrituras en la Biblia cristiana* (Ciudad del Vaticano, Librería Editrice Vaticana, 2002), Sección II, nn. 19-65.
95   Cf. *2 Sm* 7, 13.
96   DV, n. 2.

muertos, y finalmente con el envío del Espíritu de verdad."[97] No habrá
una nueva revelación pública hasta que Cristo regrese en su gloria al
final de los tiempos.

El Espíritu de la verdad continúa revelando a Dios en el mundo y,
especialmente, en la Iglesia. El Espíritu Santo inspiró a los autores sagrados para que conservaran por escrito el mensaje de salvación y para que
aseguraran por medio del Magisterio, la interpretación auténtica de la
palabra de Dios contenida en las Sagradas Escrituras. El Magisterio es la
autoridad de enseñanza de la Iglesia, y está formado por el Papa y los obispos en comunión con él. A través del Espíritu Santo, Cristo, el
Resucitado, está vivo en los creyentes, y les ayuda a interpretar sus experiencias a la luz de la fe. A través del Espíritu Santo, Cristo Resucitado
está vivo en aquellos que creen, ayudándoles a comprender sus experiencias a la luz de la fe.

B. La transmisión de la revelación

La revelación de Dios está destinada a toda la humanidad, porque Dios
"quiere que todos los hombres se salven y todos lleguen al conocimiento
de la verdad."[98] Para dar cumplimiento a este plan divino, Jesucristo fundó
la Iglesia sobre los apóstoles, los colmó con el Espíritu Santo y los envió a
predicar el Evangelio por todo el mundo. Esta misión apostólica ha sido
la vida de la Iglesia desde su fundación. La Iglesia ha preservado la integridad y totalidad del Evangelio desde que Cristo se lo confió a ella. El
Evangelio ha sido su fuente de inspiración, el objeto de su contemplación,
el tema de su proclamación y el motivo de su actividad misionera. "La
conservación íntegra de la Revelación, Palabra de Dios contenida en la
Tradición y en la Escritura, así como su continua transmisión, están
garantizadas en su autenticidad"[99] por el Espíritu Santo.

A través de la Tradición, "la Iglesia, en su doctrina, en su vida y en
su culto perpetúa y transmite a todas las generaciones todo lo que ella es,
todo lo que cree."[100] Bajo la guía del Espíritu Santo, la transmisión de la

---

97   DV, n. 4.
98   1 Tm 2, 4.
99   Congregación para el Clero, *Directorio general para la catequesis* (DGC), n. 44 (Washington, DC:
     USCCB, 1997).
100 DV, n. 8.

revelación divina a las generaciones futuras de creyentes es la obra principal de la Iglesia. Cristo ordenó a los apóstoles que predicaran el Evangelio que Él mismo proclamó y que consumó en su propia persona. Ellos lo hicieron a través de su propia predicación, de su ejemplo y de las instituciones que ellos mismos establecieron. Inspirados por el Espíritu Santo, también comunicaron por escrito lo que habían visto y oído. Estos libros sagrados contenían el mensaje de salvación que Cristo les había confiado y que ellos debían salvaguardar hasta el fin de los tiempos. "Mas para que el Evangelio se conservara constantemente íntegro y vivo en la Iglesia, los apóstoles dejaron como sucesores suyos a los obispos, 'entregándoles su propio cargo del magisterio'."[101]

Por el poder del Espíritu Santo, Cristo debe ser proclamado a cada persona y a todas las naciones en cada época histórica, de tal forma que la revelación de Dios llegue a los confines de la tierra. "Dios, que habló en otro tiempo, habla sin intermisión con la Esposa de su amado Hijo [la Iglesia]; y el Espíritu Santo, por quien la voz del Evangelio resuena viva en la Iglesia, y por ella en el mundo, va induciendo a los creyentes en la verdad entera, y hace que la palabra de Cristo habite en ellos abundantemente."[102]

La revelación personal de Dios, ofrecida a través de su único Hijo en el Espíritu Santo, permanece viva y activa en la Iglesia. La sagrada Tradición y las Sagradas Escrituras constituyen el depósito de la fe, que es guardado y protegido por el Magisterio, porque nos fue otorgado por Cristo y no se lo puede modificar. La transmisión de esa revelación, en su integridad, está confiada por mandato divino al Magisterio, al sucesor de San Pedro y a los sucesores de los apóstoles. En colaboración armoniosa con el Magisterio en la misión evangelizadora de la Iglesia, todos los miembros del pueblo de Dios —sacerdotes, diáconos, religiosos y religiosas y los fieles laicos— transmiten la fe proclamando la Buena Nueva de la salvación en Jesucristo y comunicando el don de Dios de su propia vida divina en los sacramentos.

---

101   DV, n. 7.
102   DV, n. 8.

C. La fe

Desde el principio, Dios hizo conocer el inagotable misterio de su amor para que podamos compartir su vida divina. Al hacerlo, Dios requiere una respuesta de fe de parte de su pueblo, una respuesta que, en sí misma, es un don. Es tan inimaginable el don que Dios hace de sí mismo, que nuestra respuesta sólo puede ser de sumisión, de obediencia en la fe,[103] de la cual María es la personificación perfecta.

Los seres humanos son únicos en la creación porque sólo ellos pueden ofrecer a Dios una respuesta de fe a su iniciativa amorosa. La respuesta de fe tiene dos dimensiones integrales: la fe *por la cual* creemos y la fe *que* creemos. La fe es una virtud sobrenatural. La fe es una adhesión personal a Dios; al mismo tiempo, la fe es el libre asentimiento del intelecto y de la voluntad a la verdad completa que Dios ha revelado.[104] La fe *por la cual* una persona cree es en sí misma un don de Dios: es la gracia de Dios que mueve y ayuda a la persona a creer, y es el auxilio interno del Espíritu Santo que mueve el corazón y lo convierte a Dios.[105] La fe *en lo que* se cree es también un don de Dios: su contenido lo constituye la revelación divina. Por lo tanto, la fe es la respuesta humana a un Dios personal que se ha revelado a sí mismo y la Verdad que Dios ha revelado a través de la Iglesia Católica.

17. LA EVANGELIZACIÓN Y EL MINISTERIO DE LA PALABRA

A. La nueva evangelización

El Papa Juan Pablo II ha convocado a la Iglesia a emprender la nueva evangelización del mundo y ha invitado a todos los pueblos a abrir de par en par sus puertas a Cristo. "Preveo que ha llegado el momento de dedicar todas las fuerzas eclesiales a la nueva evangelización y a la misión *ad gentes*.[106] Ningún creyente en Cristo, ninguna institución de la Iglesia

---

103 Cf. *Rm* 16, 26.
104 Cf. CCE, n. 150.
105 Cf. DV, n. 5.
106 *Ad gentes* significa "hacia las naciones," es decir, que esta misión está destinada a todos los pueblos del mundo.

puede eludir este deber supremo: anunciar a Cristo a todos los pueblos."[107] La Buena Nueva de Jesucristo debe ser proclamada a cada persona y a todas las naciones para que pueda penetrar en los corazones de todas las personas y renovar a la raza humana. Llevamos a cabo esta tarea de proclamar el Evangelio con nuestros miembros cristianos, allí donde es posible. Tal testimonio común es una dimensión integral de nuestra misión evangelizadora.[108] Un anhelo ferviente de invitar a otros a encontrar a Jesús es la chispa que inicia la misión evangelizadora a la que está llamada toda la Iglesia. La Iglesia no puede escatimar esfuerzos en conducir a toda la humanidad hacia Cristo, porque es en Cristo que toda la humanidad descubre las verdades más profundas sobre sí misma.

Pero no es suficiente evangelizar a las personas en forma individual. El Evangelio está destinado a todos los pueblos y naciones, halla su hogar en todas las culturas. Aquellos que proclaman el mensaje cristiano deben conocer y amar la cultura y al pueblo al que llevan el mensaje, para que dicho mensaje pueda transformar a la cultura y al pueblo, y renovarlos en Cristo. "La nueva evangelización pide un esfuerzo lúcido, serio y ordenado para evangelizar a la cultura."[109] El dinamismo inherente a la nueva evangelización exige tanto la inculturación del Evangelio como la transformación de la cultura por el Evangelio.

En resumen, la nueva evangelización es fundamentalmente el "anuncio claro e inequívoco de la persona de Jesucristo, es decir, el anuncio de su nombre, de su doctrina, de su vida, de sus promesas y del Reino que Él nos ha conquistado a través de su misterio pascual."[110] Esto implica la participación activa de cada cristiano en la proclamación y demostración que la fe cristiana es la única respuesta plenamente válida a los problemas y esperanzas que la vida presenta a cada persona y sociedad.[111] La nueva evangelización está dirigida a la Iglesia misma: a los bautizados que nunca antes fueron efectivamente evangelizados, a aquellos que nunca han llevado a cabo un compromiso personal con Cristo y con el Evangelio, a aquellos que se han formado con los valores de la cultura secularizada, a

---

107 RM, n. 3.
108 Cf. Juan Pablo II, Carta encíclica *Ut unum sint. Sobre el empeño ecuménico* (UUS), nn. 89-90.
109 EA, n. 70.
110 EA, n. 66.
111 Cf. Juan Pablo II, Exhortación apostólica postsinodal *Christifidelis laici. Vocación y misión de los laicos en la Iglesia y en el mundo* (CL), n. 34.

aquellos que han perdido el sentido de la fe y a aquellos que están aleja-dos. También se dirige a todas las culturas humanas, en cuanto éstas pueden estar abiertas al Evangelio y vivir en armonía con los valores cris-tianos.[112] La nueva evangelización tiene como meta lograr la transforma-ción de cada persona a través del desarrollo de una relación exclusiva con Dios, la participación en el culto sacramental, el desarrollo de una madura conciencia ética y social, una catequesis de perseverancia y la integración cada vez más profunda de la fe en todas las áreas de la vida.

El propósito de esta evangelización es dar lugar a la fe y la conversión a Cristo. La fe implica una transformación profunda de la mente y del corazón, un cambio de vida, una *"metanoia."*[113] Un cambio tal sólo puede surgir de lo más profundo en el interior de la persona, allí donde se plantean las cuestiones verdaderamente importantes de la vida humana. Un cambio tal, engendrado por la acción del Espíritu Santo, se muestra en la transformación misma de la vida personal: se comienza a vivir "en Cristo" y se es capaz de confesar, al igual que San Pablo, "vivo, pero ya no soy yo el que vive, es Cristo quien vive en mí."[114]

B. La conversión

"La fe cristiana es, ante todo, conversión a Jesucristo."[115] Es fruto de la gracia de Dios y de la libre respuesta a la efusión del Espíritu Santo. Surge de las profundidades del ser humano e involucra una transformación tan profunda del corazón y de la mente que lleva al creyente a cambiar radi-calmente, tanto interna como externamente. La perfecta respuesta de la Santísima Virgen María a la gracia del Espíritu Santo representa la con-versión primordial a Cristo y la "realización más pura de la fe."[116]

Para los cristianos, esta *metanoia* reorienta hacia Cristo todos los aspectos de la vida de una persona. Esta conversión es la aceptación de una relación personal con Cristo, una adhesión sincera a Él, y la voluntad

---

112 Cf. Juan Pablo II, "Discurso inaugural de la IV Conferencia General del Episcopado Latinoamericano", Santo Domingo (República Dominicana), 12 de octubre de 1992, n. 22.

113 EN, n. 10.

114 *Ga* 2, 20.

115 DGC, n. 53; Cf. Iglesia Católica y Federación Luterana Mundial, *Declaración conjunta sobre la doctrina de la justificación* (1999), n. 16, en http://www.vatican.va/roman_curia/pontifical_councils/chrstuni/documents/rc_pc_chrstuni_doc_31101999_cath-luth-joint-declaration_sp.html.

116 CCE, n. 149.

decidida de conformar la propia vida personal con la suya. La conversión a Cristo implica un compromiso genuino con Él y una decisión personal de seguirlo como su discípulo. A través de este discipulado el creyente se une a la comunidad de discípulos y se apropia de la fe de la Iglesia. "La fe es un don destinado a crecer en el corazón de los creyentes."[117]

El proceso de conversión implica comprender quién es Cristo, a fin de cambiar y seguirlo, manteniendo una íntima comunión con Él. La conversión comienza con una apertura a la proclamación inicial del Evangelio y un deseo sincero de escuchar su resonancia en el interior de la persona. Esta búsqueda despierta en aquellos que se dirigen a Cristo un deseo de conocerlo más personalmente y de saber más acerca de su persona. El conocimiento de la persona, del mensaje y de la misión de Cristo permite al creyente forjar "una viva, explícita y operativa confesión de fe."[118] Esta profesión de fe constituye el cimiento para la jornada continua bajo la guía del Espíritu Santo. Ella se nutre de los sacramentos, de la oración y de la práctica de la caridad "hasta que todos lleguemos a estar unidos en la fe y en el conocimiento del Hijo de Dios, y lleguemos a ser hombres perfectos, que alcancemos en todas sus dimensiones la plenitud de Cristo."[119] "Esto es sumamente importante: ¡Tenemos que convertirnos y tenemos que continuar convirtiéndonos! ¡Debemos dejar que el Espíritu Santo cambie nuestras vidas! Debemos responder a Jesucristo."[120]

C. El proceso de evangelización

La actividad evangelizadora de la Iglesia consta de varios elementos esenciales: el anuncio de Cristo a aquellos que lo ignoran, la predicación [de Cristo], la catequesis, el bautismo y la administración de los otros sacramentos.[121]

La evangelización busca tanto el cambio interior de la persona como la transformación externa de las sociedades. Esto constituye la totalidad de los esfuerzos de la Iglesia por "llevar la Buena Nueva a todos los ambientes de la humanidad y, con su influjo, transformar desde dentro, renovar a la

---

117   DGC, n. 56.
118   DGC, n. 82.
119   *Ef* 4, 13.
120   USCCB, *Vayan y hagan discípulos: Plan y estrategia nacional para la evangelización católica en los Estados Unidos* (Washington, D.C.: USCCB, 2002), n. 14.
121   Cf. EN, n. 17.

misma humanidad."[122] Los elementos esenciales de la evangelización están distribuidos a lo largo de un proceso complejo formado por etapas o momentos.[123] Estas etapas incluyen lo siguiente: actividad misional dirigida hacia los pueblos o grupos en los que todavía no ha arraigado o quienes viven en la indiferencia religiosa, proclamación inicial del Evangelio, actividad catequística inicial para quienes eligen el Evangelio o necesitan completar o modificar su iniciación y actividad pastoral dirigida a quienes tienen una madura fe cristiana.[124]

El ministerio de la palabra es un elemento fundamental de la evangelización en todas sus etapas porque implica la proclamación de Jesucristo, la Palabra eterna de Dios. "No hay evangelización verdadera, mientras no se anuncie el nombre, la doctrina, la vida, las promesas, el reino, el misterio de Jesús de Nazaret, Hijo de Dios."[125]

La palabra de Dios nutre tanto a los evangelizadores como a quienes son evangelizados, por eso cada uno de ellos puede continuar creciendo en su vida cristiana. Desde las épocas de los apóstoles, la Iglesia ha ejercido el ministerio de la palabra en una variedad de formas y funciones que están íntimamente relacionadas en la práctica. Primero, los oyentes se preparan para la primera proclamación del Evangelio o *pre-evangelización.* Por lo general, la pre-evangelización se erige sobre las necesidades humanas básicas, como la seguridad, el amor o la aceptación, y muestra de qué manera esas necesidades humanas básicas incluyen un deseo de Dios y de su palabra.

A continuación, viene el anuncio inicial del Evangelio, es decir, la *predicación misional.* Esta forma del ministerio de la palabra se dirige a los no creyentes, a aquellos que han elegido no creer, a aquellos que profesan otras creencias y a los hijos de cristianos. En nuestra época también puede dirigirse a los que fueron bautizados pero tienen escasa o ninguna conciencia de su bautismo y viven al margen de la vida cristiana.

La *catequesis de iniciación* se imparte a los catecúmenos —quienes provienen de otras tradiciones cristianas y abrazan la fe católica— y a los católicos que necesitan completar su iniciación, los niños y los jóvenes. La

---

122   EN, n. 18.
123   Cf. CT, n. 18.
124   Cf. AG, n. 6.
125   EN, n. 22.

función de la catequesis de iniciación es introducir la vida de fe, la liturgia y la caridad del pueblo de Dios en quienes se inician.[126]

La *catequesis mistagógica* o *posbautismal* es la forma del ministerio de la palabra en la que se extraen las implicancias de vivir una vida sacramental. La función de la catequesis mistagógica es conducir al bautizado a profundizar la vida cristiana, la celebración de los sacramentos, la vida de oración de la Iglesia y su actividad misionaria.

La *catequesis permanente* o *de perseverancia* implica la presentación sistemática de las verdades de la fe y la práctica de la vida cristiana. La función de la catequesis permanente es nutrir la fe de los creyentes a lo largo de toda su vida.

Si bien toda la liturgia tiene una dimensión catequética, la catequesis litúrgica es más explícita en la forma de la homilía que se recibe durante la celebración de los sacramentos. Como tal, la catequesis litúrgica en el contexto de una acción sagrada es parte integral de dicha acción.[127] Su función es "la preparación inmediata a los diversos sacramentos y a las celebraciones sacramentales, sobre todo a la participación de los fieles en la Eucaristía, que es la forma frontal de la educación de la fe."[128] La catequesis litúrgica también incluye la reflexión sobre la celebración ritual.

La catequesis teológica es "la enseñanza sistemática y la investigación científica de las verdades de la fe."[129] Tiene una función teológica específica, más precisamente, la de ayudar a los cristianos a comprender la fe, comprometiéndose a un diálogo con "las formas filosóficas del pensamiento, con los humanismos que configuran la cultura y con las ciencias del hombre."[130]

D. El contexto de evangelización

La evangelización en los Estados Unidos se lleva a cabo en diferentes contextos sociales, religiosos y culturales sujetos a cambios súbitos. Algunos jamás han encontrado a Cristo y jamás fueron bautizados, por eso necesitan

---

126   Cf. AG, n. 14.

127   Cf. Concilio Vaticano II, Constitución *Sacrosanctum Concilium. Sobre la sagrada Liturgia* (SC), n. 35.

128   DGC, n. 51.

129   Sagrada Congregación para el Clero, *Directorio catequístico general* (DCG), n. 17, en http://www.vatican.va/roman_curia/congregations/cclergy/documents/rc_con_cclergy_dir_19710411_sp.html.

130   DGC, n. 51.

el anuncio inicial del Evangelio y el primer llamado a la conversión. Otros han sido bautizados pero nunca fueron formados en la fe después de la niñez. Algunos han perdido su fe, se alejaron de la Iglesia por una cuestión u otra, y ahora viven sus vidas muy alejados de Cristo y del Evangelio. Otros se sienten ajenos a la Iglesia, debido a la manera en que la perciben o debido a sus enseñanzas. Aunque muchos de ellos todavía dicen que son católicos, no participan en el culto con la comunidad, razón por la cual se privan de los dones de la Palabra de Dios y de los sacramentos de la Iglesia.[131] En todos estos casos se necesitan una re-evangelización o una nueva evangelización fervientes y una catequesis básica. Por otra parte, algunos bautizados continúan siendo fervientes en su fe y apasionados en su vida cristiana. Conocen a Cristo y a su Evangelio, y se han comprometido con la misión universal de la Iglesia. Una catequesis permanente centrada en torno a la conversión continua hace que "de evangelizados se conviertan en evangelizadores."[132]

Estos diversos contextos sociales, religiosos y culturales súbitamente cambiantes, y las respuestas evangélicas y catequéticas de la Iglesia coexisten en las mismas comunidades en muchas partes de los Estados Unidos. Los límites entre los mencionados contextos sociales, religiosos y culturales no están claramente definidos. Además, el anuncio inicial del Evangelio y una catequesis básica, la nueva evangelización y una catequesis de iniciación, y una catequesis más permanente son etapas que no se diferencian mucho entre sí como dimensiones de la misión evangelizadora de la Iglesia. La catequesis en los Estados Unidos recibe de la evangelización una dinámica misionera que nos anima a continuar evangelizando la cultura, afirmando lo que es compatible y cuestionando lo que no lo es.

E. Directivas pastorales para la evangelización

A la luz del contexto social, cultural y religioso de la vida en los Estados Unidos, es posible sugerir varias directivas pastorales para revitalizar la respuesta de la Iglesia al llamado del Papa Juan Pablo II para una nueva evangelización. Se exhorta y alienta a las diócesis y parroquias para que estudien, reflexionen y adopten las metas del documento *Go and Make*

---

131 Cf. *Vayan y hagan discípulos*, n. 39.
132 DGC, n. 58.

Disciples: A National Plan and Strategy for Catholic Evangelization in the United States [Vayan y hagan discípulos: Plan y estrategia nacional para la evangelización católica en los Estados Unidos] y las integren a sus respectivas misiones. En los esfuerzos y recursos que concentran en pos de la nueva evangelización, todas las diócesis y parroquias deberían perseguir los siguientes objetivos fundamentales:

1. Fomentar, en el corazón de cada creyente, una experiencia de conversión personal a Jesucristo, experiencia que conduzca a una renovación personal y a una mayor participación en la vida cristiana de la Iglesia como Cuerpo místico de Cristo
2. Exhortar a un mayor conocimiento de las Sagradas Escrituras y de la Sagrada Tradición de la Iglesia
3. Enfocar sus esfuerzos y recursos en la conversión y renovación de cada parroquia, especialmente por medio de la implementación del *Rito de la iniciación cristiana de adultos*
4. Dedicarse nuevamente a una renovación litúrgica que desarrolle un mayor aprecio por la presencia y el poder de Cristo en la palabra de Dios y en los sacramentos de la Iglesia, especialmente en la Eucaristía, y un compromiso más firme para celebrar la Eucaristía cada domingo
5. Hacer más explícitas las dimensiones evangélicas y de justicia social de la Eucaristía dominical
6. Convocar a su pueblo para que incorpore de manera más efectiva en sus vidas la oración cotidiana, especialmente la antigua práctica de rezar los Salmos y la Liturgia de las Horas de la Iglesia, la contemplación de los misterios de la vida de Cristo a través del Rosario y una mayor reverencia hacia la Eucaristía por medio de la adoración del Santísimo Sacramento
7. Asegurar que todas las instituciones católicas, en especial las parroquias, sean accesibles y capaces de recibir cálidamente a todos

(Otras directivas pastorales referidas a aspectos particulares de la evangelización y la catequesis se describirán con más detalle en los capítulos siguientes.)

Estas directivas pastorales para la evangelización otorgan a la catequesis en los Estados Unidos una dinámica misionera que nos anima a continuar evangelizando la cultura, afirmando lo que es compatible y cuestionando lo que no lo es:

Al contemplar tanto los ideales como las fallas de nuestra nación, los católicos necesitamos reconocer lo que nuestra fe católica, por todo lo que ha recibido de la cultura norteamericana, puede aún contribuir a nuestro país. A nivel de verdad, tenemos una enseñanza moral profunda y consistente basada en la dignidad y destino de cada persona creada por Dios. A nivel práctico, tenemos el testimonio de católicos estadounidenses que sirven a los más necesitados, en lo educativa, social, material y espiritual.[133]

El ministerio de la catequesis, como momento esencial en la misión evangelizadora de la Iglesia,[134] es un servicio eclesial fundamental para la realización, aquí en los Estados Unidos, del mandato misionero de Jesús.

18. LA FUENTE Y LAS FUENTES DE LA CATEQUESIS

La fuente de la catequesis se halla en la palabra de Dios revelada por Jesucristo. "La catequesis extraerá siempre su contenido de la fuente viva de la Palabra de Dios, transmitida mediante la Tradición y la Escritura, dado que 'la Tradición y la Escritura constituyen el depósito sagrado de la Palabra de Dios, confiado a la Iglesia.'"[135] Juntas constituyen el misterio de Cristo presente y fecundo en la Iglesia.

La Sagrada Escritura es "la palabra de Dios en cuanto se consigna por escrito bajo la inspiración del Espíritu Santo."[136] La sagrada Tradición "transmite íntegramente a los sucesores de los apóstoles la palabra de Dios, a ellos confiada por Cristo Señor y por el Espíritu Santo, para que, con la luz del Espíritu de la verdad, la guarden fielmente, la expongan y la difundan con su predicación."[137]

---

133 *Vayan y hagan discípulos*, n. 59.
134 DGC, n. 63, donde se cita CT, n. 18.
135 CT, n. 27.
136 DV, n. 9.
137 DV, n. 9.

Referirse a la palabra de Dios en la Sagrada Escritura y en la sagrada Tradición como la principal fuente de la catequesis significa, por una parte, que la catequesis debe basarse principalmente en el pensamiento, el espíritu y la perspectiva del Antiguo y Nuevo Testamentos. Por otra parte, significa que los textos bíblicos de los que procede la catequesis deben leerse en el contexto de los dos mil años de experiencia de fe y vida de la Iglesia.

Guiada por el Espíritu Santo en todas las épocas, la Iglesia debe interpretar la palabra de Dios. La Iglesia realiza esta función con autoridad a través de su viviente oficio docente: el Magisterio. El Magisterio garantiza la fidelidad de la Iglesia para con las enseñanzas de los apóstoles en cuestiones de fe y moral. "El oficio de interpretar auténticamente la palabra de Dios escrita o transmitida ha sido confiado únicamente al Magisterio vivo de la Iglesia, cuya autoridad se ejerce en el nombre de Jesucristo."[138] El Magisterio está al servicio de la palabra de Dios, "enseñando solamente lo que le ha sido confiado, por mandato divino y con la asistencia del Espíritu Santo, la oye con piedad, la guarda con exactitud y la expone con fidelidad, y de este único depósito de la fe saca todo lo que propone como verdad revelada por Dios que se ha de creer."[139] Por consiguiente, la palabra de Dios —contenida y transmitida en la Sagrada Escritura y en la sagrada Tradición e interpretada por el Magisterio— es la fuente principal de la catequesis.

La catequesis tiene también fuentes secundarias. La catequesis se vigoriza cuando la palabra de Dios es más profundamente comprendida y desarrollada por las personas que cultivan su fe bajo la guía del Magisterio. Se vivifica en la celebración de la Liturgia. La catequesis recurre a la teología cuando intenta entender más acabadamente el mensaje del Evangelio. La catequesis se enriquece cuando la palabra de Dios resplandece en la vida de la Iglesia, especialmente en las vidas de los santos y en el testimonio cristiano de los creyentes. Y se torna más fecunda cuando se conoce la palabra de Dios a partir de esos genuinos valores morales que, por la Providencia divina, se hallan en la sociedad humana.

---

138   DV, n. 10.
139   DV, n. 10.

19. NATURALEZA Y PROPÓSITO DE LA CATEQUESIS: INICIACIÓN Y PERSEVERANCIA

A. Naturaleza y propósito de la catequesis

"La catequesis es esa forma particular del ministerio de la Palabra que hace madurar la conversión inicial hasta hacer de ella una viva, explícita y operativa confesión de fe."[140]

La catequesis intenta suscitar en el creyente una fe más madura en Jesucristo, un conocimiento y un amor más profundos de su persona y de su mensaje, y un firme compromiso de seguirlo. Sin embargo, en muchas situaciones, la catequesis también debe preocuparse por despertar la fe inicial y sostener la conversión gradual hasta completar la adhesión a Jesucristo en quienes transitan por los umbrales de la fe. Con la gracia de Dios, la catequesis desarrolla la fe inicial, alimenta la vida cristiana y descubre continuamente el misterio de Cristo hasta que el creyente se transforma voluntariamente en su discípulo.

Más concretamente, la finalidad de la catequesis, en el conjunto de la evangelización, es la de ser un período de enseñanza y de madurez, es decir, el tiempo en que el cristiano, habiendo aceptado por la fe la persona de Jesucristo como el solo Señor y habiéndole prestado una adhesión global con la sincera conversión del corazón, se esfuerza por conocer mejor a ese Jesús en cuyas manos se ha puesto: conocer su "misterio", el Reino de Dios que anuncia, las exigencias y las promesas contenidas en su mensaje evangélico, los senderos que Él ha trazado a quien quiera seguirle.[141]

B. El objeto de la catequesis

El objeto de la catequesis es la comunión con Jesucristo. La catequesis lleva a las personas a ingresar en el misterio de Cristo, a encontrarlo, y a descubrirse a sí mismas y a descubrir el significado de sus vidas en Él. "En el centro de la catequesis encontramos esencialmente una Persona, la de

---

140   DGC, n. 82.
141   CT, n. 20.

Jesús de Nazaret, 'Unigénito del Padre, lleno de gracia y de verdad,'[142] que ha sufrido y ha muerto por nosotros y que ahora, resucitado, vive para siempre con nosotros."[143] En otras palabras: en Cristo se revela todo el plan eterno de Dios, un plan que comienza con el Padre engendrando a su único Hijo y alcanzando su plenitud en Él. Cristo es el centro vivo de la catequesis, el que atrae a todas las personas hacia su Padre a través del Espíritu Santo. "El fin definitivo de la catequesis es poner a uno no sólo en contacto sino en comunión, en intimidad con Jesucristo: sólo Él puede conducirnos al amor del Padre en el Espíritu y hacernos partícipes de la vida de la Santísima Trinidad."[144] San Pablo declaró: "porque para mí la vida es Cristo."[145] Jesucristo mismo es siempre el primero y el último punto de referencia en la catequesis porque es "el camino, la verdad y la vida."[146]

C. La catequesis y la Iglesia

"La catequesis es una acción esencialmente eclesial", es decir, una acción de la Iglesia:

> El verdadero sujeto de la catequesis es la Iglesia que, como continuadora de la misión de Jesucristo Maestro y animada por el Espíritu, ha sido enviada para ser maestra de la fe. Por ello, la Iglesia, imitando a la Madre del Señor, conserva fielmente el Evangelio en su corazón, lo anuncia, lo celebra, lo vive y lo transmite en la catequesis a todos aquéllos que han decidido seguir a Jesucristo. Esta transmisión del Evangelio es un acto vivo de tradición eclesial.[147]

En consecuencia, la catequesis es una dimensión fundamental de la actividad pastoral de la Iglesia y un elemento significativo en todo lo que la Iglesia hace para transmitir la fe. Cada uno de los medios que emplea la Iglesia en su misión general de ir y lograr nuevos discípulos tiene un

---

142 Jn 1, 14.
143 CT, n. 5.
144 CT, n. 5.
145 Flp 1, 21.
146 Jn 14, 6.
147 DGC, n. 78.

aspecto catequético. La catequesis da forma a la predicación misionera que tiene como meta suscitar los primeros signos de la fe, es decir, modela la proclamación inicial del Evangelio. La catequesis ayuda en el examen inicial de las razones para creer; comunica los elementos esenciales en la experiencia de la vida cristiana; prepara para la celebración de los sacramentos; facilita la integración en la comunidad eclesial; urge la actividad apostólica y el testimonio misionero; infunde el celo que estimula a lograr la unidad de los cristianos y prepara para la comprensión ecuménica y la misión de la Iglesia. "La catequesis está íntimamente unida a toda la vida de la Iglesia. No sólo la extensión geográfica y el incremento numérico sino también, y más todavía, el crecimiento interior de la Iglesia, su correspondencia con el designio de Dios, dependen esencialmente de ella."[148]

La Iglesia es la realización histórica del don de la comunión en Cristo ofrendado por Dios. Como tal, ella es el origen —locus— y la meta de la catequesis. La catequesis emerge de la Iglesia. "La profesión de fe recibida de la Iglesia (traditio), al germinar y crecer a lo largo del proceso catequético, es devuelta (redditio) enriquecida con los valores de las diferentes culturas."[149] La Iglesia depende de que la catequesis sea efectivamente fiel al mandato de Cristo de proclamar el Evangelio. "La comunidad cristiana es en sí misma catequesis viviente."[150]

La Iglesia es un ámbito natural para la catequesis. Ella proporciona el escenario primario para la proclamación del Evangelio, el punto de bienvenida para quienes buscan conocer al Señor, el sitio donde hombres y mujeres son invitados a convertirse y transformarse en discípulos, el ámbito para la celebración de los sacramentos y la motivación para ser testigo apostólico en el mundo.

La Iglesia es también la meta de la catequesis. La catequesis intenta edificar el Cuerpo de Cristo, es decir, la Iglesia. "Cuanto más capaz sea, a escala local o universal, de dar la prioridad a la catequesis —por encima de otras obras e iniciativas cuyos resultados podrían ser más espectaculares—, tanto más la Iglesia encontrará en la catequesis una consolidación de su vida interna como comunidad de creyentes y de su actividad externa como misionera."[151]

---

148   CT, n. 13.
149   DGC, n. 78.
150   DGC, n. 141.
151   CT, n. 15.

D. La catequesis de iniciación

Dentro de la misión evangelizadora de la Iglesia, la catequesis promueve y madura la conversión inicial, educa a las personas en la fe y las incorpora a la vida de la comunidad cristiana. Sin embargo, hoy en día, la catequesis a menudo debe adoptar la forma de proclamación primaria del Evangelio porque muchos de los que se presentan para la catequesis no han experimentado aún la conversión a Jesucristo. Es por eso que es necesario algún grado de conversión, si la catequesis debe ser capaz de cumplir su tarea específica de educar en la fe.[152]

En algunas situaciones, la catequesis de iniciación precede al bautismo, mientras que en otras es posterior a éste; pero en todos los casos la catequesis sirve de iniciación. Al buscar promover la fe inicial del catecúmeno en la persona de Jesucristo, la catequesis conduce a una genuina profesión de fe. Esta profesión de fe es la meta de la catequesis y un elemento inherente en los sacramentos de iniciación, pues constituye el vínculo entre la catequesis y los sacramentos de iniciación, especialmente el bautismo. La finalidad de la actividad catequética es animar a una profesión de fe viva, explícita y activa en los hombres.[153]

La catequesis de iniciación "debe ser tal que a la vez que presente la doctrina católica en su totalidad también ilumine la fe, dirija el corazón a Dios, promueva la participación en la liturgia, inspire la actividad apostólica y nutra la vida en completo acuerdo con el Espíritu de Cristo."[154] Tal catequesis de iniciación es una

formación orgánica y sistemática de la fe [que]… es más que una enseñanza: es un aprendizaje de toda la vida cristiana, "una iniciación cristiana integral" que propicia un auténtico seguimiento de Jesucristo, centrado en su Persona. Se trata, en efecto, de educar en el conocimiento y en la vida de fe, de forma que el hombre entero, en sus experiencias más profundas, se vea fecundado por la Palabra de Dios.[155]

---

152 Cf. International Commission on English in the Liturgy (ICEL) y el USCCB Bishops' Committee on the Liturgy [El Comité Episcopal de Liturgia], *Rito de la iniciación cristiana de adultos* (RICA) (Washington, D.C.: USCCB, 1991), n. 9.
153 Cf. Concilio Vaticano II, Decreto *Christus Dominus. Sobre el ministerio pastoral de los obispos* (CD), n. 14.
154 RICA, n. 78.
155 DGC, n. 67.

La catequesis es "una formación básica, esencial, centrada en lo nuclear de la experiencia cristiana, en las certezas más básicas de la fe y en los valores evangélicos más fundamentales."[156] La catequesis de iniciación cultiva las raíces de la fe, alimenta una vida espiritual claramente cristiana y prepara a la persona para que sea capaz de alimentarse de la mesa de la Eucaristía y en la vida ordinaria de la comunidad cristiana.

La catequesis de iniciación incorpora a quienes se preparan para los sacramentos de iniciación en la comunidad que vive, celebra y testimonia la fe. La riqueza de esta catequesis de iniciación debe servir de inspiración a las demás formas de catequesis.[157]

E. Catequesis continua

La catequesis para quienes han recibido los sacramentos de iniciación excede lo provisto por la catequesis de iniciación. Sirve para la conversión continua y la formación perseverante de quienes han sido iniciados en la fe. Tal conversión continua y tal formación perseverante son responsabilidad de toda la comunidad católica y se cultivan en forma más fructífera dentro de la comunidad. También promueven el crecimiento de una fe más madura en los miembros de la comunidad. Tiende a que la fe de cada persona, "ilustrada por la doctrina, se haga viva, explícita y activa en los hombres."[158] Dado que la catequesis busca enriquecer la vida de fe de las personas en cada etapa de su desarrollo, cada forma de la catequesis se orienta de alguna manera a la catequesis de adultos que son capaces de dar una respuesta integral a la palabra de Dios.[159] La catequesis continua es "un proceso para toda la vida para el individuo y para una actividad pastoral constante y coordinada de la comunidad cristiana."[160] Las formas más efectivas de esta catequesis permanente incluyen: el estudio y la oración de la Sagrada Escritura; una catequesis sistemática que en forma gradual conduce a las personas hacia una relación más profunda con Jesús, porque crecen en su comprensión de quien es Él y de lo que ha hecho por

---

156   DGC, n. 67.
157   DGC, n. 68.
158   CD, n. 14.
159   Cf. *Directorio catequístico general*, n. 20.
160   *Directorio catequético nacional*, n. 32.

nosotros; una catequesis litúrgica y sacramental; iniciativas de formación espiritual y un profundo examen de la doctrina social de la Iglesia.

20. LAS TAREAS DE LA CATEQUESIS

Jesús formó a sus discípulos haciéndoles conocer las diversas dimensiones del Reino de Dios. Les confió "los misterios del Reino de los cielos";[161] les enseñó a orar;[162] les abrió su "corazón manso y humilde";[163] y los envió "por delante, de dos en dos, a todos los pueblos y lugares a donde pensaba ir."[164] La tarea fundamental de la catequesis es lograr este mismo objetivo: la formación de discípulos de Jesucristo. Jesús instruyó a sus discípulos, oró con ellos, les mostró cómo vivir y les confirió su misión.

El método de formación de Cristo se logró mediante diversas tareas interrelacionadas. Su ejemplo es la inspiración más fecunda para desarrollar hoy en día una catequesis eficaz, porque es integral a la formación en la fe cristiana. La catequesis debe tener en cuenta a cada una de estas diferentes dimensiones de la fe, y cada una de éstas se transforma en una tarea independiente aunque complementaria. La fe se debe conocer, celebrar, vivir y expresar por medio de la oración. Por eso la catequesis abarca seis tareas fundamentales, cada una de las cuales se refiere a un aspecto de la fe en Cristo. Todos los esfuerzos en la evangelización y en la catequesis deben incorporar estas tareas.

1. *La catequesis promueve el conocimiento de la fe.* La proclamación inicial del Evangelio presenta a Cristo por primera vez a quienes lo escuchan e invita a convertirse a Él. Gracias a la acción del Espíritu Santo, dicho encuentro genera en los oyentes un deseo de conocer a Cristo, su vida y el contenido de su mensaje. La catequesis responde a este deseo, ofreciendo a los creyentes un conocimiento del contenido de la revelación propia de Dios —la que se encuentra en la Sagrada Escritura y en la sagrada Tradición— e introduciéndolos en el significado del Credo. Los

---

161 Mt 13, 11.
162 Cf. Lc 11, 2.
163 Mt 11, 29.
164 Lc 10, 1.

Credos y las fórmulas doctrinales que proclaman la creencia de la Iglesia son expresiones de la tradición viva de la Iglesia, tradición que deriva de los apóstoles y que ha progresado "en la Iglesia con la asistencia del Espíritu Santo."[165]

2. *La catequesis promueve un conocimiento del significado de la liturgia y de los sacramentos.* Por cuanto Cristo está presente en los sacramentos,[166] el creyente llega a conocer a Cristo en las celebraciones litúrgicas de la Iglesia y es invitado a la comunión con Él. La acción salvadora de Cristo en el Misterio pascual se celebra en los sacramentos, especialmente en la Eucaristía, donde es posible lograr la comunión más íntima con Jesús en la tierra, ya que los católicos pueden recibir su Cuerpo vivo y su preciosa Sangre en la sagrada Comunión. La catequesis debe "ayudar a participar activa, consciente y auténticamente en la liturgia de la Iglesia, no sólo aclarando el significado de los ritos, sino también educando el ánimo de los fieles a la oración, a la acción de gracias, a la penitencia, a rezar con confianza, al sentido comunitario, a percibir rectamente el significado de los símbolos."[167] La catequesis sacramental prepara la celebración inicial de los sacramentos y enriquece a la persona después de la recepción de éstos últimos.

3. *La catequesis promueve la formación moral en Jesucristo.* La enseñanza moral de Jesús es una parte integral de su mensaje. La catequesis debe transmitir tanto el contenido de la enseñanza moral de Cristo como su implicancia para la vida cristiana. La catequesis moral tiene como objetivo adecuar al creyente a Cristo, es decir, producir una transformación y conversión personales. Debe animar al creyente a dar testimonio —tanto en su vida privada como en la arena pública— de la enseñanza de Cristo en la vida cotidiana. Ese testimonio demuestra las consecuencias sociales de las exigencias del Evangelio.[168]

4. *La catequesis enseña al cristiano cómo orar con Cristo.* La conversión a Cristo y la comunión con Él conduce al creyente a adoptar la

---

165 DV, n. 8.
166 Cf. SC, n. 7.
167 *Directorio catequístico general*, n. 25.
168 Cf. CT, n. 29 y ss.

misma disposición de Jesús a la oración y a la reflexión. Toda la vida, la muerte y la resurrección de Jesús fueron una ofrenda a su Padre. Su oración estaba siempre dirigida a su Padre. La catequesis debe invitar al creyente a unirse a Cristo en la oración del Padre nuestro. La oración debe ser el ámbito ordinario para todas las catequesis, de tal modo que el conocimiento y la práctica de la vida cristiana puedan ser comprendidos y celebrados en el contexto adecuado.

5. *La catequesis prepara al cristiano para vivir en comunidad y para participar activamente en la vida y misión de la Iglesia.* Jesús dijo a sus discípulos "que se amen los unos a los otros, como yo los he amado [...]".[169] Este mandato provee la base para la vida en comunidad de los discípulos. La catequesis exhorta a un aprendizaje en la vida cristiana que se basa en las enseñanzas de Cristo sobre la vida comunitaria. Debe alentar un espíritu de simplicidad y humildad, una preocupación especial por los pobres, un cuidado especial para los alienados, un sentido de corrección fraternal, oración común, perdón mutuo, y un amor fraterno que aglutine todas estas actitudes. La catequesis anima a los discípulos de Jesús a hacer que su conducta diaria sea un testimonio brillante y convincente del Evangelio.[170] "Reparte entre los fieles gracias de todo género, incluso especiales, con los que dispone y prepara para realizar variedad de obras y de oficios provechosos para la renovación y una más amplia edificación de la Iglesia, según aquellas palabras: 'A cada uno se le otorga la manifestación del Espíritu para común utilidad' (1 Co 12, 7)."[171] La preparación para la vida comunitaria también tiene una dimensión ecuménica: "En la educación de este sentido comunitario, la catequesis cuidará también la dimensión ecuménica y estimulará actitudes fraternales hacia los miembros de otras Iglesias y comunidades eclesiales."[172] La catequesis debe proporcionar siempre una exposición clara de todas las enseñanzas de la Iglesia y, al mismo tiempo, debe

---

169   *Jn* 13, 34.
170   Cf. CL, nn. 34 y 51.
171   LG, n. 12.
172   DGC, n. 86.

fomentar "la perfecta unidad querida por el Señor"[173] e inculcar un entusiasmo por promover la unidad entre los cristianos. La catequesis tendrá una dimensión ecuménica a medida que prepare a los fieles a vivir en contacto con personas de otras tradiciones cristianas, "viviendo su identidad católica dentro del respeto a la fe de los otros."[174]

6. *La catequesis promueve un espíritu misionero que prepara a los fieles para que estén presentes como cristianos en la sociedad.* "De este modo, el 'mundo' se convierte en el ámbito y el medio de la vocación cristiana de los fieles laicos."[175] La catequesis busca ayudar a los discípulos de Cristo a estar presentes en la sociedad como cristianos creyentes que pueden y desean dar testimonio de su fe por medio de acciones y palabras. Al estimular este espíritu de evangelización, la catequesis nutre en los fieles las actitudes evangélicas de Jesucristo: pobreza de espíritu, compasión, mansedumbre, hambre y sed de justicia, misericordia, pureza de corazón, artífice de la paz, capacidad para sobrellevar rechazos y persecuciones.[176] La catequesis reconoce que otras tradiciones religiosas irradian las "semillas de la Palabra"[177] que puede constituir una verdadera "preparación evangélica".[178] Por eso alienta a los adherentes de las religiones del mundo a compartir aquello que tienen en común, sin minimizar las diferencias reales que existen entre ellas. "El diálogo interreligioso no está en contraposición con la misión *ad gentes*."[179]

Las seis tareas de la catequesis constituyen un todo integral por el cual la catequesis busca lograr su objetivo: la formación de discípulos de Jesucristo. Todas estas tareas son necesarias para alcanzar el desarrollo pleno de la fe cristiana. Cada tarea realiza el objeto de la catequesis desde su propia perspectiva, y todas las tareas son interdependientes. Por ejemplo,

---

173   CT, n. 32.
174   CT, n. 32.
175   CL, n. 15.
176   Cf. Mt 5, 3-11.
177   AG, n. 11.
178   LG, n. 16.
179   RM, n. 55. Cf. Concilio Vaticano II, *Nostra aetate*. Declaración *Sobre las relaciones de la Iglesia con las religiones no cristianas* (NA).

el conocimiento de la fe cristiana conduce a su celebración en la liturgia sacramental. La participación en la vida sacramental estimula a la transformación moral en Cristo. La vida moral cristiana conduce a la oración, mejora la vida comunitaria y estimula el espíritu misionero. Para realizar estas tareas, la catequesis se basa en "la transmisión del mensaje evangélico y la experiencia de la vida cristiana."[180] "Mucho importa que la catequesis guarde la riqueza que surge de estos varios aspectos, pero cuidando no aislar ninguno de ellos."[181]

21. LA INCULTURACIÓN DEL MENSAJE EVANGÉLICO

A. El misterio de la encarnación: modelo de evangelización

Jesucristo, la Palabra de Dios encarnada, concebido por el Espíritu Santo en el vientre de la Virgen María, se hizo hombre —un hombre particular en un marco de espacio y tiempo específicos y en una cultura particular. En el misterio de su encarnación, Jesucristo es el rostro humano de Dios y el rostro divino del hombre.[182] La encarnación del Hijo único de Dios es la inculturación original de la palabra de Dios. Para la Iglesia, el misterio de la encarnación es también el modelo de toda la evangelización. Cada cultura necesita ser transformada por los valores evangélicos porque el Evangelio siempre exige una conversión de actitudes y prácticas en todo lugar donde se predique. A menudo, las culturas deben purificarse y restaurarse en Cristo.

B. La evangelización de la cultura

Así como "la Palabra se hizo hombre y habitó entre nosotros,"[183] así también la Buena Nueva, la palabra de Dios proclamada a las naciones, debe arraigar en la situación vital de los oyentes de la palabra. La inculturación

---

180   DGC, n. 87.
181   *Directorio catequístico general*, n. 31.
182   Cf. EA, n. 67.
183   *Jn* 1, 14.

es precisamente la inserción del mensaje evangélico en las culturas. La inculturación es un requisito para la evangelización, un sendero que conduce hacia la evangelización plena. Es el proceso por el cual la "catequesis 'se encarna' en las diferentes culturas y ambientes."[184]

"La nueva evangelización pide un esfuerzo lúcido, serio y ordenado para evangelizar la cultura."[185] La inculturación de la fe es un proceso complejo y planificado. Este proceso "necesita una gradualidad, para que sea verdaderamente expresión de la experiencia cristiana de la comunidad."[186] "No es una mera adaptación externa que, para hacer más atrayente el mensaje cristiano, se limitase a cubrirlo de manera decorativa con un barniz superficial."[187]

C. El proceso de inculturación

La inculturación del Evangelio acontece en el seno de un proceso dinámico que incluye diversos elementos interactivos. La inculturación implica auscultar la cultura de los pueblos para detectar un eco de la palabra de Dios. Implica el discernimiento de la presencia de valores auténticos del Evangelio en la cultura o una apertura de ésta última a los valores auténticos del Evangelio. Este discernimiento se rige por dos principios básicos: "la compatibilidad con el Evangelio de las varias culturas a asumir y la comunión con la Iglesia universal."[188] Cuando es necesario, incluye la purificación de los elementos en la cultura que pueden ser hostiles o adversos al Evangelio. Y también supone una invitación a la conversión.

La verdadera inculturación se lleva a cabo cuando el evangelio penetra en el corazón de la experiencia cultural y demuestra cómo Cristo le otorga un nuevo sentido a los valores humanos auténticos. Sin embargo, la Iglesia nunca debe permitirse ser absorbida por cultura alguna, ya que no todas las expresiones culturales están de acuerdo con el evangelio. La Iglesia retiene la obligación indispensable de probar y evaluar las expresiones culturales a la

---

184 CT, n. 53.
185 EA, n. 70.
186 RM, n. 54.
187 DGC, n. 109.
188 RM, n. 54.

luz de su comprensión de la verdad revelada. Las culturas, al igual que los seres humanos individuales y las sociedades particulares, necesitan ser purificadas por la sangre de Cristo.[189]

La inculturación del mensaje evangélico es una misión urgente para las diócesis de los Estados Unidos, porque establece una relación entre la fe y la vida. Busca disponer al pueblo de los Estados Unidos, que vive en una sociedad multicultural y pluralista, a recibir a Jesucristo en cada una de los ámbitos de su vida. El proceso de inculturación debe comprometer a las personas a quienes está dirigido el Evangelio, de tal forma que puedan recibir la fe y reflexionar sobre ella. Este proceso los influye a nivel personal, cultural, económico y político, en una forma tal que les posibilite vivir una vida santa en total comunión con Dios Padre a través de la acción del Espíritu Santo. "Es necesario inculturar la predicación, de modo que el Evangelio sea anunciado en el lenguaje y la cultura de aquellos que lo oyen."[190]

En la inculturación de la fe, la catequesis tiene varias tareas específicas:

- Descubrir las semillas del Evangelio que pueden estar presentes en la cultura
- Conocer y respetar los elementos esenciales y expresiones básicas de la cultura de las personas a quienes está dirigida
- Reconocer que el mensaje evangélico es tanto trascendente como inmanente: no está constreñido por las limitaciones de ninguna cultura humana individual, pero a pesar de ello tiene una dimensión cultural, aquélla en la que vivió Jesús de Nazaret
- Proclamar la fuerza transformadora y regeneradora que el Evangelio efectúa en cada una de las culturas
- Promover un renovado entusiasmo por el Evangelio, en sintonía con la cultura evangelizada
- Usar el lenguaje y la cultura del pueblo como cimientos para expresar la fe común de la Iglesia

---

189   USCCB, *To the Ends of the Earth: A Pastoral Statement on World Mission [Hasta los confines de la tierra: Declaración pastoral sobre la misión universal]* (Washington, D.C.: USCCB, 1986), n. 44 [versión del traductor].

190   EA, n. 70.

- Mantener el contenido integral de la fe y evitar oscurecer el contenido del mensaje cristiano, como sería el caso si se utilizaran adaptaciones que podrían comprometer o disminuir el depósito de fe

En el seno de la comunidad eclesial, el catequista es un instrumento importante de inculturación. El catequista ha encontrado a Cristo, ha sido convertido por Cristo, sigue a Cristo y comparte la vida y misión de Cristo. El catequista también posee una conciencia social viva y está bien arraigado en el ambiente cultural. Por lo tanto, el catequista debe estar atento a todas estas tareas que encarnan el Evangelio en una cultura particular y asimismo introducir la cultura en la vida de la Iglesia. Al mismo tiempo que los fieles tienen derecho a recibir el depósito íntegro de la fe, los catequistas "deben procurar diligentemente proponer con fidelidad el tesoro íntegro del mensaje cristiano."[191]

Una catequesis efectiva presenta el auténtico mensaje evangélico, "las palabras de vida eterna."[192] El genuino depósito de la fe entregado por Cristo a sus apóstoles y preservado por ellos durante más de dos mil años debe ser fielmente transmitido a las futuras generaciones de cristianos.

La evangelización pierde mucho de su fuerza y de su eficacia, si no toma en consideración al pueblo concreto al que se dirige, si no utiliza su "lengua", sus signos y símbolos, si no responde a las cuestiones que plantea, no llega a su vida concreta. Pero, por otra parte, la evangelización corre el riesgo de perder su alma y desvanecerse, si se vacía o desvirtúa su contenido, bajo pretexto de traducirlo.[193]

La evangelización de la cultura por medio de la comunicación del íntegro y auténtico mensaje evangélico, y la inculturación de dicho mensaje a través de un diálogo profundo entre él y el idioma, las costumbres y prácticas de un pueblo, constituye lo que el Papa Pablo VI llamó el "drama de nuestro tiempo."[194]

---

191 *Directorio catequístico general*, n. 38, citado en DGC, n. 112.
192 Jn 6, 68.
193 EN, n. 63.
194 EN, n. 20.

D. La inculturación y los medios

Especialmente en los Estados Unidos, "la evangelización misma de la cultura moderna depende en gran parte del influjo de los medios de comunicación social."[195] De hecho, los medios tienen tanta influencia que poseen su propia cultura, la cual tiene su propio idioma, costumbres y valores. Los heraldos del Evangelio deben ingresar en el mundo de los medios de comunicación masiva, aprender todo lo que sea posible sobre esa cultura, evangelizarla y determinar cuál es la mejor manera en que se pueden emplear los medios de comunicación al servicio de la proclamación del mensaje cristiano.

Si la nueva evangelización de los medios de comunicación masiva debe ser efectiva, entonces la Iglesia debe profundizar su comprensión de la cultura en la que los medios de comunicación producen tantos efectos y aprender cómo utilizar esos medios en forma adecuada para proclamar el mensaje de Cristo. Los ministros pastorales deben ser especialistas en tecnología de las comunicaciones; se deben construir centros de producción de última generación; se deben desarrollar redes de comunicación y los fieles deben aprender de qué modo pueden discernir mejor su utilización de los medios, especialmente en sus hogares. "Con el uso correcto y competente de los mismos se puede llevar a cabo una verdadera inculturación del Evangelio."[196]

22. CONCLUSIÓN

La evangelización es tan esencial para la vida de la Iglesia que, en caso de que se desentendiera de su responsabilidad sagrada de transmitir la Buena Nueva de Jesucristo a toda la humanidad, ya no sería fiel a la misión que le confió el Señor ni tampoco a su identidad como madre y maestra. Tal como ella es, mediante el poder del Espíritu Santo, el ministerio de evangelización de la Iglesia anima su vida. La actividad pastoral y misionera que constituye el compromiso decidido de evangelizar de la Iglesia comprende ciertos elementos que tienen aspectos catequéticos bien distintivos: la proclamación inicial del Evangelio que despierta la fe, el examen

---

195   RM, n. 37.
196   EA, n. 72.

de las razones que hacen posible la fe, la celebración de los sacramentos, la experiencia de la vida cristiana y la integración en la comunidad eclesial, y el testimonio apostólico. La catequesis trasciende a la misión evangelizadora de la Iglesia. Si bien la catequesis y la evangelización no se pueden identificar sencillamente entre sí, "entre la catequesis y la evangelización no existe ni separación u oposición... sino relaciones profundas de integración y de complemento recíproco."[197]

La catequesis es tan esencial para la misión evangelizadora de la Iglesia que, si la evangelización fracasara en integrar a la catequesis, la fe inicial despertada por la proclamación del Evangelio no maduraría, no tendría lugar la educación en la fe a través de un conocimiento más profundo de la persona y del mensaje de Jesucristo, y no se promovería un discipulado en Cristo a través de un verdadero testimonio apostólico. La catequesis nutre la semilla de la fe sembrada por el Espíritu Santo a través de la proclamación inicial del Evangelio, hace crecer el don de la fe otorgado en el bautismo y elabora el significado de los sacramentos. La catequesis desarrolla una comprensión más profunda del misterio de Cristo, estimula una incorporación más profunda en la Iglesia y acrecienta la vida cristiana. Estimula el discipulado en Cristo e instruye en la oración cristiana. Al igual que la misión de evangelización vivifica la actividad pastoral y misionera de la Iglesia, la catequesis concreta su misión evangelizadora, ya que implanta la Buena Nueva que Cristo ordenó a sus apóstoles que difundieran en todo el mundo y que predicaran a todas las personas.[198] Esta Buena Nueva, que es la fe de la Iglesia, será presentada en el Capítulo 3.

---

197 CT, n. 18.
198 Cf. Mc 16, 15.

CAPÍTULO 3

Ésta es nuestra fe;
ésta es la fe de la Iglesia

Hermanos: les transmití, ante todo, lo que yo mismo recibí:
que Cristo murió por nuestros pecados, como dicen las
Escrituras; que fue sepultado y que resucitó al tercer día,
según estaba escrito; que se le apareció a Pedro
y luego a los Doce. (*1 Co* 15, 3-5)

23. INTRODUCCIÓN

Al expresar y transmitir la fe que Jesús les confió antes de ascender a su Padre, los apóstoles utilizaron breves resúmenes que permitían a todos llegar a conocer el contenido fundamental de las creencias y de la predicación cristianas. Estas manifestaciones iniciales del credo sintetizaban la fe cristiana y se convirtieron en los puntos de referencia catequísticos originales para la Iglesia apostólica. Estas manifestaciones fueron las primeras profesiones de fe; estaban destinadas especialmente para quienes deseaban ser bautizados y han preservado la sustancia del mensaje cristiano para los pueblos de todas las naciones durante más de dos mil años.

Como el *Catecismo de la Iglesia Católica* es una catequesis del Credo, en este capítulo se presenta una breve introducción al mismo, para facilitar su mejor comprensión y utilización en el ministerio catequístico. En este capítulo también se proporcionan los criterios para la presentación auténtica del mensaje cristiano en los Estados Unidos en este momento de la historia.

24. LA SINFONÍA DE LA FE

A. Instrumentos normativos de la catequesis

La Sagrada Escritura, el *Catecismo de la Iglesia Católica*, el *Directorio general para la catequesis* y este *Directorio nacional para la catequesis* son instrumentos distintos y complementarios al servicio de la acción catequizadora de la Iglesia. El *Directorio general para la catequesis* provee "unos principios teológico-pastorales de carácter fundamental, tomados del Magisterio de la Iglesia y particularmente del Concilio Ecuménico Vaticano II, por los que pueda orientarse y regirse más adecuadamente la actividad catequética de la Iglesia."[199] Este *Directorio nacional para la catequesis* contiene las directrices generales para la catequesis en los Estados Unidos y ha sido preparado por la *United States Conference of Catholic Bishops*. *Sentíamos arder nuestro corazón* ofrece un plan y estrategias para el desarrollo, en la vida parroquial, de un ministerio efectivo para la formación de la fe de personas adultas.

B. La Sagrada Escritura

La Sagrada Escritura, la palabra de Dios escrita bajo la inspiración del Espíritu Santo, tiene la posición preeminente en la vida de la Iglesia Católica, en especial en el ministerio de la evangelización y la catequesis. Las formas primitivas de la catequesis cristiana utilizaron de manera habitual el Antiguo Testamento y el testimonio personal de los apóstoles y discípulos, testimonio que luego se convertiría en el Nuevo Testamento. Gran parte de la catequesis del período patrístico adoptó la forma de comentarios sobre la palabra de Dios contenida en la Sagrada Escritura. A lo largo de las distintas épocas de la historia de la Iglesia, el estudio de la Sagrada Escritura ha sido la piedra angular de la catequesis. El Concilio Vaticano II recomendó que la catequesis, como una de las formas del ministerio de la palabra, debía nutrirse y desarrollarse en santidad a través de la palabra de las Escrituras.[200] La catequesis debe utilizar la Sagrada Escritura como su fuente de inspiración, su currículum fundamental y finalidad porque fortalece la fe, alimenta el alma y nutre la vida espiritual.

---

199   DGC, n. 120.
200   Cf. DV, n. 12.

"La explicación de la palabra de Dios en la catequesis tiene como primera fuente la Sagrada Escritura, que explicada en el contexto de la Tradición, proporciona el punto de partida, el fundamento y la norma de la enseñanza catequística."[201] La catequesis debe asumir el pensamiento y la perspectiva de la Sagrada Escritura y utilizar frecuentemente y en forma directa los mismos textos bíblicos. "La presentación de los evangelios se debe hacer de modo que provoque un encuentro con Cristo, que da la clave de toda la revelación bíblica y transmite la llamada de Dios, a la cual cada uno debe responder."[202]

C. El Catecismo de la Iglesia Católica

El *Catecismo de la Iglesia Católica* es un documento del Magisterio promulgado por el Papa Juan Pablo II en virtud de su autoridad apostólica.[203] Se trata de "una exposición de la fe de la Iglesia y de la doctrina católica, atestiguadas o iluminadas por la Sagrada Escritura, la Tradición apostólica y el Magisterio de la Iglesia."[204] El *Catecismo* "tiene por fin presentar una exposición orgánica y sintética de los contenidos esenciales y fundamentales de la doctrina católica, tanto sobre la fe como sobre la moral, a la luz del Concilio Vaticano II y del conjunto de la Tradición de la Iglesia."[205] El *Catecismo de la Iglesia Católica* es un instrumento válido y legítimo para la comunión eclesial; es una norma segura para la enseñanza de la fe y un auténtico texto de referencia para la enseñanza de la doctrina católica, especialmente para la preparación de los catecismos locales. Sin embargo, el *Catecismo* no es sólo un auténtico texto de referencia, sino que es también una hermosa colección de verdades sobre la fe católica, siguiendo los pasos de la Iglesia primitiva. El fundamento del *Catecismo* es la Sagrada Escritura e incluye material escrito por los Padres, por los Doctores y por los santos de la Iglesia. No está diseñado para reemplazar los catecismos locales, sino más bien para estimular la preparación de nuevos catecismos locales que tengan en cuenta especialmente las culturas particulares y preserven la unidad de la fe y la fidelidad a la doctrina católica.[206]

---

201 Pontificia Comisión Bíblica, *La interpretación de la Biblia en la Iglesia*, n. 39, http://www.iveargentina.org/Foro_Exegesis/Textos_Magisteriales/interpretacion_de_la_biblia_en_la_iglesia.htm.
202 *La interpretación de la Biblia en la Iglesia*, n. 39.
203 Cf. FD, n. 4. Este documento se encuentra en el *Catecismo de la Iglesia Católica*.
204 FD, n. 4.
205 CCE, n. 11.
206 Cf. FD, n. 4.

Este *Directorio nacional para la catequesis,* en lo que respecta al contenido del mensaje cristiano, supone y se refiere al *Catecismo de la Iglesia Católica.* La siguiente exposición del *Catecismo de la Iglesia Católica* no intenta resumir su contenido sino facilitar su mejor comprensión y utilización en el ministerio catequístico en los Estados Unidos.

El Papa Juan Pablo II ha dicho que el *Catecismo de la Iglesia Católica* es "la 'sinfonía' de la fe"[207] porque es el resultado de la colaboración de la totalidad del Episcopado de la Iglesia Católica en todo el mundo y porque expresa la armonía de su confesión de fe.

El *Catecismo de la Iglesia Católica* está ordenado en torno a cuatro dimensiones fundamentales de la vida cristiana: (1) la profesión de fe, (2) la celebración de la Liturgia, (3) la vida moral cristiana y (4) la oración. Estas cuatro partes se corresponden con los aspectos esenciales del misterio cristiano: (1) creencia en el Dios Uno y Trino y su plan de salvación en Jesucristo, (2) celebración de las acciones salvadoras de Cristo en la vida sacramental, (3) vivir la vida en Cristo y (4) expresión de la fe cristiana en la oración. A su vez, este ordenamiento proviene de la profunda unidad de la vida cristiana.

> La Iglesia profesa [este misterio de la fe] en el Símbolo de los Apóstoles *(primera parte del Catecismo)* y lo celebra en la Liturgia sacramental *(segunda parte),* para que la vida de los fieles se conforme con Cristo en el Espíritu Santo para gloria de Dios Padre *(tercera parte).* Por lo tanto, este Misterio exige que los fieles crean en él, lo celebren y vivan de él en una relación viviente y personal con Dios vivo y verdadero. Esta relación es la oración *(cuarta parte).*[208]

El *Catecismo de la Iglesia Católica* es el punto de referencia doctrinal para la educación de las tareas básicas de la catequesis.[209] Sin embargo, no impone un formato predeterminado para la presentación de la doctrina.

---

207   FD, n. 1.
208   CCE, n. 2558.
209   Ver el Capítulo 2 de este *Directorio.*

La inspiración del *Catecismo de la Iglesia Católica* deriva de la persona de Jesucristo, dado que revela el misterio de la Santísima Trinidad y el misterio de la persona humana. A través de Jesucristo llegamos a conocer a Dios y su plan divino para nuestra salvación, llegamos a conocernos a nosotros mismos y a nuestro destino, y llegamos a saber cómo vivir. El *Catecismo* tiene cuatro filigranas de oro: la Santísima Trinidad, Jesús como Dios y Hombre, el Misterio pascual de la pasión, muerte y resurrección de Jesús y su ascensión al cielo para obtener nuestra salvación y, finalmente, la dignidad de la persona humana.

Como misterio central de la fe católica, el misterio del Dios Uno y Trino anima y ordena la presentación del mensaje cristiano en el *Catecismo de la Iglesia Católica*. La profesión de fe es precisamente una confesión de la fe en la Santísima Trinidad. Se divide en las fórmulas doctrinales fundamentales que manifiestan la creencia cristiana en el Padre, el Hijo y el Espíritu Santo. Presenta los sacramentos y la liturgia como la "obra de la Santísima Trinidad".[210] Presenta la vida cristiana como dirigida por la Trinidad: "El que da gloria al Padre lo hace por el Hijo en el Espíritu Santo."[211] La profesión de fe presenta la oración del creyente como oración de la Iglesia, como "comunión con la Santísima Trinidad".[212]

El misterio de la persona humana está entretejido en todo el *Catecismo de la Iglesia Católica*. Cada persona humana desea ansiosamente conocer a Dios. "Creer es un acto humano, consciente y libre, que corresponde a la dignidad de la persona humana."[213] La celebración del misterio cristiano en la liturgia de la Iglesia y los sacramentos expresa la fe en palabras y señales que tienen sentido para la persona humana: "la multitud de los hijos de Dios, mediante su cultura humana propia, asumida y transfigurada por Cristo, tiene acceso al Padre, para glorificarlo en un solo Espíritu."[214] Al esforzarse por adaptar sus vidas a Cristo, se exhorta a los cristianos a llevar una vida "digna del Evangelio de Cristo."[215] "La vocación de la humanidad es manifestar la imagen de Dios y ser transformada a imagen del Hijo Único del Padre."[216] Por sus actos deliberados, la

---

210   CCE, nn. 1077-1112.
211   CCE, n. 259.
212   CCE, n. 2655.
213   CCE, n. 180.
214   CCE, n. 1204.
215   *Flp* 1, 27.
216   CCE, n. 1877.

persona humana "se conforma, o no se conforma, al bien prometido por Dios y atestiguado por la conciencia moral."[217] La oración cristiana es "la vida del corazón nuevo. Debe animarnos en todo momento."[218]

El *Catecismo de la Iglesia Católica* es un catecismo para la Iglesia universal. Como catecismo, es "una *exposición orgánica* de toda la fe católica."[219] Es de alcance universal porque presenta "los acontecimientos y verdades salvíficas fundamentales, que expresan la fe común del pueblo de Dios, y que constituyen la referencia básica e indispensable para la catequesis."[220] Intenta conciliar "la maravillosa unidad del misterio cristiano con la multiplicidad de las exigencias y de las situaciones de los destinatarios de su anuncio."[221] Sin embargo,

por su misma finalidad, este catecismo no se propone dar una respuesta adaptada, tanto en el contenido cuanto en el método, a las exigencias que dimanan de las diferentes culturas, de edades, de la vida espiritual, de situaciones sociales y eclesiales de aquellos a quienes se dirige la catequesis. Estas indispensables adaptaciones corresponden a catecismos propios de cada lugar, y más aún a aquellos que toman a su cargo instruir a los fieles.[222]

El *Catecismo de la Iglesia Católica* presenta y preserva el depósito de la fe. El depósito de la fe es el patrimonio de la fe contenido en la Sagrada Escritura y la sagrada Tradición y transmitido en la Iglesia desde la época de los apóstoles —una herencia de la cual el Magisterio extrae todo lo que propone para creer, al ser divinamente revelada. "En esta presentación auténtica y sistemática de la fe y de la doctrina católica, la catequesis encontrará un camino plenamente seguro para presentar con renovado impulso al hombre de hoy el mensaje cristiano en todas y cada una de sus partes. Todo agente catequístico podrá recibir de este texto una valiosa ayuda para transmitir, a nivel local, el único y perenne depósito de la fe."[223]

---

217 CCE, n. 1700.
218 CCE, n. 2697.
219 CCE, n. 18.
220 DGC, n. 124.
221 Juan Pablo II, Carta apostólica *Laetamur magnopere con la que se aprueba y promulga la edición típica latina del Catecismo de la Iglesia Católica* (LM) (1997), XV. En CCE.
222 CCE, n. 24.
223 LM, p. XV.

La Sagrada Escritura tiene un lugar preeminente en el catecismo, porque "[comunica] inmutablemente la palabra del mismo Dios" y "[hace] resonar la voz del Espíritu Santo en las palabras de los profetas y de los apóstoles."[224] El *Catecismo de la Iglesia Católica* está aplicado a complementar la Sagrada Escritura. Junto con la Sagrada Tradición, la Sagrada Escritura constituye la regla suprema de la fe.

En la práctica, significa que la catequesis debe impregnarse con el pensamiento, el espíritu y las actitudes bíblico-evangélicos a través de la utilización y la referencia constantes a la palabra de Dios. El *Catecismo de la Iglesia Católica* no es superior a la palabra de Dios sino que, más bien, está a su servicio. Ambos abastecen el ministerio de la catequesis: "La Sagrada Escritura y el *Catecismo de la Iglesia Católica* han de inspirar tanto la catequesis bíblica como la catequesis doctrinal, que canalizan ese contenido de la Palabra de Dios."[225]

Además, el *Catecismo de la Iglesia Católica* recupera varios aspectos importantes de la tradición catequética de los Padres de la Iglesia, quienes dieron gran prioridad al catecumenado bautismal en la vida de las iglesias particulares. Todos ellos enfatizaron el movimiento gradual y progresivo de la iniciación y la formación cristiana a través de una serie de etapas y rituales. Esto fue reconocido por los Padres del Concilio Vaticano II al pedir la restauración del catecumenado de adultos, tal como se celebraba y preservaba en la tradición patrística.[226]

25. CRITERIOS PARA LA AUTÉNTICA PRESENTACIÓN DEL MENSAJE CRISTIANO

La palabra de Dios contenida en la Sagrada Escritura y la sagrada Tradición es la única fuente de los criterios fundamentales para la presentación del mensaje cristiano. La presentación del mensaje cristiano

- Se centra en Jesucristo
- Presenta la dimensión trinitaria del mensaje del Evangelio

---

224   DV, n. 21.
225   DGC, n. 128.
226   Cf. SC, n. 64.

- Proclama la Buena Nueva de la salvación y la liberación
- Proviene de la Iglesia y conduce a ella
- Tiene carácter histórico
- Busca la inculturación y preserva la integridad y pureza del mensaje
- Ofrece el mensaje integral del Evangelio y respeta su intrínseca jerarquía de verdades
- Comunica la profunda dignidad de la persona humana
- Promueve un lenguaje común de la fe

A. El mensaje cristiano, centrado en Cristo

El mensaje cristiano tiene como centro la persona de Jesucristo. Por sobre todo, la catequesis debe transmitir esta centralidad de Cristo en el mensaje del Evangelio. La catequesis que se centra en Cristo presenta primero a Cristo y presenta todo lo demás "en referencia a Él,"[227] porque es el centro del mensaje evangélico. "En el centro de la catequesis encontramos esencialmente una Persona, la de Jesús de Nazaret, 'Unigénito del Padre, lleno de gracia y de verdad.'"[228]

La catequesis que se centra en Cristo lo presenta como "el centro de la historia de la salvación"[229] que vino "en la plenitud de los tiempos".[230] Como revelación definitiva de Dios, Cristo es el punto en la historia de la salvación hacia el cual avanza el orden creado desde el principio de los tiempos y el acontecimiento final hacia el que converge. "Jesucristo es el mismo ayer, hoy y siempre."[231] Él es "la clave, el centro y el fin de toda la historia humana."[232]

La catequesis centrada en Cristo presenta el mensaje del Evangelio como la palabra de Dios escrita por autores humanos, bajo la inspiración del Espíritu Santo.[233] La catequesis transmite "la enseñanza de Jesucristo, la Verdad que Él comunica o, más exactamente, la Verdad que Él es."[234]

---

227   Cf. CT, n. 6.
228   CT, n. 5.
229   *Directorio catequístico general*, n. 41.
230   *Ef* 1, 10.
231   *Hb* 13, 8.
232   Concilio Vaticano II, Constitución pastoral *Gaudium et spes. Sobre la Iglesia en el mundo actual* (GS), n. 10.
233   CCE, nn. 105-106, en los que se cita DV 11.
234   CT, n. 6.

Por cuanto los Evangelios narran la vida de Jesús y el misterio de nuestra redención después de Cristo y el Reino de Dios que proclamó, la catequesis también se centrará en Cristo si los Evangelios ocupan un lugar fundamental en ella, ya que son "el testimonio principal de la vida y doctrina del Verbo encarnado, nuestro Salvador."[235] Transmiten la vida, el mensaje y las acciones salvíficas de Jesucristo y expresan la enseñanza propuesta a las primeras comunidades cristianas. La catequesis debe centrarse en los Evangelios, "pues su centro es Cristo Jesús."[236]

En la presentación de la catequesis centrada en Cristo, las diócesis y parroquias deben

- Proclamar en forma explícita y coherente el nombre, la enseñanza, las promesas y el misterio de Jesucristo, así como su anuncio de la venida del Reino de Dios
- A través de la predicación, la enseñanza, la formación de la fe en adultos y los programas de formación de catequistas, desarrollar la relación personal que Cristo ha iniciado con cada uno de sus discípulos
- Promover la conversión a Jesucristo y la comunión con Él a través de los sacramentos, en especial la Sagrada Eucaristía
- En una forma que puedan ser comprendidas por las culturas específicas, enseñar que Cristo es el sentido y el propósito últimos de la historia, y proporcionar programas que ayuden a todos quienes catequizan a transmitir las enseñanzas de Cristo "acerca de Dios, del hombre, de la felicidad, de la vida moral, de la muerte… sin permitirse cambiar en nada su pensamiento"[237]
- Ayudar a todas las personas que catequizan a comprender que, al igual que Jesús, su enseñanza no es propiamente suya sino que proviene de Dios[238]

---

235 DV, n. 18.
236 CCE, n. 139.
237 DGC, n. 98.
238 Cf. Jn 7, 16.

B. El carácter trinitario del mensaje cristiano

El mensaje cristiano es intrínsecamente trinitario, porque su fuente es la Palabra encarnada del Padre, Jesucristo, quien habla al mundo a través de su Espíritu Santo.[239] Ungida por el Espíritu Santo, la vida de Jesús está constantemente orientada al Padre. Enseña en comunión con el Padre y el Espíritu Santo. Nos guía al misterio de Dios mismo: Padre, Hijo y Espíritu Santo. La vida cristiana y el mensaje cristiano son radicalmente trinitarios.

En la presentación de la catequesis que es trinitaria por naturaleza, las diócesis y parroquias deben ayudar a todos quienes se encargan de la catequesis a

- Comprender que su presentación del mensaje del evangelio siempre debe proceder "por Cristo al Padre en el Espíritu"[240] y que "conduce a la confesión de la fe en Dios: Padre, Hijo y Espíritu Santo"[241]
- Presentar el plan de bondad amorosa de Dios, que fue concebido por el Padre, fue realizado por el Hijo y es dirigido por el Espíritu Santo en la vida de la Iglesia
- Comprender que el tema primario de la catequesis es el misterio de la Santísima Trinidad, "el misterio central de la fe y de la vida cristiana"[242]
- Presentar el hecho de que el ser más íntimo de Dios, a cuya imagen todos fuimos hechos, es una comunión de amor con consecuencias vitales para la vida cristiana
- Delinear las consecuencias morales para los cristianos que fueron convocados a ser un pueblo congregado en la unidad del Padre, el Hijo y el Espíritu Santo

---

239 El testimonio de las Iglesias Católicas Orientales sobre el carácter explícitamente trinitario de la teología, liturgia y espiritualidad cristianas, ha sido una fructífera fuente de inspiración para toda la Iglesia.

240 *Directorio catequístico general*, n. 41.

241 DGC, n. 99.

242 CCE, n. 234.

C. El mensaje cristiano que proclama la Buena Nueva de la salvación y la liberación del pecado

El mensaje cristiano proclama el don de la salvación en Jesucristo. El anuncio del Reino de Dios que hizo Jesús marca una nueva y definitiva intervención de Dios "con un poder transformador tan grande, y aún mayor, que el que utilizó en la creación del mundo."[243] La proclamación de la salvación por parte de Cristo es el "núcleo y centro de su Buena Nueva".[244]

La Buena Nueva del Reino de Dios que proclama la salvación incluye un mensaje de liberación para todos, pero especialmente para los pobres. Jesús dirigió su anuncio del Reino principalmente a los frágiles, los vulnerables, los discapacitados y los pobres —no solamente a los económicamente pobres, sino también a las personas cultural y religiosamente pobres.[245] Las Bienaventuranzas proclaman la liberación que trae el Reino. No se trata meramente de una liberación de todas las otras formas de injusticia que oprimen a los pueblos, es especialmente una liberación del pecado.

La liberación del pecado es la forma fundamental de libertad de la que emerge toda liberación. El mensaje de liberación de Cristo trajo "buenas noticias a los pobres". Él fue enviado "a llevar a los pobres la buena nueva, para anunciar la liberación a los cautivos y la curación a los ciegos, para dar libertad a los oprimidos y proclamar el año de gracia del Señor,"[246] precisamente para que los oprimidos pudieran estar abiertos a la acción del Espíritu Santo en sus vidas.

En la presentación de la catequesis que proclama la Buena Nueva de la salvación, las diócesis y parroquias deben transmitir el mensaje fundamental del Reino de Dios enfatizando diversos puntos básicos que Jesús manifestó a través de su predicación:

1. Dios es un Padre cariñoso que habita en medio de su pueblo.
2. Con la venida del Reino, Dios nos ofrece la salvación, nos libera del pecado, nos ofrece la comunión con Él y toda la humanidad y promete la salvación eterna.

---

243   DGC, n. 101.
244   EN, n. 9.
245   Cf. Juan Pablo II, Carta encíclica *Centesimus annus. En el centenario de la* Rerum novarum (CA) n. 57.
246   Lc 4, 18-19.

3. El Reino de Dios es de justicia, amor y paz, y seremos juzgados a la luz del mismo.
4. El Reino de Dios se inauguró en la persona de Jesucristo,[247] está presente ya en misterio sobre la tierra y llegará a su plenitud cuando regrese el Señor.
5. La Iglesia, la comunidad de discípulos, "constituye en la tierra el germen y principio de este reino"[248] y "está efectiva y concretamente al servicio del Reino."[249]
6. La Iglesia ofrece un gozo anticipado del mundo que vendrá y la vida humana es un camino de retorno a Dios.

La catequesis ayuda a los creyentes cristianos a integrar el mensaje de liberación de Cristo de diversas maneras importantes. En primer lugar, sitúa su mensaje de liberación en "la finalidad específicamente religiosa de la evangelización."[250] Por lo tanto, las diócesis y parroquias deben ayudar a los creyentes cristianos a integrar el mensaje de liberación de Cristo de la siguiente manera:

• Situando el mensaje de liberación en "la finalidad específicamente religiosa de la evangelización"[251]
• Asegurando que el mensaje de liberación "no puede reducirse a la simple y estrecha dimensión económica, política, social o cultural"[252]
• Presentando la moralidad social cristiana como una exigencia del mensaje de liberación del Evangelio y como una derivación del gran mandamiento del amor
• Despertando en los que se catequizan "el amor preferencial por los pobres"[253]
• Enfatizando que "no se brinde como ofrenda de caridad lo que ya se debe por título de justicia"[254]

---

247   Cf. LG, n. 3.
248   LG, n. 5.
249   RM, n. 20.
250   EN, n. 32.
251   EN, n. 32.
252   EN, n. 33.
253   Juan Pablo II, Carta encíclica *Sollicitudo rei socialis. La preocupación social de la Iglesia* (SRS), n. 42.
254   Concilio Vaticano II, Decreto *Apostolicam actuositatem. Sobre el apostolado de los seglares* (AA), n. 8.

D. El carácter eclesial del mensaje cristiano

La catequesis tiene un carácter inconfundiblemente eclesial, porque la comunidad cristiana transmite el Evangelio esencialmente tal como lo ha recibido, lo comprende, lo celebra, lo vive y lo comunica.[255] Los apóstoles recibieron el mensaje del Evangelio directamente de Cristo, bajo la acción del Espíritu Santo, y lo predicaron a las primeras comunidades cristianas; los mártires dieron testimonio de Él mediante su sangre; los santos lo han vivido en profundidad; los Padres y Doctores de la Iglesia lo han enseñado con sabiduría; los obispos lo han preservado cuidadosamente con celo y amor y lo interpretan en forma auténtica; los misioneros lo han proclamado con valentía y los teólogos han ayudado a otros a comprenderlo mejor.[256] El pueblo de Dios lo ha aplicado más profundamente en su vida cotidiana.

Si bien la comunidad de los discípulos de Jesucristo está extendida por todo el mundo, el mensaje del Evangelio que los une es uno solo. Es la misma fe que se transmite en idiomas muy diferentes y a través de muchas culturas. En forma constante y sistemática la Iglesia ha confesado "un solo Señor, una sola fe, un solo bautismo, un solo Dios y Padre de todos, que reina sobre todos, actúa a través de todos y vive en todos."[257]

"La catequesis tiene su origen en la confesión de fe de la Iglesia y conduce a la confesión de fe del catecúmeno y del catequizando."[258] Al presentar la catequesis, las diócesis y parroquias deben asegurarse de que la catequesis

- Transmita la fe una y única a todas las personas
- Introduzca a los catecúmenos y a aquellos a ser catequizados a la unidad de la profesión de fe
- Alimente la unidad del Cuerpo de Cristo

---

255   Cf. CCE, n. 2558.
256   Cf. DGC, n. 105.
257   *Ef* 4, 5-6.
258   DGC, n. 105.

E. El carácter histórico del mensaje cristiano

El mensaje evangélico de la salvación en Jesucristo tiene un carácter inconfundiblemente histórico. Jesucristo es una figura histórica que predicó la Buena Nueva de la venida del Reino de Dios en un tiempo determinado. La encarnación, pasión, muerte y resurrección de Cristo son acontecimientos históricos reales. Jesucristo derramó su Espíritu Santo e instituyó la Iglesia en Pentecostés, introduciendo así una nueva época en la historia de la salvación: el tiempo de la Iglesia. Durante este tiempo, Cristo revela la obra de la salvación en la vida de la Iglesia "hasta que vuelva".[259]

Si bien la Iglesia trasciende la historia, también forma parte de ella. Por su parte, la Iglesia recuerda los acontecimientos salvadores del pasado y los hace conocer en cada época histórica. Estos acontecimientos constituyen la "constante 'memoria' de la Iglesia".[260] Cristo vive ahora y obra ahora en su Iglesia y con ella. Su ofrenda a la Iglesia, el Espíritu Santo, continúa "renovando el aspecto de la tierra"[261] mientras la Iglesia aguarda el regreso de su Señor y Salvador.

En la presentación del carácter histórico del mensaje cristiano, las diócesis y parroquias deben asegurarse de que la catequesis

- Proclama las palabras y las obras de Dios a través de la historia
- Presenta la historia de la salvación tal como se expone en la Sagrada Escritura a través de
  1. Las diversas etapas de la revelación en el Antiguo Testamento
  2. La consumación de la revelación en la vida y las enseñanzas de Jesús
  3. La historia de la Iglesia cuya responsabilidad es transmitir la revelación a las futuras generaciones
- A la luz de la revelación, ayuda a interpretar para los tiempos actuales el significado de los acontecimientos de la historia de la salvación
- Sitúa los sacramentos dentro de la historia de la salvación y ayuda a quienes son catequizados a "releer y revivir todos estos acontecimientos de la historia de la salvación en el 'hoy' de su Liturgia"[262]

---

259 1 Co 11, 26.
260 DGC, n. 107.
261 *Sal* 103, 30.
262 CCE, n. 1095.

- Ayuda a quienes son catequizados a comprender el misterio operante en los acontecimientos históricos de la salvación: el misterio operante del Hijo de Dios en su humanidad, el misterio de la salvación que opera en la historia de la Iglesia y la evidencia de la presencia operante de Dios en los signos de los tiempos[263]
- Contribuye a la sanación de las memorias, a la reevaluación de animosidades y estereotipos del pasado entre cristianos y a la interpretación del pasado en una forma nueva a la luz de los avances ecuménicos

F. La inculturación del mensaje cristiano

La inculturación del Evangelio es también un criterio clave para la presentación pastoral del mensaje cristiano, porque la Buena Nueva de Jesucristo está orientada a personas de todas las culturas. No se trata de una adaptación superficial, diseñada para hacer más agradable el Evangelio a quienes lo oyen. En realidad, es un proceso que lleva al poder transformador del Evangelio a acariciar el corazón y las culturas de las personas en sus niveles más profundos.

En la presentación de la catequesis que es tanto una inculturación del mensaje cristiano y una cuidadosa preservación de la autenticidad de ese mensaje, se alienta a las diócesis y parroquias a

- Presentar en su integridad y pureza el mismo mensaje del Evangelio que fue transmitido por Jesucristo, evitando toda división, sustracción o deformación del mismo
- Considerar a la Iglesia el principal agente de inculturación y hacer participar a personas de diferentes culturas en la planificación de la misión catequística
- Reunir información sobre la diversidad de la composición cultural de la comunidad
- Desarrollar y utilizar métodos catequísticos, herramientas, textos y recursos apropiados según la cultura
- Cultivar el liderazgo catequístico que refleje la diversidad cultural de la localidad

---

263 Cf. DGC, n. 108.

- Preparar catequistas en su idioma y de acuerdo con las situaciones culturales nativas
- Confiar en catequistas que, "junto a un sentido religioso profundo, debe[n] poseer una viva sensibilidad social y estar bien enraizado[s] en su ambiente cultural"[264]
- Cerciorarse que la catequesis se cimente en el ambiente cultural donde se presenta
- Responder a los diferentes requisitos de las diversas culturas
- Cerciorarse que la catequesis emplee devociones populares y símbolos característicos de la fe, comunes a diferentes grupos culturales
- Cerciorarse que las iniciativas catequísticas estén orientadas de modo que los programas de formación de catecumenados y catequística se conviertan en centros de inculturación que utilicen, con el discernimiento apropiado, el lenguaje, los símbolos y los valores de los catecúmenos y de aquellas personas que se están catequizando
- Permitir a las personas catequizadas ser cada vez más capaces de explicar la fe a otras personas en la cultura donde viven y que puedan dar "razones de [su] esperanza"[265]

G. El carácter jerárquico integral del mensaje cristiano

El "carácter orgánico y jerarquizado"[266] del mensaje cristiano es otro criterio vital para la presentación del Evangelio. La armonía y coherencia del mensaje cristiano requiere que las diferentes verdades de la fe estén organizadas en torno a un centro, el misterio de la Santísima Trinidad: "la fuente de todos los otros misterios de la fe; es la luz que los ilumina."[267]

"Hay un orden o *jerarquía* de las verdades en la doctrina católica, por ser diversa su conexión con el fundamento de la fe cristiana."[268] La existencia de una jerarquía de verdades no proporciona los motivos para ignorar o eliminar algunas verdades de la fe. Tampoco debe confundirse tal

---

264   DGC, n. 110.
265   *1 P* 3, 15.
266   CT, n. 31.
267   CCE, n. 234.
268   Concilio Vaticano II, Decreto *Unitatis redintegratio. Sobre el ecumenismo* (UR), n. 11.

jerarquía con la asignación de grados de certeza a las verdades individuales de la fe: "Esta jerarquía no significa que unas verdades pertenecen menos que otras a la fe, sino que unas verdades se apoyan en otras como más principales y reciben de ellas luz."[269]

Todos los niveles de la catequesis deben considerar cuidadosamente la jerarquía de las verdades en la presentación del mensaje cristiano. Todos los aspectos y las dimensiones del mensaje cristiano se refieren a estas verdades de principios. En la presentación del carácter jerárquico integral del mensaje cristiano, las diócesis y parroquias deben asegurarse de que la catequesis presente

- El mensaje cristiano, organizado alrededor de sus verdades centrales: "El misterio de Dios, Padre, Hijo y Espíritu Santo, creador de todas las cosas; el misterio de Cristo, Verbo Encarnado, que nació de María la Virgen y por nuestra salvación padeció, murió y resucitó; el misterio del Espíritu Santo, presente en la Iglesia a la cual santifica y dirige hasta la gloriosa venida de Cristo, Salvador y juez nuestro; el misterio de la Iglesia, que es el Cuerpo místico de Cristo, en la cual la Virgen María ocupa un puesto eminente"[270]
- El bautismo como el sacramento fundamental de la vida cristiana, que celebra la acción salvadora de la vida, muerte y resurrección de Cristo; que nos mezcla con el vino que es Cristo y que nos hace participar en su misión para realizar el Reino de Dios
- La historia de la salvación, organizada con referencia a Jesucristo, que es "el centro de la historia de la salvación"[271]
- El Credo de los Apóstoles como un "resumen y la clave de lectura de toda la Escritura y de toda la doctrina de la Iglesia, que se ordena jerárquicamente en torno a él"[272]
- Los sacramentos como "un organismo en el cual cada sacramento particular tiene su lugar vital"[273]
- La Eucaristía como "el Sacramento de los sacramentos", al cual todos los otros sacramentos están ordenados como a su fin[274]

---

269 Directorio catequístico general [DCG], n. 43.
270 Directorio catequístico general [DCG], n. 43.
271 Directorio catequístico general [DCG], n. 41.
272 DGC, n. 115.
273 CCE, n. 1211.
274 Cf. CCE, n. 1211.

- El doble mandamiento de amor a Dios y al prójimo como el centro de la enseñanza moral de Jesús, que resume los Diez Mandamientos y que se debe vivir en el espíritu de las Bienaventuranzas —"en estos dos mandamientos se fundan toda la ley y los profetas"[275]
- El Padre nuestro como la síntesis de todas las oraciones contenidas en la Sagrada Escritura y en toda la vida de la Iglesia[276]

H. La comunicación de profundo significado para la persona humana

Otro criterio para la presentación del mensaje cristiano es que debe transmitir un mensaje profundamente significativo para la persona humana. Jesucristo es "la imagen de Dios invisible, el primogénito de toda la creación."[277] En el misterio de su encarnación, Cristo se unió a cada ser humano. Es el hombre perfecto que revela a todos los seres humanos su propia naturaleza verdadera y su destino eterno en comunión con Dios. Si ansiamos conocernos a nosotros mismos y el significado de nuestras vidas, debemos mirar a Cristo, porque "trabajó con manos de hombre, pensó con inteligencia de hombre, obró con voluntad de hombre, amó con corazón de hombre."[278]

En la presentación de la catequesis que comunica un significado profundo para la persona humana, las diócesis y parroquias deben garantizar que

- La catequesis no sólo revela la identidad de Dios sino que, al hacerlo, revela las verdades más profundas sobre los seres humanos: que estamos hechos a imagen de Dios, que por naturaleza somos seres religiosos, que el deseo por Dios está grabado en nuestros corazones, que Dios nunca deja de atraernos hacia Él y que fuimos hechos para vivir en comunión con Él
- La catequesis se ocupa del significado supremo de la vida y de sus preguntas más profundas

---

275 Mt 22, 40.
276 Cf. DGC, n. 115.
277 Col 1, 15.
278 GS, n. 22.

- La catequesis examina las experiencias más significativas de la vida a la luz del Evangelio
- La proclamación inicial del Evangelio se realiza con conciencia de la naturaleza humana y muestra de qué modo el Evangelio satisface plenamente las aspiraciones del corazón humano[279]
- La catequesis bíblica ayuda a interpretar las experiencias humanas a la luz de las experiencias del pueblo de Israel, de Jesucristo y de su Iglesia
- La catequesis doctrinal, basada sobre el Credo, muestra de qué modo los grandes temas de la fe son fuentes de vida y esclarecimiento para los seres humanos
- La catequesis moral es *"una catequesis de las bienaventuranzas,* porque el camino de Cristo está resumido en las bienaventuranzas, único camino hacia la dicha eterna a la que aspira el corazón del hombre"[280]
- La catequesis litúrgica explica los signos y símbolos de los ritos sagrados que son acordes a las experiencias humanas[281]
- La catequesis ecuménica ayuda a todos los creyentes que son llamados a realizar un compromiso personal a fin de promover una comunión cada vez mayor con otros cristianos[282]
- La catequesis intenta disponer a las personas a "permanecer firmemente cimentados en la fe y a no dejarse apartar de la esperanza que les dio el Evangelio que escucharon"[283]

I. La promoción de un lenguaje común de fe para la transmisión del mensaje cristiano

El criterio final para la presentación del mensaje cristiano es que debe promover un lenguaje común de fe, de modo que pueda ser proclamado, celebrado, vivido y rezado en palabras que sean familiares para todos los creyentes. "No creemos en las fórmulas, sino en las realidades que éstas

---

279   Cf. AG, n. 8.
280   CCE, n. 1697.
281   Cf. DGC, n. 117.
282   Cf. UUS, n. 8.
283   *Col* 1, 23.

expresan y que la fe nos permite 'tocar'."[284] Pero como católicos confiamos en las fórmulas de fe para expresar y probar los significados de los misterios que se intentan describir a través de las fórmulas. También necesitamos fórmulas de fe que sean conocidas, para transmitirlas a las futuras generaciones de creyentes. La Iglesia ha custodiado las palabras del Señor desde que fueron dichas y desde los tiempos apostólicos ha preservado las fórmulas de fe.

En la presentación de la catequesis que promueve un lenguaje común de fe, las diócesis y parroquias deben asegurarse de que la catequesis

- Respete y valore "el lenguaje propio del mensaje, sobre todo el bíblico, pero también el histórico-tradicional de la Iglesia (*símbolo, liturgia*), y el así llamado lenguaje doctrinal (*fórmulas dogmáticas*)"[285]
- Utilice el lenguaje técnico de la fe, pero al mismo tiempo que demuestre también la relevancia contemporánea de las fórmulas tradicionales para comunicar la fe
- Entable un diálogo con las personas específicas a las que se está presentando el mensaje cristiano
- Evite la utilización de términos que podrían alterar la sustancia de la fe
- Utilice lenguaje adaptado a los niños, jóvenes y adultos actuales en general, como también adaptado a muchas otras categorías de personas, por ejemplo, a estudiantes, intelectuales y hombres de ciencia, y también a analfabetos y a minusválidos[286]

26. CONCLUSIÓN

La tarea y la alegría sagradas de cada generación triunfante de cristianos creyentes ha sido transmitir el depósito de la fe que Cristo mismo encomendó inicialmente a los apóstoles. Hemos recibido este don, el depósito de la fe —no lo hemos elaborado conceptualmente. Es la herencia de toda la Iglesia. Nuestro privilegio y nuestra responsabilidad es

---

284   CCE, n. 170.
285   Cf. DGC, n. 208.
286   Cf. CT, n. 59.

preservar la memoria de las palabras de Cristo y las mismas palabras, para enseñar a las futuras generaciones de creyentes que lleven a cabo todo lo que Cristo ordenó a sus apóstoles.

Sin embargo, la catequesis sólida abarca más que la presentación del contenido del mensaje de Cristo de acuerdo con los criterios reseñados más arriba. La presentación efectiva del contenido de la fe cristiana también depende de la metodología utilizada para transmitir la Buena Nueva. Esa metodología es el tema del siguiente capítulo.

CAPÍTULO 4

Metodología divina y humana

Como bajan del cielo
la lluvia y la nieve
y no vuelven allá,
sino después de empapar la tierra,
de fecundarla y hacerla germinar,
a fin de que dé semilla para sembrar
y pan para comer,
así será la palabra
que sale de mi boca:
no volverá a mí sin resultado,
sino que hará mi voluntad
y cumplirá su misión.

(*Is* 55, 10-11)

27. INTRODUCCIÓN

La palabra de Dios tiene un poder enorme, lleva a cabo lo que se propone. Más que un mensaje, es un acontecimiento que inspira e incluso impulsa a una acción. El mandato misionero de Cristo fue simplemente un acontecimiento de ese tipo. Impulsó a los apóstoles a llevar la palabra de Dios a los confines de la tierra. Dios infundió a la humanidad con la gracia de su Espíritu Santo para poner de manifiesto el fruto divino de la conversión a Cristo y la confesión de fe —tan poderosa es la palabra de Dios para cumplir su voluntad.

La palabra de Dios continúa logrando su meta valiéndose de la palabra humana. "La comunicación de la fe en la catequesis es un acontecimiento de gracia, realizado por el encuentro de la Palabra de Dios con la experiencia de la persona."[287] La catequesis debe expresar con fidelidad la palabra de Dios en la lengua, signos y cultura de aquellos a los que se dirige. Debe transmitir la palabra de Dios en forma íntegra, tal como es interpretada por la Iglesia, en modos que se puedan entender fácilmente. Así como Dios utilizó una metodología para exponer su plan de salvación y preparar a su pueblo para la venida de su Hijo, también la Iglesia emplea una metodología que corresponde íntimamente con el proceso original de la revelación de Dios. Esta metodología para proclamar el mismo mensaje cristiano a pueblos que afrontan diferentes circunstancias y condiciones incluye muchos medios diferentes, aunque complementarios. Sin embargo, todas las metodologías de la Iglesia están arraigadas en Cristo.

En este capítulo se describe la revelación personal de Dios en Cristo y a través del Espíritu como la norma para toda metodología catequética. También se ocupa de los elementos humanos de la metodología catequética y del impacto de la tecnología de la comunicación en la proclamación del Evangelio.

28. LA METODOLOGÍA PROPIA DE DIOS

La revelación de Dios es la exposición personal de la comunión de amor del Padre, del Hijo y del Espíritu Santo, por medio de la cual Él hace conocer el misterio de su plan divino. Debido a que la salvación de la persona es el propósito último de la revelación,[288] la propia metodología de Dios recurre a las personas y a las comunidades a la luz de sus circunstancias y de sus capacidades para aceptar e interpretar la revelación. La comunicación personal de Dios se realiza gradualmente a través de sus acciones y sus palabras. Y esto se logra en forma plena en Jesucristo, la Palabra hecha carne. La historia de esta revelación personal certifica por sí misma el método por el cual Dios transmite el contenido de la revelación tal como está contenido en la Sagrada Escritura y en la Tradición. Ésta es la pedagogía de Dios, ésta es la fuente y modelo de la pedagogía de la fe.[289]

---

287 DGC, n. 150.
288 DGC, n. 139.
289 Cf. DV, n. 15.

A. La pedagogía de Dios

Dios es Padre, Hijo y Espíritu Santo: un Dios en tres personas divinas. La vida interna de la Trinidad y las acciones de las personas divinas son indivisibles e inseparables. Quién es Dios y qué hace forman una unidad de vida y actividad divinas. La obra de la revelación es la labor común de las tres personas divinas. Sin embargo, cada persona de la Trinidad manifiesta lo que es propio de Él, en el interior de su naturaleza divina. Por consiguiente, la Iglesia confiesa que "uno solo es Dios y Padre, de quien todo [procede]; y un solo Señor Jesucristo, por quien todo [es y existe]; y un solo Espíritu Santo, en quien todo [es y existe]."[290] Estas propiedades de las personas divinas en la Trinidad se reflejan en la pedagogía de Dios.

1. El Padre

El Padre se hizo conocer en la creación y en su Palabra eterna, Jesucristo. A través del misterio de la encarnación, Jesús reveló a Dios como Padre y Creador: el Padre eterno de su único Hijo y el Creador de todo lo que existe. De la nada y a través de su Palabra eterna y de su Espíritu, el Padre creó todas las cosas y toda creación es buena. Por su Palabra, que es su imagen perfecta desde la eternidad, su "Hijo", el Padre mantiene y sostiene a la creación en su totalidad, trasciende su creación y a la vez está presente en ella.

De generación en generación, el Padre ofreció su palabra a los creyentes, hasta que en la plenitud de los tiempos comunicó su Palabra única e insuperable en la persona de Jesucristo. Celebró una alianza con su pueblo que lo unió con Él y al pueblo con Él en un pacto eterno de amor, liberándolo de la servidumbre de la esclavitud y el pecado. Transformó los acontecimientos de la vida de su pueblo en encuentros con Él mismo. Formó a su pueblo a través de victorias y derrotas, recompensas y castigos, felicidad y tristeza, perdón y sufrimiento. Dio la Ley a Moisés como una forma de guiar a su pueblo hacia su Hijo. La ley moral que se deriva de ella "se puede definir, en el sentido bíblico, como una instrucción paternal."[291] Dios se manifestó en

---

290   Concilio de Constantinopla II, n. 421. En Henricus Denziger y Adolfus Schönmetzer (eds.), *Enchiridio symbolorum* (DS), Freiburg, Herder, 1300-1301. [Traducción española: Heinrich Denzinger, *El Magisterio de la Iglesia*, n. 213, Barcelona, Herder, 79].

291   CCE, n. 1950.

muchas oportunidades a lo largo de la historia de Israel, "a la vez revelado y cubierto por la nube del Espíritu Santo."[292]

2. Jesucristo

La misión redentora de Jesucristo continuó la pedagogía de Dios en la historia de la salvación. Jesucristo es el modelo sublime para la comunicación de la fe y la formación de los creyentes en la fe, porque se hizo verdaderamente hombre sin dejar de ser realmente Dios. La palabra eterna de Dios se hizo carne para ayudarnos a conocer el amor de Dios, para salvarnos, para ser nuestro modelo de santidad y para "llegar a participar de la naturaleza divina."[293] En el misterio de su encarnación, Cristo une la divinidad con la humanidad al enseñar la fe y formar a sus discípulos.

La relación de Cristo con sus discípulos también revela la metodología propia de Dios como el modelo de todos los métodos catequéticos. Como signo de afirmación humana básica, Jesús eligió a sus apóstoles, ellos no lo eligieron a Él.[294] Estableció un vínculo de amistad con ellos que fue el contexto de sus enseñanzas. "A ustedes los llamo amigos," dijo, "porque les he dado a conocer todo lo que le he oído a mi Padre."[295] Mantenía con ellos animadas conversaciones, en las cuales les formulaba preguntas incisivas: "¿Quién dice la gente que soy yo?"[296] Les daba esperanzas: cuando lo vieron aproximarse a ellos sobre el agua, les dijo: "¡Animo!, que soy yo, no temáis!"[297] Después de enseñar a las multitudes, explicaba el significado de sus enseñanzas a sus discípulos "en privado".[298] Jesús les decía: "a ustedes se les ha concedido conocer los misterios del Reino de los Cielos […]"[299] Les enseñó a orar.[300] Los envió a misionar como sus discípulos;[301] los instruyó diciéndoles que "el que quiera venir conmigo, que renuncie a sí mismo, que cargue con su cruz y me siga."[302] Para respaldarlos en su misión, Jesús les

---

292   CCE, n. 707.
293   2 P 1, 4.
294   Cf. Jn 15, 16.
295   Jn 15, 15.
296   Mc 8, 27.
297   Mc 6, 50.
298   Mc 4, 34.
299   Mt 13, 11.
300   Cf. Lc 11, 1-2.
301   Cf. Lc 10, 1-20.
302   Mc 8, 34.

prometió enviarles el Espíritu de la verdad, quien entonces iba a guiar a los apóstoles a la Verdad plena.[303]

La metodología de Cristo tenía muchas dimensiones. Incluía sus palabras, sus signos y las maravillas que hacía. Llegó a los pobres, a los pecadores y a los marginados en la sociedad. Proclamó con insistencia la llegada del Reino de Dios, el perdón de los pecados y la reconciliación con el Padre. Especialmente en sus parábolas, Cristo invitó a quienes lo escuchaban a una nueva e íntegra forma de vida sostenida por la fe en Dios, estimulada por la esperanza en el Reino y animada por el amor a Dios y al prójimo. Usó todos los recursos que tenía a su disposición para cumplir su misión redentora. "La vida entera de Cristo fue una continua enseñanza: su silencio, sus milagros, sus gestos, su oración, su amor al hombre, su predilección por los pequeños y los pobres, la aceptación del sacrificio total en la cruz por la salvación del mundo, su resurrección son la actuación de su palabra y el cumplimiento de la revelación."[304]

3. El Espíritu Santo

La acción del Espíritu Santo en la Iglesia continúa la pedagogía de Dios. El Espíritu Santo despliega el plan divino de salvación dentro de la Iglesia. Con Cristo, el Espíritu Santo anima a la Iglesia y dirige su misión. El Espíritu Santo hace que el Misterio pascual esté presente en el espíritu del ser humano para aceptar a Cristo, convierte al corazón humano para que ame a Cristo y estimula a las personas a seguir a Cristo. Por consiguiente, el Espíritu Santo hace que la nueva vida en Cristo sea posible para los creyentes. "El Espíritu Santo, artífice de las obras de Dios, es el Maestro de la oración."[305] El Espíritu Santo atrae a toda la humanidad a Cristo y, a través de Él, a la comunión con la Trinidad.

4. La Iglesia

Bajo la guía del Espíritu Santo, la Iglesia continúa la propia metodología de Dios en una catequesis viviente. "Desde sus comienzos la Iglesia, que es 'en Cristo como un sacramento', vive su misión en continuidad visible

---

303 Cf. Mt 10, 20; Jn 16, 13.
304 CT, n. 9.
305 CCE, n. 741.

y actual con la pedagogía del Padre y del Hijo."[306] Constantemente, la Iglesia busca descubrir la manera más provechosa de anunciar la Buena Nueva y mira en primer término el método utilizado por Dios. La proclamación del Evangelio por parte de la Iglesia ha sido progresiva y a la vez paciente, al igual que la de su Maestro, respetando la libertad individual y tomando en cuenta su "capacidad y condición".[307] En las vidas y enseñanzas de los mártires y los santos; en el tesoro de su enseñanza; en el testimonio de los catequistas y en los diversos ejemplos de vida cristiana, la Iglesia ha reflejado la metodología propia de Dios para comunicar la fe. Quienes desean hoy convertirse en discípulos de Jesús recorrerán el mismo proceso de descubrimiento y compromiso.

B. La catequesis y la metodología divina

"La catequesis, en cuanto comunicación de la revelación divina, se inspira radicalmente en la pedagogía de Dios tal como se realiza en Cristo y en la Iglesia."[308] Transmite el amoroso plan de salvación de Dios en la persona de Jesucristo. Enfatiza la iniciativa de Dios en este plan, su atenta divulgación y su respeto por la libertad individual. Reconoce la dignidad de las personas en el marco de este profundo diálogo con Dios y la necesidad continua de conversión. La catequesis reconoce la naturaleza gradual de la revelación personal de Dios, el misterio profundo del crecimiento de la palabra de Dios en una persona y la necesidad de adaptación a diferentes personas y culturas. Mantiene a Cristo, la Palabra de Dios encarnada, siempre en el centro a fin de llevar a la humanidad a Dios y a Dios a la humanidad. Constantemente busca la inspiración del Espíritu Santo, quien manifiesta el misterio de Cristo en la Iglesia.

Por una parte, los métodos empleados por la catequesis buscan armonizar la adhesión personal de quien cree en Dios, y por otra parte, el contenido del mensaje cristiano. La catequesis se ocupa del desarrollo de todas las dimensiones de la fe: cómo se conoce a esta última, cómo se la celebra, cómo se la vive y cómo se le reza. Busca producir una conversión a Cristo que conduzca a una profesión de fe en el Dios Trino y a una genuina sumisión personal a Él. Ayuda a los creyentes a convertirse en discípulos y a discernir la vocación hacia la que Dios los está llamando.

---

306   DGC, n. 141.
307   EA, n. 29.
308   DGC, n. 143.

La propia metodología de Dios inspira una pluralidad de métodos en la catequesis contemporánea. Sin embargo, el método o métodos elegidos deben ser determinados en última instancia por una ley que es fundamental para la totalidad de la vida de la Iglesia. La metodología catequética debe exhibir una doble fidelidad. Por una parte, debe ser fiel a Dios y a su revelación, por la otra debe respetar la libertad y promover la participación activa de aquellos que están siendo catequizados. Desde el comienzo de los tiempos, Dios ha adaptado su mensaje a las condiciones terrenales,[309] de tal forma que somos capaces de poder recibirlo. "Eso comporta para la catequesis la tarea nunca acabada de encontrar un lenguaje capaz de comunicar la Palabra de Dios y el Credo de la Iglesia, que es el desarrollo de esa Palabra, a las distintas condiciones de los oyentes."[310] Sobre esta base, la catequesis genuina aplica una metodología que

- Enfatiza la iniciativa amorosa de Dios y la respuesta libre de la persona
- Acepta la naturaleza progresiva de la revelación, la naturaleza trascendente y misteriosa de la palabra de Dios y la adaptación de la palabra a diferentes personas y culturas
- Reconoce la centralidad de Jesucristo
- Valoriza la experiencia comunitaria de la fe
- Se arraiga en la relación interpersonal y hace suyo el proceso de diálogo
- Utiliza signos en los que se entretejen hechos y palabras, enseñanza y experiencia
- Extrae del Espíritu Santo su fuerza de verdad y su compromiso permanente de dar testimonio de la verdad[311]

A medida que el creyente progresa en su peregrinación hacia el Padre siguiendo las huellas de Cristo bajo la guía del Espíritu Santo, la catequesis debe profundizar la comprensión del misterio de Cristo de parte del creyente. A su vez, el fortalecimiento de la fe conduce a un cambio en el corazón (conversión) que nos compromete más con Cristo y nos hace seguirlo más estrechamente.[312] La catequesis debe promover una síntesis entre la fe por la que se nos ha enseñado a creer y la fe que practicamos

---

309   Cf. DV, n. 13.
310   DGC, n. 146.
311   Cf. DGC, n. 143.
312   Cf. CT, n. 20.

en nuestras vidas cotidianas. La catequesis desarrolla todas las dimensiones de la fe: conocimiento, celebración litúrgica, vida cristiana y oración. Desafía a las personas a abandonarse completa y libremente a Dios; ayuda a los individuos a discernir la vocación a la que los llama el Señor. En síntesis, la catequesis "desarrolla así una acción que es, al mismo tiempo, de iniciación, de educación y de enseñanza."[313]

29. LOS ELEMENTOS DE LA METODOLOGÍA HUMANA

Para transmitir la fe, la Iglesia no confía en un único método humano. Más bien ella utiliza la metodología propia de Dios como paradigma y, con esa pedagogía divina como punto de referencia, elige diferentes métodos que están de acuerdo con el Evangelio. "Aunque ciertas normas o criterios se aplican a toda la catequesis, éstos no determinan una metodología fija, ni siquiera un orden a seguir para presentar las verdades de fe."[314] Es necesario contar con una variedad de métodos para asegurarse de que el Evangelio se proclame "a todas las naciones". "La variedad en los métodos es un signo de vida y una riqueza."[315]

La situación de aquellos a los que está dirigida la catequesis no es una preocupación periférica en la proclamación del Evangelio —más bien es parte integral de su exitosa transmisión. "La edad y el desarrollo intelectual de los cristianos, su grado de madurez eclesial y espiritual y muchas otras circunstancias personales"[316] deben considerarse con sumo cuidado a la hora de elegir las metodologías apropiadas. La variedad de métodos en la catequesis no desvirtúa su objetivo primario —la evangelización y la conversión a Jesucristo— ni tampoco diluye la unidad de la fe. "La exquisita fidelidad a la doctrina católica es compatible con una rica diversidad en el modo de presentarla."[317]

Una catequesis efectiva no debe dar importancia ni a la oposición ni a la separación artificial entre el contenido y el método. Similar a la dinámica presente en la pedagogía de Dios, la metodología catequética

---

313   DGC, n. 144.
314   *Directorio catequético nacional para los católicos de los Estados Unidos*, n. 176, b.
315   CT, n. 51.
316   CT, n. 51.
317   DGC, n. 122.

sirve para transmitir tanto el contenido de todo el mensaje cristiano y la fuente de dicho mensaje, el Dios Triuno. La metodología catequética debe ser capaz de comunicar ese mensaje, junto con sus fuentes y lenguaje, a las comunidades eclesiales particulares sin perder de vista las circunstancias específicas de aquellos a quienes está dirigido el mensaje. Contenido y método interactúan y armonizan en la comunicación de la fe.

La comunicación de la fe en la catequesis es, antes que nada, "un acontecimiento de gracia", bajo la acción del Espíritu Santo, "realizado por el encuentro de la Palabra de Dios con la experiencia de la persona, que se expresa a través de signos sensibles y finalmente abre al misterio. Puede acontecer por diversas vías que no siempre conocemos del todo."[318] Cada persona escucha la palabra de Dios a través de la catequesis y es movida por el Espíritu Santo a escuchar, considerar, consentir la verdad y responder a través de la obediencia de la fe.

Los métodos catequéticos emplean dos procesos fundamentales que organizan el elemento humano en la comunicación de la fe: el *método inductivo* y el *método deductivo*. "El enfoque inductivo parte de las experiencias sensibles, visibles y tangibles de la persona y conduce, con la ayuda del Espíritu Santo, a conclusiones y principios más generales."[319] Debido a que la fe puede ser conocida a través de signos, el método inductivo refleja la economía de la revelación en tanto llegamos al conocimiento de Dios a través de su presentación personal en los acontecimientos particulares de la historia de la salvación. El "método inductivo consiste en la presentación de hechos (acontecimientos bíblicos, actos litúrgicos, hechos de la vida de la Iglesia y de la vida cotidiana...) a fin de descubrir en ellos el significado que pueden tener en la Revelación divina."[320] El método deductivo funciona de manera opuesta, ya que comienza con los principios o verdades generales de la fe y las aplica a las experiencias concretas de los destinatarios de la catequesis. Este método se usa para interpretar y explicar los hechos procediendo desde sus causas. Pero la síntesis deductiva tiene pleno valor sólo cuando se completa el proceso inductivo.[321]

---

318 DGC, n. 150.
319 *Directorio catequético nacional para los católicos de los Estados Unidos*, n. 176, c.
320 DGC, n. 150.
321 Cf. *Directorio catequístico general*, n. 72.

En el contexto de la catequesis, el método deductivo corresponde al enfoque *"kerigmático"*. Este método catequético comienza con la proclamación de la fe tal como está expresada en los principales documentos de la fe, como la Sagrada Escritura, los Credos o la Liturgia, y se aplica a las experiencias humanas particulares. Esta metodología comienza por los principios y continúa por los detalles en dirección descendente. Por otra parte, el método inductivo corresponde a un enfoque más "existencial" que comienza por los detalles de la experiencia humana y los examina a la luz de la palabra de Dios de manera ascendente. Se trata de enfoques legítimos cuando se los aplica apropiadamente y son métodos distintos aunque complementarios para comunicar la fe.

A. El aprendizaje a través de la experiencia humana

La experiencia humana es un elemento constitutivo de la catequesis. Se trata del elemento humano en el encuentro de las personas con la palabra de Dios. Las experiencias humanas proporcionan los signos sensibles que conducen a las personas, por la gracia del Espíritu Santo, a una mejor comprensión de las verdades de la fe. Son los medios de los que se valen los seres humanos para conocerse a sí mismos, conocer a los demás y a Dios. La experiencia "suscita intereses y preguntas, esperanzas y ansiedades, reflexiones y juicios, los cuales aumentan en cada uno el deseo de penetrar más profundamente en el sentido de la vida."[322] La experiencia humana "es un instrumento para explorar y asimilar las verdades contenidas en el depósito de la Revelación."[323]

Jesús usó de manera confiable las experiencias humanas de la vida cotidiana para formar a sus discípulos, para indicar el final de los tiempos y para mostrar la dimensión trascendente de toda la vida y la presencia eterna de Dios en ella. En razón de que la Palabra eterna asumió la naturaleza humana, la experiencia humana es el *locus* para la manifestación y realización de la salvación en Él. Por la gracia del Espíritu Santo, las personas llegan a conocer a Cristo, a saber que fue enviado por el Padre y a saber que murió para salvarlos en medio de sus experiencias humanas.

322　*Directorio catequético nacional para los católicos de los Estados Unidos*, n. 176, d.
323　*Directorio catequístico general*, n. 74.

La experiencia humana está afectada por el estado de caída de la naturaleza humana. Los seres humanos necesitan la redención en Jesucristo, pues sus experiencias pueden conducir a errores en su juicio y en su accionar. Pero la experiencia humana ha sido iluminada por Cristo, por eso puede relacionar íntimamente a la persona con el mensaje cristiano y "es mediación necesaria para explorar y asimilar las verdades que constituyen el contenido objetivo de la Revelación."[324]

La catequesis enlaza la experiencia humana con la palabra revelada de Dios, ayudando a las personas a atribuir significado cristiano a su propia existencia. Permite a la gente explorar, interpretar y juzgar sus experiencias básicas a la luz del Evangelio. La catequesis los ayuda a relacionar el mensaje cristiano con las preguntas más profundas de la vida: la existencia de Dios, el destino de la persona humana, el origen y el final de la historia, la verdad sobre el bien y el mal, el significado del sufrimiento y la muerte, etc. Al recordar la acción salvífica de Dios en la historia humana, la catequesis ayuda a las personas a reconocer su necesidad de conversión y las conduce a la conversión en Cristo.

B. Aprendizaje a través del discipulado

Un elemento integral en la catequesis es el aprendizaje por medio del discipulado. Por sobre todas las cosas, la fe cristiana es conversión a Jesucristo, la total adhesión a su persona y la decisión de transitar su senda.[325] Por consiguiente, el discipulado tiene su centro en la persona de Jesucristo y en el Reino que proclama. "Siguiendo el ejemplo de su amor y entrega de sí, aprendemos a ser discípulos cristianos en nuestro propio tiempo, lugar y circunstancias."[326] Cuando aprendemos a seguir a Cristo, nos damos cuenta de que existen "facetas de la vida cristiana que alcanzan su expresión plena sólo por medio del desarrollo y crecimiento hacia la madurez cristiana."[327] Para los discípulos, decir "sí" a Jesucristo significa que se abandonan a Dios y prestan su consentimiento amoroso a lo que Él les ha revelado.

María es la primera discípula, un instrumento único de la revelación y un modelo para todos los discípulos. Desde la eternidad el Padre la eligió

---

324   DGC, n. 152.
325   Cf. DGC, n. 152.
326   USCCB, *Sentíamos arder nuestro corazón* [SANC], n. 46, en http://www.usccb.org/education/ourheartsp.htm.
327   USCCB, *Llamados y dotados para el tercer milenio* (Washington, D.C.: USCCB, 1995), 20.

a ella, una joven judía de Nazaret en Galilea, para concebir en su cuerpo —por el poder del Espíritu Santo— el cuerpo humano de su Hijo divino. Dios la preparó por su gracia para cooperar libremente con su voluntad y para compartir su humanidad con el divino Salvador, a quien ella y todo Israel confiadamente esperaban. Por una gracia singular de Dios, la Santísima Virgen María fue preservada del pecado desde el primer momento de su propia concepción hasta el final de su vida terrenal. "La más bendita de todas las mujeres", María estaba "llena de gracia" y era el vehículo más que adecuado para que la palabra de Dios se hiciera carne. Su fe, su condición de libre del pecado, su virginidad perpetua y su maternidad divina convergieron para cooperar con la voluntad de Dios y transformarla en el discípulo perfecto.

La catequesis alimenta la fe viva, explícita y fructífera de quienes viven como discípulos de Jesucristo. El discípulo llega a una comunión íntima con Jesucristo y a una comprensión profunda de que "ustedes han sido salvados por la gracia, mediante la fe; y esto no se debe a ustedes mismos, sino que es un don de Dios."[328]

Es notable que pese a que los niños no tienen la capacidad para comprender y articular el contenido de la fe de la misma manera que los adultos, sin embargo tienen una capacidad única para absorber y celebrar las verdades más profundas de la fe. A menudo, los niños con discapacidades cognitivas tienen una inusual comprensión intuitiva de lo sagrado. La revelación personal de Dios se descubre en los niños en formas extraordinarias, y con frecuencia su gracia desarrolla en ellos una profunda espiritualidad que continúa creciendo a medida que se desarrollan y maduran. Los chicos son capaces de formarse como discípulos del Señor desde muy pequeños. Su formación continua, que incluye el aprendizaje de las verdades básicas de la fe cristiana, incrementa su capacidad para entender y articular dichas verdades más profundamente cuando son mayores y los dispone a vivir el mensaje de Cristo con más fidelidad.

---

328 *Ef* 2, 8.

C. El aprendizaje dentro de la comunidad cristiana

El testimonio de la comunidad cristiana —particularmente de la parroquia, de las familias, de los padres y de los catequistas— es un elemento importante en la metodología catequética.

La efectividad de la catequesis depende en gran medida de la vitalidad de la comunidad cristiana en la que se imparte. Sea un ámbito parroquial o no parroquial, la comunidad cristiana es el contexto en el que los individuos inician su jornada en la fe hacia la conversión a Cristo y el discipulado en su nombre.

Para la mayoría de las personas, la parroquia —bajo el liderazgo del párroco— es la puerta de entrada para participar en la comunidad cristiana. Por lo tanto, "es responsabilidad de los párrocos y del laicado certificar que esas puertas están siempre abiertas."[329] Es el lugar donde la fe cristiana se recibe inicialmente, se expresa y se alimenta. Es allí donde la fe cristiana se profundiza y donde la comunidad cristiana se forma. Es en la parroquia donde los miembros de la comunidad cristiana "se hacen conscientes de ser pueblo de Dios."[330] En la parroquia los fieles se alimentan con la palabra de Dios y se nutren con los sacramentos, especialmente con la Eucaristía. Desde la parroquia los fieles son enviados a cumplir su misión apostólica en el mundo. "La parroquia sigue siendo una referencia importante para el pueblo cristiano, incluso para los no practicantes."[331] La parroquia sirve como un agente catequético efectivo, en tanto y en cuanto es un sacramento de Cristo claro, vivo y auténtico. Por el contrario, allí donde la parroquia es inerte o carente de vitalidad, entonces la evangelización y la catequesis se marchitan. En tal situación, no es posible esperar que algún "programa" catequístico supere al mensaje catequético de la parroquia en su conjunto. Por esa razón, es responsabilidad de la comunidad parroquial y de sus líderes garantizar que la fe que en ella se enseña, se predica y se celebra está viva y sea un signo verdadero para todos aquéllos que se ponen en contacto con ella, porque esto es realmente el Cuerpo vivo de Cristo.

---

329   USCCB, *Welcome and Justice for Persons with Disabilities* [*Buena acogida y justicia para las personas con discapacidades*] (Washington, D.C.: USCCB, 1999), n. 6 [versión del traductor].

330   DGC, n. 257.

331   CT, n. 67.

D. El aprendizaje dentro de la familia cristiana

Por lo general, la familia cristiana es la primera experiencia de la comunidad cristiana y el ámbito primario para el crecimiento en la fe. Porque es la "iglesia del hogar o doméstica",[332] la familia proporciona un *locus* único para la catequesis. Es un lugar en el que se recibe la palabra de Dios y desde el que se la despliega. En la familia cristiana, los padres son los primeros educadores en la fe y "han de ser para con sus hijos los primeros predicadores de la fe."[333] Pero todos los miembros componen la familia y cada uno de ellos puede hacer su contribución única para crear el ambiente básico en el que se despierta el sentimiento de la presencia entrañable de Dios y se confiesa, se estimula y se vive la fe en Jesucristo. En la familia cristiana, los miembros comienzan ante todo a aprender las oraciones básicas tradicionales y a formar sus conciencias a la luz de las enseñanzas de Cristo y de la Iglesia. Los miembros de la familia aprenden más de la vida cristiana observando las fortalezas y debilidades de unos y otros, no tanto de la instrucción formal. Aprenden de manera intermitente más que sistemáticamente, en forma ocasional más que en períodos estructurados. A menudo, los miembros de más edad asumen la responsabilidad primaria de transmitir la fe a los más jóvenes. Con frecuencia, la combinación de su sabiduría con la experiencia constituye un testimonio cristiano indispensable.

E. El aprendizaje a través del testimonio del catequista

Junto al hogar y la familia, el testimonio del catequista puede ser de fundamental importancia en cada fase del proceso catequético. Bajo la guía del Espíritu Santo, los catequistas influyen poderosamente en los catecúmenos por su fiel proclamación del Evangelio de Jesucristo y por el ejemplo transparente de sus vidas cristianas. Para que la catequesis sea efectiva, los catequistas deben estar completamente comprometidos con Jesucristo. Deben creer firmemente en su Evangelio y en su poder para transformar las vidas.

Los catequistas deben transmitir las enseñanzas de Cristo a quienes son catequizados; deben prepararlos para los sacramentos instituidos por

---

332   FC, n. 38.
333   LG, n. 11.

Cristo; deben orientarlos hacia una vida vivida de acuerdo con las enseñanzas morales de Cristo y deben conducirlos a la oración con Cristo. Los catequistas deben hacer suyas las palabras de Cristo: "la doctrina que yo enseño no es mía, sino de aquel que me ha enviado,"[334] y han de confesar con San Pablo: "les transmití, ante todo, lo que yo mismo recibí."[335]

F. Aprender de memoria

La catequesis efectiva también incorpora el aprendizaje "de memoria". Durante siglos, la tradición viva de la fe fue transmitida principalmente a través de la tradición oral. Desde la época primitiva la catequesis se ha remitido al Credo, los sacramentos, el Decálogo y las oraciones, especialmente el Padre nuestro, como instrumentos principales para transmitir la fe. Resultaba más sencillo aprender de memoria las principales verdades de la fe, en vez de usar libros de texto u otros materiales impresos, ya que se las podía recordar a menudo como la base de la instrucción catequética. "El ejercicio de la memoria es, por tanto, un elemento constitutivo de la pedagogía de la fe, desde los comienzos del cristianismo."[336]

Las principales fórmulas de la fe; las oraciones básicas; los temas, las personalidades y expresiones bíblicas claves; y la información fáctica sobre el culto y la vida cristiana deben aprenderse de memoria. Esto garantiza una correcta exposición de la fe y promueve un idioma común de la fe entre todos los fieles. La capacidad para expresar una única fe en un idioma que pueda ser comprendido por todos sin importar la diversidad cultural de la Iglesia en los Estados Unidos no sólo profundiza la comprensión común de la fe, sino que también constituye una condición indispensable para vivirla. Recibir las fórmulas de la fe, profesarlas e internalizarlas para posteriormente compartirlas con la comunidad, alienta la participación de la persona en la verdad recibida. "La fe es un acto personal: la respuesta libre del hombre a la iniciativa de Dios que se revela. Pero la fe no es un acto aislado. Nadie puede creer solo, como nadie puede vivir solo. Nadie se ha dado la fe a sí mismo, como nadie se ha dado la vida a sí mismo. El creyente ha recibido la fe de otro, debe transmitirla a otro."[337]

---

334 *Jn* 7, 16.
335 *1 Co* 15, 3.
336 DGC, n. 154.
337 CCE, n. 166.

Pese a que el contenido de la fe no se puede reducir a fórmulas que se repiten sin que se las comprenda correctamente, la memorización ha tenido un lugar especial en la catequesis y debe continuar ocupando ese lugar en la catequesis de hoy en día. "Estas flores, por así decir, de la fe y de la piedad no brotan en los espacios desérticos de una catequesis sin memoria. Lo esencial es que esos textos memorizados sean interiorizados y entendidos progresivamente en su profundidad, para que sean fuente de vida cristiana personal y comunitaria."[338] Se debe introducir a través de un proceso que, comenzado tempranamente, continúa en forma gradual y flexible, pero nunca servilmente. De esta forma, ciertos elementos de la fe, la tradición y la práctica católicas se aprenden para toda la vida, conforman una base para la comunicación, permiten a las personas que oren juntas en un idioma común y contribuyen al crecimiento individual permanente que permite comprender y vivir la fe. Entre esas fórmulas que se deben aprender de memoria están las siguientes:

1. Oraciones tales como la Señal de la Cruz, el Padre nuestro, el Ave María, el Credo, Actos de fe, esperanza y caridad, y el Acto de contrición

2. Información fáctica que contribuya a apreciar el lugar que ocupa la palabra de Dios en la Iglesia y en la vida de los cristianos, por medio del reconocimiento y comprensión de los temas clave de la historia de la salvación; las personalidades más importantes del Antiguo y del Nuevo Testamento y ciertos textos bíblicos que expresan el amor y el cuidado que Dios nos brinda

3. Fórmulas que proporcionan información fáctica respecto a la Iglesia, la adoración, el año eclesiástico y las prácticas más importantes en la vida de devoción de los cristianos, lo cual incluye las partes de la Santa Misa, la lista de sacramentos, los tiempos litúrgicos, los días de precepto que se deben celebrar, las principales festividades de nuestro Señor y de la Santísima Virgen, las vidas de los santos (especialmente de los que han sido canonizados recientemente o los que se relacionan especialmente con regiones en particular), las obras corporales y espirituales de misericordia, las diferentes devociones eucarísticas, los misterios del rosario de la Santa Virgen María y el *Via Crucis*

---

338   CT, n. 55.

4. Fórmulas y prácticas que se relacionan con la vida moral de los cristianos, entre las que se incluyen, los Diez Mandamientos, las Bienaventuranzas, los dones del Espíritu Santo, las virtudes teológicas y morales, los preceptos de la Iglesia, los principios de la doctrina social de la Iglesia y el examen de conciencia[339]

Además de la memorización de las oraciones básicas y las fórmulas de la fe, la memorización de los salmos, canciones, oraciones y poemas favoritos para alabanza de Cristo nuestro Salvador es una forma efectiva de catequesis que nutre el corazón humano y ayuda a formar el espíritu humano en Cristo.

G. Asumir el compromiso de vivir la vida cristiana

Además, aprender a vivir como cristianos es un componente esencial de la metodología catequética. La participación activa de todos los catequizados en su formación cristiana fomenta el aprendizaje práctico. Como condición general de la vida cristiana, los fieles responden activamente a la iniciativa amorosa de Dios a través de la oración; celebrando los sacramentos y la Liturgia; viviendo una vida cristiana; fomentando las obras de caridad (satisfaciendo las necesidades inmediatas de los pobres y vulnerables) y las obras de justicia (trabajando para ocuparnos de las injusticias que existen en las organizaciones corporativas e institucionales de la sociedad); y promoviendo las virtudes que derivan de la ley natural, tales como la libertad, la solidaridad, la justicia, la paz y la protección del orden creado. La participación de los adultos en su propia formación catequética es esencial, ya que son totalmente capaces de comprender las verdades de la fe y vivir la vida cristiana.

A menudo, en los Estados Unidos, las creencias, las prácticas y los valores cristianos son desafiados por la cultura secular dominante. La cultura prevaleciente tiende a trivializar, marginar o privatizar la práctica de la fe religiosa. Tanto la práctica privada como el testimonio público de los cristianos conscientes y comprometidos, son factores indispensables en la santificación del mundo, una responsabilidad a la que son llamados todos los bautizados. En tal ambiente, vivir una vida cristiana activa se transforma en un elemento crucial en la metodología catequética efectiva.

---

339 Cf. *Directorio Nacional de la Catequesis*, n. 176.

H. El aprendizaje por medio de la práctica

El aprendizaje por medio de la práctica es también un elemento humano importante en la metodología catequética. Vincula a un creyente cristiano experimentado, o mentor, con otro que busca una relación más profunda con Cristo y con la Iglesia. La relación que normalmente se establece entre el catequista y el catecúmeno proporciona un modelo práctico de aprendizaje.

Toda catequesis incluye más que la instrucción: "debe ser una iniciación cristiana integral."[340] Por lo general, este tipo de aprendizaje práctico incluye la profesión de fe, la educación en el conocimiento de la fe, la celebración de los misterios de la fe, la práctica de las virtudes morales cristianas y el cumplimiento de las pautas diarias de la oración cristiana. Se trata de un encuentro guiado con la vida cristiana en su totalidad, una jornada hacia la conversión a Cristo. Es una escuela para el discipulado que promueve un auténtico seguimiento de Cristo, sobre la base de la aceptación de las responsabilidades bautismales de cada uno, la interiorización de la palabra de Dios y la transformación total de la persona en "vida en Cristo".

30. LOS MEDIOS DE COMUNICACIÓN

Los elementos de la metodología humana en la catequesis se deben considerar en el contexto de la revolución en la tecnología de las comunicaciones. Mucho de lo que las personas saben y piensan en la actualidad está condicionado por los múltiples medios de comunicación masiva. De hecho, para muchas personas, la experiencia misma es una experiencia de los medios. El poder de los medios de comunicación masiva es tan grande que no sólo determina lo que la gente percibe, sino también cómo se juzgan las percepciones. A medida que los medios de comunicación se transforman en más dominantes en las vidas de las personas, influyen sobre el modo en que éstas entienden el significado de la vida misma. "Para

---

340   CT, n. 21.

muchas personas la realidad corresponde a lo que los medios de comunicación definen como tal; lo que los medios de comunicación no reconocen explícitamente parece insignificante."[341]

La Iglesia no se desentiende de estos problemas. Su misión le exige "estar dentro del mismo progreso humano, compartiendo las experiencias de la humanidad e intentando entenderlas e interpretarlas a la luz de la fe."[342] Para la Iglesia, la "comunicación" es esencialmente la comunicación de la Buena Nueva de Jesucristo. Es la proclamación del Evangelio de salvación y liberación para todos los seres humanos. Articula la verdad divina en un mundo extremadamente secularizado en el que la verdad es, con frecuencia, una construcción arbitraria y relativa. La comunicación es un poderoso testimonio de la naturaleza y destino trascendentes de cada persona en medio de una cultura global que deshumaniza y disminuye el valor de la vida humana. Es una voz profética para la solidaridad de toda la humanidad que se alza contra el individualismo radical tan típico en las culturas contemporáneas. Enarbola la pobreza de espíritu como la alternativa deseable ante la atracción del materialismo excesivo.

El Papa Juan Pablo II dijo que

el primer areópago del tiempo moderno es el *mundo de la comunicación,* que está unificando a la humanidad y transformándola —como suele decirse— en una "aldea global". Los medios de comunicación social han alcanzado tal importancia que para muchos son el principal instrumento informativo y formativo, de orientación e inspiración para los comportamientos individuales, familiares y sociales.[343]

Por esta razón, la utilización de los medios de comunicación se ha hecho esencial para la evangelización y la catequesis.[344]

---

341 Pontificio Consejo para las Comunicaciones Sociales, Instrucción pastoral *Aetatis novae. Sobre las comunicaciones sociales en el vigésimo aniversario de* Communio et progressio (AN) (1992), n. 4, http://www.vatican.va/roman_curia/ pontifical_councils/pccs.

342 Juan Pablo II, *Mensaje para la Jornada Mundial de las Comunicaciones,* 1990.

343 RM, n. 37. (El Areópago era un lugar público en Atenas, donde se expresaban y debatían abiertamente las ideas.)

344 Cf. AN, n. 11.

Además de los numerosos medios tradicionales que se usan en la catequesis, se deben emplear todos los demás instrumentos de la comunicación masiva para proclamar el mensaje del Evangelio. Aquellos a quienes se dirige hoy el mensaje del Evangelio, los jóvenes y los ancianos, son en cierto sentido hijos de los medios, ya que han sido criados en la era de los medios de comunicación y se sienten muy cómodos al utilizarlos:

La Internet, desconocida por la mayoría hasta hace poco, es ahora un instrumento para negocios, educación y otros tipos de comunicación. La tecnología del CD-ROM pone al alcance de nuestras manos bibliotecas completas, y crea avenidas para el aprendizaje que permite a los usuarios entender materias complejas y desconocidas. Mediante el uso de satélites y sistemas de TV por cable, los usuarios tienen acceso a muchos más canales que permiten cualquier diversión o información "que se desee".[345]

Los catequistas deben comprometerse seriamente a aprender a usar estos medios de comunicación para llevar a la gente hacia Cristo, si bien esto no será suficiente.

Los catequistas también deben aprender la cultura creada por los medios de comunicación. "No basta, pues, usarlos para difundir el mensaje cristiano y el Magisterio de la Iglesia, sino que conviene integrar el mensaje mismo en esta 'nueva cultura' creada por la comunicación moderna [...] con nuevos lenguajes, nuevas técnicas, nuevos comportamientos sicológicos."[346] Asimismo, los catequistas deben desarrollar un sentido crítico con el que evaluar a los medios de comunicación y deben ser capaces de reconocer el "lado oscuro" de los medios de comunicación, que en ocasiones promueven el "el secularismo, el consumismo, el materialismo, la deshumanización y la ausencia de interés por la suerte de los pobres y los marginados."[347]

---

345 *Renovar la mentalidad de los medios de comunicación*, 2, en http://www.usccb.org/comm/renewingsp.shtml.
346 RM, n. 37.
347 AN, n. 13.

31. CONCLUSIÓN

La transmisión del mensaje del Evangelio a través de la Iglesia ha sido siempre y será siempre obra de la Trinidad. La Palabra del Padre encarnada en Cristo mediante el Espíritu Santo da testimonio de esta verdad y es el paradigma de toda la metodología catequética. Su palabra sale de su boca y no regresa a Él sin haber cumplido el objetivo del Padre. Su mandato divino faculta y da energías a la humanidad para apartar el miedo y para cumplir con su finalidad: el anuncio de la Buena Nueva a todos los pueblos.

Por la gracia de Dios, algunas personas son llamadas a proclamar el Evangelio y a recibir una misión apostólica como catequistas. Estos catequistas son los instrumentos de la metodología propia de Dios. Los catequistas no sólo transmiten el conocimiento humano, sino que también transmiten el conocimiento de la fe, y respetando "la originalidad fundamental de la fe",[348] lo hacen conforme a "una pedagogía de la fe"[349] basada sobre la metodología propia de Dios. Si bien los catequistas emplean una variedad de métodos y técnicas para transmitir el conocimiento de la fe, la metodología propia de Dios —la revelación personal del Padre en Jesucristo y a través del Espíritu Santo— continuará siendo el modelo para todas las metodologías humanas.

Cualquiera sea el método que se utilice, la catequesis acontece en el marco de una comunidad que rinde culto. Congregada por el Espíritu Santo, esta comunidad alaba y da gracias a Dios. En el próximo capítulo se proporciona una guía sobre la catequesis para la adoración, que incluye a la catequesis sacramental.

---

348 CT, n. 58.
349 CT, n. 58.

CAPÍTULO 5

La catequesis en una comunidad que rinde culto

Todos los hermanos acudían asiduamente a escuchar
las enseñanzas de los apóstoles, vivían en comunión
fraterna y se congregaban para orar en común
y celebrar la fracción del pan. (*Hch* 2, 42)

32. INTRODUCCIÓN

La comunidad de discípulos en Jerusalén se concentró en torno a la adhesión a las enseñanzas de los Doce, la Liturgia eucarística, viviendo a la manera de Cristo, y la oración. Estos elementos fundamentales de la vida eclesial han permanecido constantes durante más de dos mil años. La fe y el culto están tan íntimamente relacionados entre sí como lo estaban en la Iglesia primitiva: la fe reúne a la comunidad para rendir culto, y el culto renueva la fe de la comunidad.

El Espíritu Santo reúne a la comunidad de fieles como Iglesia, Cuerpo de Cristo, y conduce a la Iglesia a alabar y dar gracias al Padre. Significa entonces que la Iglesia es una comunidad de personas que rinden culto y que creen en el señorío de Jesucristo —creyentes que gracias a la efusión del Espíritu Santo reconocen su absoluta dependencia en Dios Padre. La Liturgia es el culto oficial de la Iglesia. En su Liturgia, la Iglesia celebra lo que profesa y vive, sobre todo el Misterio pascual, a través del cual Cristo pudo cumplir con la obra de nuestra salvación.

Los ritos de la Iglesia están en la actualidad, más que antes del Concilio Vaticano II, claramente identificados con el Misterio pascual de Cristo, adecuadamente integrados con la Eucaristía como la celebración principal de ese misterio y referidos directamente a las experiencias de cada uno de los cristianos y de cada una de las comunidades de fe. La recuperación de la Sagrada Escritura en el *Leccionario* y la restauración de la liturgia de la palabra son componentes esenciales en todas las celebraciones sacramentales y en otros ritos litúrgicos. Esta restauración es un logro significativo en la renovación de la Liturgia. La renovación litúrgica logró que las comunidades eclesiales cristianas se acercaran más unas a las otras en su fe y formas de culto, y enfatizó las riquezas comunes que comparten en el camino hacia la comunión plena.

En este capítulo se describe la relación entre la catequesis y la Liturgia. También se ocupa de la oración litúrgica y personal, de la catequesis para la vida sacramental, del tiempo y espacio sagrados y de los sacramentales, de la piedad popular y las devociones populares.

33. LA RELACIÓN ENTRE LA CATEQUESIS Y LA LITURGIA

La catequesis y la Liturgia están íntimamente conectadas en la misión de evangelización de la Iglesia. "La catequesis está intrínsecamente unida a toda la acción litúrgica y sacramental."[350] La catequesis y la Liturgia tienen su origen en la fe de la Iglesia; proclaman el Evangelio; llaman a sus oyentes a convertirse a Cristo; inician a los creyentes en la vida de Cristo y de su Iglesia y buscan la venida del Reino en su plenitud cuando "Dios será todo en todas las cosas."[351] "La liturgia es la cumbre a la cual tiende la actividad de la Iglesia y, al mismo tiempo, la fuente de donde mana toda su fuerza."[352] La historia de la salvación —desde la creación del mundo hasta su redención y consumación escatológica en Jesucristo— se celebra en los sacramentos, especialmente en la Eucaristía. Es por eso que la Liturgia "es el lugar privilegiado de la catequesis del pueblo de Dios."[353]

La catequesis precede a la Liturgia y a la vez surge de ella. Prepara a las personas para una participación plena, consciente y activa en la Liturgia porque las ayuda a comprender su naturaleza, sus ritos y sus símbolos. Pero a la vez procede de la Liturgia en tanto y en cuanto ayuda a las personas a adorar a Dios y a reflexionar sobre su propia experiencia

---

350   CT, n. 23.
351   1 Co 15, 28.
352   SC, n. 10; cf. CCE, n. 1069.
353   CCE, n. 1074.

con las palabras, signos, rituales y símbolos expresados en la Liturgia, a discernir lo que implica participar en la Liturgia y a responder a su compromiso misionero de dar testimonio y de ofrendarse al servicio de los demás. En realidad, la Liturgia misma es intrínsecamente catequética. Cuando se proclama la Sagrada Escritura y se reflexiona sobre ella, y cuando se reza el Credo, las verdades de la fe cincelan más y más profundamente la fe del pueblo de Dios. A través de la Eucaristía, el pueblo de Dios llega a conocer y experimentar el Misterio pascual en la forma más íntima: no sólo llegan al conocimiento de Dios, sino que llegan a conocer al Dios vivo.

"La catequesis litúrgica pretende introducir en el Misterio de Cristo [...] procediendo de lo visible a lo invisible, del signo a lo significado, de los 'sacramentos' a los 'misterios'."[354] Promueve un conocimiento más informado y una experiencia más vital de la Liturgia. La catequesis litúrgica fomenta un sentimiento más profundo del significado de la Liturgia y de los sacramentos. "En otras palabras, la vida sacramental se empobrece y se convierte muy pronto en ritualismo vacío, si no se fundamenta en un conocimiento serio del significado de los sacramentos. Y la catequesis se intelectualiza, si no cobra vida en la práctica sacramental."[355]

34. ORACIÓN LITÚRGICA Y PERSONAL

Dios atrae a todo ser humano hacia Él y cada ser humano desea estar en comunión con Dios. La oración es la base y la expresión de la relación vital y personal de un ser humano con el Dios vivo y verdadero: es Él quien "llama incansablemente a cada persona al encuentro misterioso de la oración."[356] Su iniciativa llega primero; la respuesta humana a su iniciativa es ella misma inducida por la gracia del Espíritu Santo. Dicha respuesta humana es la libre sumisión personal al incomprensible misterio de Dios. En la oración, el Espíritu Santo no sólo revela la identidad del Dios Uno y Trino a los seres humanos, sino que también revela a las personas su propia identidad. A lo largo de la historia de la salvación esto se ha expresado en las palabras y las acciones de la oración.

---

354   CCE, n. 1075.
355   CT, n. 23.
356   CCE, n. 2567.

La oración litúrgica es la participación del pueblo de Dios en la obra de Cristo. "Toda celebración litúrgica, por ser obra de Cristo Sacerdote y de su cuerpo, que es la Iglesia, es acción sagrada por excelencia, cuya eficacia, con el mismo título y en el mismo grado, no la iguala ninguna otra acción de la Iglesia."[357] Los sacramentos, en especial la Eucaristía, son las experiencias sublimes de la oración litúrgica de la Iglesia.

En la Liturgia "toda oración cristiana encuentra su fuente y su término."[358] Los ritmos de la oración dentro de la Iglesia son a la vez litúrgicos y personales. La oración litúrgica es la oración pública de la Iglesia. Es la obra de Cristo, y por ello es la obra de la Iglesia. La oración personal es un aspecto esencial de la relación de la persona humana con Dios, relación que no sólo puede encontrar expresión en diversas oraciones devocionales —el Santo Rosario, el *Via Crucis*, las novenas, etc.— sino que al mismo tiempo se nutre de ellas.

Desde los tiempos de los apóstoles, la Iglesia ha permanecido fiel a su exhortación de "orar constantemente" (*1 Ts* 5, 17). La Liturgia de las Horas, también llamada Oficio Divino, es la oración diaria pública de la Iglesia. En ella "la alabanza de Dios consagra el curso entero del día y de la noche."[359] En especial los catequistas se beneficiarían en gran medida si participaran en la Liturgia de las Horas. "Procuren los pastores de almas que las Horas principales, especialmente las Vísperas, se celebren comunitariamente en la Iglesia los domingos y fiestas más solemnes. Se recomienda, asimismo que los laicos recen el Oficio Divino o con los sacerdotes o reunidos entre sí, e incluso en particular."[360]

Sin embargo, la Tradición viva de la Iglesia contiene más que el gran tesoro de la oración litúrgica. La oración personal es el regalo de Dios al "corazón contrito"[361] y humillado. Expresa la relación de alianza que une a Dios con la persona y a la persona con Dios: el nexo es Cristo, el Hijo de Dios encarnado. Él es la alianza nueva y eterna cuya sangre "será derramada por todos, para el perdón de los pecados,"[362] con lo cual la humanidad puede ser redimida y así restaurar su comunión con Dios. La oración personal expresa comunión con la vida de la Santísima Trinidad.

---

357 SC, n. 7.
358 CCE, n. 1073.
359 SC, n. 84.
360 SC, n. 100.
361 *Sal* 51, 19.
362 *Mt* 26, 28.

El Espíritu Santo inspira a los corazones a rezar, remueve los obstáculos que se presentan para vivir la vida en Cristo y conduce a la humanidad a la comunión con el Padre y el Hijo. La oración personal penetra la vida cotidiana de los cristianos y los dispone hacia la oración litúrgica, comunitaria o pública.

Debido a que la catequesis busca conducir a las personas y a las comunidades hacia una fe más profunda, está orientada a la oración y al culto. La catequesis para la oración enfatiza los principales propósitos de la oración —adoración, acción de gracias, petición y contrición— e incluye diferentes formas de oración: oración comunitaria, oración privada, oración tradicional, oración espontánea, gesto, cántico, meditación y contemplación. La catequesis para la oración acompaña a cada persona en el crecimiento continuo en la fe. Esa catequesis resulta más efectiva cuando el catequista es una persona devota que se siente cómoda conduciendo a otros a la oración y a la participación en el culto. "Cuando la catequesis está penetrada por un clima de oración, el aprendizaje de la vida cristiana cobra toda su profundidad."[363]

La catequesis para la oración comienza cuando los niños ven y oyen a otros rezar y cuando rezan con otras personas, especialmente en el seno familiar. Los niños más pequeños parecen tener un sentido especial de asombro, un reconocimiento de la presencia de Dios en sus vidas y una capacidad para la oración. Los padres y catequistas deben animarlos a rezar al Padre, al Hijo y al Espíritu Santo, a la Madre de Dios, a los ángeles y a los santos. Desde la infancia deben ser inculturados en la vida diaria de oración en la familia, aprendiendo las oraciones y las formas de orar de la tradición católica y acostumbrándose a orar diariamente: por ejemplo, la oración matinal y la vespertina, la oración antes y después de las comidas y la oración en momentos especiales en la vida de la familia.

35. LA CATEQUESIS PARA LOS SACRAMENTOS EN GENERAL

A. Los sacramentos como misterios

La vida litúrgica de la Iglesia gira en torno a los sacramentos, con la Eucaristía como centro. "Los sacramentos son signos eficaces de la gracia,

---

363   DGC, n. 85.

instituidos por Cristo y confiados a la Iglesia por los cuales nos es dispensada la vida divina."[364] La Iglesia celebra siete sacramentos: bautismo, confirmación o crismación, Eucaristía, penitencia o reconciliación, unción de los enfermos, orden sagrado y matrimonio.[365]

B. Principios generales de la catequesis sacramental

Algunos principios fundamentales se aplican a la catequesis para cada uno de los sacramentos. Las diócesis y parroquias deben presentar una catequesis sacramental que

- Sea una formación completa y sistemática en la fe, una que integre el conocimiento de la fe con la vida en la fe
- Sea fundamentalmente trinitaria y se centre en la iniciación en la vida del Dios Trino
- Presente la vida cristiana como un viaje permanente hacia el Padre en el Hijo y a través del Espíritu Santo
- Sea apropiada a la edad, madurez y circunstancias de quienes están siendo catequizados
- Esté destinada a todos los miembros de la comunidad cristiana, se desarrolle en la comunidad e involucre a toda la comunidad de fe
- Involucre a los padres en la preparación de sus hijos para los sacramentos
- Se integre a un programa catequético completo
- Enfoque su atención principalmente en los símbolos, rituales y oraciones contenidas en el rito que corresponde a cada sacramento
- Permita que el creyente reflexione sobre el significado del sacramento recibido, por medio de la implementación de una profunda experiencia de *mistagogia* después de la celebración

---

364 CCE, n. 1131.
365 Muchas tradiciones orientales llaman al sacramento del matrimonio el misterio de la "santa coronación". Cf. más abajo en este *Directorio*, n. 36 ("Catequsis para los sacramentos particulares"), sección C ("Los sacramentos al servicio de la comunión"), subsección 2 ("Catequesis para el sacramento del matrimonio").

C. Directrices catequéticas para la celebración de los sacramentos

La Iglesia proporciona las normas y directrices catequéticas oficiales para la celebración de los sacramentos. Las siguientes son herramientas esenciales para la catequesis sacramental. La *General Instruction of the Roman Missal [Ordenación general del Misal Romano]*[366] proporciona las directrices generales para la celebración de la Eucaristía. Las introducciones a cada rito contienen las normas y directrices catequéticas apropiadas para cada sacramento. En el *Rito de la iniciación cristiana de adultos* se establecen las directivas que se deben cumplir en el seno de la vida de la Iglesia durante el proceso de la iniciación de adultos y niños en edad de recibir las enseñanzas del catecismo. En nuestra declaración de 1995 llamada *Guidelines for the Celebration of the Sacraments with Persons with Disabilities [Lineamientos para la celebración de los sacramentos con personas con discapacidades]*[367] se resalta la necesidad de incluir a personas con discapacidades en la celebración de todos los sacramentos y proporciona lineamientos catequéticos generales para celebrar los sacramentos con personas con diferentes tipos de discapacidades. El *Directorio para las Misas con niños*[368] contiene las normas para las liturgias eucarísticas con niños. En el *Directory for the Application of Principles and Norms on Ecumenism [Directorio para la aplicación de principios y normas sobre el ecumenismo]* se describen los principios y prácticas católicos para compartir los sacramentos con otros cristianos.[369] El *Directorio sobre piedad popular y la Liturgia*[370] da a conocer la necesidad que tienen las parroquias multiculturales de hacer esfuerzos especiales para celebrar la cultura y las tradiciones y emplear el lenguaje, la música y el arte de cada una de las

---

366   Cf. *Ordenación general del Misal Romano* (IGMR), *(Institutio generalis Missalis Romani)*, (2003), en http://www.usccb.org/liturgy/current/revmissalisromanisp.shtml.

367   Cf. USCCB, *Guidelines for the Celebration of the Sacraments with Persons with Disabilities [Lineamientos para la celebración de los sacramentos con personas con discapacidades]* (Washington, D.C.: USCCB, 1995).

368   Cf. Congregación para el Culto Divino, *Directorio litúrgico para las Misas con participación de niños* (1973).

369   Cf. Consejo Pontificio para la promoción de la unidad de los cristianos, *Directory for the Application of Principles and Norms on Ecumenism*, Capítulo 4, en http://www.vatican.va/roman_curia/.

370   Congregación para el Culto Divino y la Disciplina de los Sacramentos, *Directorio sobre la piedad popular y la Liturgia. Principios y orientaciones* (2002), http://www.vatican.va/roman_curia/congregations/ccdds/documents/rc_con_ccdds_doc_20020513_vers-direttorio_sp.html.

culturas representadas. Además de los documentos ya indicados, las oraciones que son la forma de los sacramentos, también son herramientas esenciales para la catequesis sacramental.

D. El catecumenado bautismal: Inspiración para toda la catequesis

El catecumenado bautismal es la fuente de inspiración para toda la catequesis. Este proceso de formación incluye cuatro etapas, así como los rituales que marcan dichas etapas. La primera etapa —el precatecumenado— coincide con la primera evangelización, en la que tiene lugar la proclamación primaria del Evangelio y la llamada inicial a la conversión a Cristo. La entrega de los Evangelios acompaña a la segunda etapa —el catecumenado—, durante la cual comienza el período en que se presenta a los catecúmenos y candidatos una catequesis más integral y sistemática. La tercera etapa —la purificación e iluminación— se caracteriza por la celebración de los *escrutinios*, por una oración más intensa y por el estudio y entrega del Credo y de la Oración del Señor [el Padre nuestro]. Este tiempo se caracteriza por una preparación más intensa para los sacramentos de iniciación. La cuarta —la mistagogia o catequesis posbautismal— marca el tiempo en que el neófito experimenta los sacramentos e ingresa de lleno en la vida de la comunidad.[371] "Estas etapas, llenas de la sabiduría de la gran tradición catecumenal, inspiran la gradualidad de la catequesis."[372]

Pese a que se hace una distinción entre los catecúmenos y los que ya están bautizados y que están siendo catequizados,[373] algunos elementos del catecumenado bautismal son instructivos para la catequesis posbautismal. En ese sentido, el catecumenado bautismal inspira una catequesis continua, ya que recuerda a la Iglesia que su catequesis acompaña una conversión continua a Cristo y una iniciación perpetua en la celebración de los sacramentos y en la vida de la Iglesia. Al igual que el catecumenado bautismal es la responsabilidad de toda la comunidad cristiana, también la Iglesia toda tiene la obligación de proporcionar una catequesis continua para los fieles. El catecumenado bautismal acompaña el pasaje de los catecúmenos con Cristo, a partir de la proclamación inicial de sus nombres, hasta experimentar

---

371 Cf. RICA, nn. 9-40.
372 DGC, n. 89.
373 Cf. *Directory for the Application of Principles and Norms on Ecumenism*, nn. 92-100 [versión del traductor].

una muerte como la suya y siendo "sepultados con él en la muerte"[374] del bautismo para finalmente ser resucitados con Él a una nueva vida. Toda catequesis debe proporcionar a quienes están siendo catequizados la oportunidad de peregrinar con Cristo a través de las etapas del Misterio pascual. El catecumenado bautismal es donde el mensaje del Evangelio se compromete deliberadamente con la cultura de los catecúmenos. Toda la catequesis debe "hacerse carne" en las diversas culturas y ambientes en los que se proclama el mensaje del Evangelio.

El catecumenado bautismal es un "proceso formativo y verdadera escuela de fe."[375] Es una fructífera mezcla de instrucción y formación en la fe; progresa a través de etapas graduales; revela los ritos, símbolos, signos bíblicos y litúrgicos de la Iglesia; e incorpora a los catecúmenos a la comunidad cristiana de fe y culto. Si bien la catequesis mistagógica o posbautismal no debe imitar la estructura del catecumenado bautismal de manera servil, sí debe reconocer que el catecumenado bautismal proporciona un modelo admirable para todos los esfuerzos catequéticos de la Iglesia y enfatiza especialmente la necesidad de contar con una catequesis de por vida.[376]

Más específicamente, el tiempo que sigue a la celebración de los sacramentos de iniciación —es decir, el período de la catequesis posbautismal o mistagogia— es la etapa que existe para que "la comunidad y los neófitos crezcan juntos en una percepción más profunda del misterio pascual y lo hagan parte integral de su vida meditando en el Evangelio, compartiendo en la Eucaristía, y haciendo obras de caridad."[377] Es la fase de la catequesis litúrgica que intenta introducir a los neófitos más profundamente en el misterio de Cristo, mediante la reflexión en el mensaje del Evangelio y a través de la experiencia de los sacramentos que han recibido. En esta fase se les da a los neófitos la oportunidad de revivir los grandes acontecimientos de la historia de la salvación y se los ayuda a abrirse a la comprensión espiritual de la economía de la salvación. La catequesis mistagógica o posbautismal también ayuda a los que recién se bautizaron a interiorizar los sacramentos de iniciación para profundizar y alimentar sus vidas de fe y para ingresar más profundamente en la comunidad.

---

374 Comisión Episcopal de Pastoral Litúrgica, de México, *Ritual para el bautismo de los niños* (México, D.F.: Obra Nacional de la Buena Prensa, 2001), "Introducción" 1.I, n. 6.
375 DGC, n. 91.
376 Cf. Sínodo de Obispos, *Message to the People of God [Mensaje al pueblo de Dios]* (28 octubre 1977), n. 8.
377 RICA, n. 244.

Durante el período de catequesis posbautismal, los neófitos "deben experimentar una plena y gozosa integración en la comunidad y entrar en trato más íntimo con los otros fieles. Los fieles, a su vez, deben derivar de ella una renovada inspiración y mayor entusiasmo."[378] Las Misas dominicales que se celebran durante el tiempo de Pascua, inmediatamente después de que los neófitos han recibido los sacramentos de iniciación, proporcionan oportunidades particularmente favorables para que ellos se reúnan con la comunidad de fe, escuchen lecturas de la palabra de Dios específicamente elegidas para el período de catequesis posbautismal, y participen plenamente en la Eucaristía. "De esta experiencia, que pertenece a los cristianos y que aumenta conforme la viven, éstos [los neófitos] derivan una nueva percepción de la fe, de la Iglesia, y del mundo."[379]

En un sentido más amplio, la mistagogia representa la educación cristiana y la formación en la fe que se prolongan durante toda la vida. Por analogía, significa el carácter continuo de la catequesis en la vida del cristiano. La conversión a Cristo es un proceso que dura toda la vida y que debe estar acompañado en todas las etapas por una catequesis vital que guía a los cristianos en su peregrinación hacia la santidad. La catequesis de por vida debe adoptar muchas formas y utilizar una variedad de medios: participación en la Eucaristía dominical y el estudio de la Liturgia, el estudio y la exploración de la Sagrada Escritura y de las enseñanzas sociales de la Iglesia, la reflexión sobre los importantes acontecimientos de la vida a la luz de la fe cristiana, oportunidades para la oración, ejercicios espirituales, actos de caridad que involucren el sacrificio personal, especialmente para con los que necesitan, y una instrucción teológica y catequética más formal. Entre estas formas de catequesis continua, la homilía ocupa una posición privilegiada ya que "vuelve a recorrer el itinerario de fe propuesto por la catequesis y lo conduce a su perfeccionamiento natural."[380]

---

378   RICA, n. 246.
379   RICA, n. 245.
380   CT, n. 48.

36. LA CATEQUESIS PARA LOS SACRAMENTOS EN PARTICULAR

A. Sacramentos de iniciación

La iniciación cristiana se celebra en el bautismo, la confirmación o crismación y la Eucaristía. Estos sacramentos son signos eficaces del amor de Dios y de las etapas de la peregrinación personal hacia la comunión con la Trinidad. A través de estos sacramentos, la persona se incorpora a la Iglesia, se fortalece para participar en la misión de la Iglesia y es bienvenida para participar en el Cuerpo y Sangre de Jesucristo. Tal como se indicó anteriormente, el *Ritual de iniciación cristiana de adultos* provee las normas que rigen la práctica catequética y litúrgica para los sacramentos de iniciación. En las Iglesias Orientales, el bautismo, la crismación y la Eucaristía se celebran juntos en la infancia, pues su relación íntima es evidente. Si bien la Iglesia Latina ha separado la celebración del bautismo de la confirmación y la Eucaristía, también reconoce su interconexión esencial.

Las diócesis y las parroquias deben presentar una catequesis para la iniciación cristiana que

- Convoque al catecúmeno a profesar la fe en la persona de Jesucristo desde el corazón, a seguirlo fielmente y a convertirse en su discípulo
- Reconozca que la iniciación cristiana es un aprendizaje de toda la vida cristiana, y por eso debe incluir más que la instrucción[381]
- Presente una formación completa y sistemática en la fe para que el catecúmeno o candidato pueda ingresar profundamente en el misterio de Cristo
- Incorpore al catecúmeno en la vida de la comunidad cristiana, que confiesa, celebra y da valiente testimonio de la fe en Jesucristo
- Incluya instrucción sobre los ritos de iniciación cristiana, sus símbolos y formas básicas, y las oficinas y ministerios que se ocupan de ellos

---

381 DGC, n. 67.

A los fines de la iniciación cristiana, los niños que ya alcanzaron la edad de la razón, es decir, que ya cumplieron siete años, son considerados adultos con ciertas limitaciones.[382] Dentro de lo posible, su formación en la fe debe seguir el modelo general del catecumenado ordinario, utilizando las adaptaciones apropiadas que estén permitidas en el rito. "Deben recibir los sacramentos del bautismo, de la confirmación y de la Eucaristía en la Vigilia pascual, junto con los catecúmenos mayores."[383]

La iniciación de los niños que no fueron bautizados cuando eran recién nacidos, pero que ya alcanzaron la edad de la razón y la edad catequética, por lo general es alentada por sus padres o tutores, o en algunos casos, por los niños mismos, con la autorización de los padres. Estos niños son capaces de recibir y alimentar una fe personal. También son capaces de una conversión apropiada a su edad. Pueden recibir una catequesis que se adapte a sus circunstancias. El proceso de su iniciación se debe adaptar a su capacidad para crecer en la fe y a su capacidad para comprender la fe. Su iniciación debe seguir los mismos pasos que la iniciación de los adultos. Aunque el proceso puede demorar varios años hasta que reciban los sacramentos, "su condición y estado de catecúmenos no debe ni comprometerse ni confundirse, ni deben ellos recibir los sacramentos de iniciación en ninguna otra secuencia que la determinada en el ritual de la iniciación cristiana."[384]

La formación catequética de los niños debe conducir hasta los pasos del proceso de iniciación y seguirlos. En general, los niños que se inician forman parte de un grupo de niños de edad y circunstancias similares, algunos de los cuales ya han sido bautizados y se están preparando para la confirmación y la Eucaristía. Por lo general, la catequesis para dichos niños debe incorporar los elementos apropiados de la misma instrucción catequética profunda y sistemática de los niños bautizados antes de que reciban los sacramentos de la confirmación y la Eucaristía.

La familia es la primera experiencia del niño en una comunidad de fe y, como tal, merece la cuidadosa atención en todos los esfuerzos catequéticos. A lo largo del período de iniciación de los niños de edad catequética, se debe animar a los padres a involucrarse. Si se determina que los niños están preparados para recibir los sacramentos, el período final de

---

382 Cf. *Código de derecho canónico* (CIC), c. 852 §1, en http://www.vatican.va/archive/ESL0020/_INDEX.HTM.
383 RICA, Apéndice III, n. 18.
384 RICA, Apéndice III, n. 19.

preparación debe realizarse, de ser posible, al comienzo de la Cuaresma, el miércoles de Ceniza. El último paso, la celebración de los sacramentos de iniciación, debe realizarse en la Vigilia pascual.[385] Pero antes de admitir a los niños a los sacramentos en las fiestas pascuales, "hay que asegurarse bien de que están listos para los sacramentos. La celebración en esta ocasión también debe corresponder con el programa de formación catequética que están recibiendo, pues los candidatos deben acercarse a los sacramentos de la iniciación, si es posible, al mismo tiempo que sus compañeros bautizados reciban la confirmación y la Eucaristía."[386]

1. Catequesis para el bautismo

La catequesis para el bautismo está orientada principalmente a los adultos, es decir, a los catecúmenos —entre los que se incluye a los niños que hayan alcanzado la edad de la razón— y también a los padres y padrinos de los recién nacidos que deben ser bautizados. Los catecúmenos y los candidatos deben ser conducidos a través de las etapas de la iniciación cristiana que se detallan en el *Rito de la iniciación cristiana de adultos*. Este proceso proporciona directrices útiles para la catequesis de los padres y padrinos que se están preparando para el bautismo de un recién nacido o de un niño pequeño. Todos los que se preparan para el bautismo, con inclusión de los padres y padrinos, necesitan contar con el respaldo piadoso y el testimonio apostólico de las personas que conforman la comunidad local de fe, es decir, la parroquia. Esta preparación es una oportunidad especialmente importante para que la Iglesia anime a los padres y padrinos de los recién nacidos a que vuelvan a examinar el significado que tiene el mensaje cristiano en sus propias vidas. Es también el momento apropiado para recordar a los padres y padrinos que "la celebración del bautismo hágase dentro de las primeras semanas después del nacimiento del niño", pero "si el niño se encuentra en peligro de muerte, sea bautizado sin demora."[387] Por motivos pastorales, el bautismo puede aplazarse si no hay garantías de que se alimentará la fe del niño. La parroquia debe prestar especial atención a las familias de estos niños, mediante la presencia pastoral y la evangelización.

---

385   Cf. RICA, Parte II, n. 256.
386   RICA, Parte II, n. 256.
387   Comisión Episcopal de Pastoral Litúrgica, de México, *Ritual para el bautismo de los niños*, 2.III, n. 8.

Las diócesis y parroquias deben presentar una catequesis bautismal que

- Enseñe que el bautismo (1) es el fundamento de la vida cristiana porque es el camino hacia la muerte y resurrección de Cristo, que es el fundamento de nuestra esperanza; (2) otorga gracia santificante, es decir, la vida de Dios; (3) les da un nuevo nacimiento, en el que se convierten en hijos de Dios, miembros de Cristo y templos del Espíritu Santo; (4) purifica a las personas del pecado original y de todos los pecados personales; (5) los incorpora a la vida, a las prácticas y a la misión de la Iglesia, y (6) imprime en sus almas un carácter indeleble que los consagra para la adoración cristiana y que es necesario para la salvación en el caso de todos aquellos que han escuchado el Evangelio y han sido capaces de solicitar este sacramento[388]
- Enseñe que a través del bautismo compartimos la misión de Cristo como rey, sacerdote y profeta
- Enseñe que el bautismo "simboliza el acto de sepultar al catecúmeno en la muerte de Cristo de donde sale por la resurrección con Él como 'nueva criatura'"[389]
- Enseñe que el bautismo es "el fundamento de toda la vida cristiana, el pórtico de la vida en el espíritu [...] y la puerta que abre el acceso a los otros sacramentos"[390]
- Enseñe que a través del bautismo los fieles "participan del sacerdocio de Cristo, de su misión profética y real"[391]
- Enseñe que "la Santísima Trinidad da al bautizado la gracia santificante, la gracia de la *justificación*" (por lo que "todo el organismo de la vida cristiana sobrenatural tiene sus raíces en el bautismo"), la cual
  — "le permite creer en Dios, de esperar en él y de amarlo mediante las virtudes teologales"
  — "les concede poder vivir y obrar bajo la moción del Espíritu Santo mediante los dones del Espíritu Santo"
  — "le permite crecer en el bien mediante las virtudes morales"[392]

---

388 Cf. CCE, n. 1257.
389 CCE, n. 1214.
390 CCE, n. 1213.
391 CCE, n. 1268.
392 CCE, n. 1266.

- Enseñe que "hecho miembro de la Iglesia, el bautizado ya no se pertenece a sí mismo, sino al que murió y resucitó por nosotros. Por tanto, está llamado a someterse a los demás, a servirles en la comunión de la Iglesia, y a ser 'obediente y dócil' a los pastores de la Iglesia y a considerarlos con respeto y afecto"[393]
- Incluya una profunda explicación del *Rito del bautismo* junto con los signos y símbolos fundamentales que emplea: inmersión o vertido de agua, las palabras de la fórmula trinitaria y la unción con óleo
- Enseñe que el ministro ordinario para el sacramento del bautismo es un sacerdote o diácono (en las Iglesias Católicas de Rito Oriental el sacerdote es el único ministro ordinario de bautismo, ya que la crismación sigue de inmediato), pero que en caso de necesidad cualquier persona que haga lo que la Iglesia indica puede bautizar vertiendo agua sobre la cabeza del candidato y pronunciando la fórmula trinitaria

2. Catequesis para la confirmación/crismación

El *Ritual de la confirmación* revisado[394] indica que las Conferencias Episcopales pueden determinar la edad más apropiada para la confirmación. En los Estados Unidos, la edad de la confirmación en la Iglesia Latina para los niños y jóvenes varía ampliamente de una diócesis a otra, y se la puede determinar entre la edad en que se empieza a tener discernimiento y hasta aproximadamente los dieciséis años. Debido a que la práctica sacramental para la confirmación en los Estados Unidos es tan diversa, no se puede prescribir una única catequesis para la confirmación. Sin embargo, se pueden articular algunos lineamientos generales.

La catequesis para los adultos que se preparan para la confirmación sigue el modelo que se recomienda en el *Rito de la iniciación cristiana de adultos*. Las diócesis y las parroquias deben presentar un catecismo para el sacramento de la confirmación que

- Enseñe que la confirmación aumenta y profundiza la gracia del bautismo, imprimiendo un carácter indeleble en el alma

---

393 CCE, n. 1269.
394 Cf. Congregación para el Culto Divino, *Ritual de la confirmación* (1971), en Andrés Pardo (ed), *Documentación litúrgica posconciliar*, Barcelona, Editorial Regina, 1992, 491-495.

- Enseñe que la confirmación fortalece la donación bautismal del Espíritu Santo en quienes se confirman para incorporarlos más firmemente a Cristo, fortalece su vínculo con la Iglesia, los asocia más estrechamente con la misión de la Iglesia, aumenta en ellos los dones del Espíritu Santo[395] y los ayuda a dar testimonio de la fe cristiana en palabras y hechos
- Enseñe sobre la función del Espíritu Santo, sus dones y sus frutos
- Sea apropiada según el nivel de desarrollo e incluya experiencias de recogimiento espiritual
- Incluya instrucción sobre el *Rito de la confirmación* y sus símbolos básicos: la imposición de manos, la unción con el óleo sagrado y las palabras de la fórmula sacramental
- Asegure que los padres y padrinos de confirmación se involucren en la preparación catequética de los niños para la confirmación
- Enseñe que el obispo es el ministro ordinario del sacramento de la confirmación (aunque en las Iglesias Católicas de Rito Oriental el sacerdote es el ministro ordinario de la crismación)

3. La catequesis para la Eucaristía[396]

El sacramento de la Eucaristía es uno de los sacramentos de la iniciación cristiana. "Los que han sido elevados a la dignidad del sacerdocio real por el bautismo y configurados más profundamente con Cristo por la confirmación, participan por medio de la Eucaristía con toda la comunidad en el sacrificio mismo del Señor."[397]

La Eucaristía es la acción ritual y sacramental de agradecimiento y de alabanza al Padre. Es el memorial del sacrificio de Cristo y su cuerpo, la Iglesia, y es la presencia continua de Cristo en su Palabra y en su Espíritu.

En la Misa ("Liturgia divina" como se la denomina en las Iglesias Católicas Orientales), la Eucaristía constituye la principal celebración litúrgica del Misterio pascual de Cristo y el memorial ritual de nuestra

---

395   Cf. CCE, n. 1303.

396   Cf. Congregación para los Ritos, Instrucción *Eucharisticum mysterium. Sobre el culto eucarístico* (1967), en Pardo (ed), *Documentación litúrgica posconciliar*, 155-183. El artículo 3 del "Proemio", dividido en siete partes, se ocupa específicamente de los *Puntos doctrinales más importantes de este documento;* los artículos 5-15 de la "Parte I" se ocupan específicamente de *Algunos principios generales que deben tenerse en cuenta para la catequesis del pueblo.* Cf. también Juan Pablo II, Carta encíclica *Ecclesia de Eucharistia. Sobre la Eucaristía en su relación con la Iglesia* (EE), en http://www.vatican.va/edocs/.

397   CCE, n. 1322.

comunión con ese misterio. Mediante el ministerio de los sacerdotes, el pan y el vino se convierten —mediante la Transubstanciación— en Cristo mismo. Cristo ofrece el sacrificio eucarístico y está realmente presente bajo las especies del pan y el vino.

Debido a que la Eucaristía es la "fuente y cima de toda vida cristiana",[398] la catequesis para la Eucaristía la reconoce como el corazón de la vida cristiana para toda la Iglesia, para las diócesis y parroquias y para cada cristiano en particular. Las diócesis y las parroquias deben presentar una catequesis permanente para la Eucaristía que

• Ayude a las personas a entender que la Eucaristía es el misterio que perpetúa el sacrificio de Cristo en la cruz; que es memorial de la pasión, muerte y resurrección de Cristo; y que es un banquete sagrado en el que el pueblo de Dios comparte los beneficios del Misterio pascual, renueva la alianza que Dios ha hecho a través de la sangre de Cristo y anticipa el banquete celestial

• Ayude a las personas a comprender que la obra de salvación que se logró por medio de estos acontecimientos se hace presente en la acción litúrgica que Cristo en persona ofrece en cada celebración de la Eucaristía

• Enseñe que, a través del sacerdote —el otro Cristo— y por medio de la Oración Eucarística el pan y el vino se convierten en el Cuerpo y Sangre de Cristo

• Instruya que la Eucaristía es el Cuerpo y Sangre de Cristo, presente realmente bajo las apariencias del pan y del vino, y que la Eucaristía alimenta el Cuerpo de Cristo que es la Iglesia y a cada individuo que comulga

• Enseñe que Cristo está total y completamente presente como Dios y hombre, en forma sustancial y permanente, en una manera única bajo las especies de pan y vino[399]

• Enseñe que Cristo también está presente en su palabra, en el cuerpo de los fieles reunidos en su nombre y en la persona del sacerdote que actúa en nombre de Cristo, la Cabeza de su Cuerpo que es la Iglesia

---

398   LG, n. 11.
399   Cf. USCCB, *La Presencia real de Jesucristo en el sacramento de la Eucaristía: Preguntas y respuestas*, nn. 1-2, en http://www.usccb.org/dpp/realpresencesp.htm.

- Incluya los efectos del sacramento: unidad en el Cuerpo de Cristo y provisión de alimentos espirituales para el itinerario que recorre en su vida el creyente cristiano
- Enseñe que la recepción del Cuerpo y la Sangre de Cristo significa y efectúa la comunión con la Santísima Trinidad, perdona los pecados veniales y, por la gracia del Espíritu Santo, ayuda al comulgante a evitar el pecado mortal
- Ayude al pueblo de Dios a comprender que, a través del poder del Espíritu Santo, la Eucaristía forma la Iglesia
- Ayude a los fieles a entender que, en la Eucaristía, "Cristo asocia su Iglesia y todos sus miembros a su sacrificio de alabanza y acción de gracias ofrecido una vez por todas en la cruz a su Padre"[400]
- Instruya sobre el significado del ritual, de los símbolos y de las partes de la Misa
- Presente las raíces judías de la Última Cena como la renovación de la alianza de Dios con su pueblo en la sangre de su amado Hijo
- Enseñe que los signos esenciales del sacramento eucarístico son el pan y el vino, sobre los que se invoca el poder del Espíritu Santo y sobre los cuales el sacerdote pronuncia las palabras de consagración que fueron dichas primero por Jesús durante la Última Cena
- Enseñe que el "el pan y el vino se cambian, un cambio que tradicional y debidamente se expresa en la palabra 'transustanciación', porque pese a que las apariencias del pan y el vino permanecen, la realidad es el Cuerpo y Sangre de Cristo"[401]
- Enseñe que la Eucaristía entraña un compromiso en favor de los pobres[402]
- Recuerde a los fieles que el sacramento de la Eucaristía es el signo sublime de la unidad de la Iglesia
- Enseñe que la Eucaristía es un signo efectivo de la unidad de todos los cristianos y que un día, es decir en la *Parousia* o *Segundo Advenimiento*, por la gracia del Espíritu Santo, se repararán las divisiones que separan a los cristianos

---

400   CCE, n. 1407.
401   *Directorio catequético nacional*, n. 121.
402   Cf. CCE, n. 1397.

- Presente las directrices para compartir la Eucaristía que han sido establecidas por los obispos católicos de los Estados Unidos[403]
- Considere al misterio de la Eucaristía en toda su plenitud y, en consecuencia, enseñe que la celebración de la Eucaristía en el sacrificio de la Misa es el origen y la consumación de la adoración realizada ante el Santísimo Sacramento fuera de la Misa[404]
- Fomente las visitas al Santísimo Sacramento y a otras devociones eucarísticas, y enseñe los gestos, posturas y conductas devocionales apropiadas para la iglesia
- Instruya sobre las implicancias de la Eucaristía para la misión de la Iglesia en el mundo y para la justicia social
- Aclare las funciones y ministerios en el marco de la acción sagrada, para que todos puedan experimentar una participación plena, activa y consciente en la celebración de la Misa
- Incluya una explicación de la teología y práctica de la celebración de la Eucaristía en las Iglesias Orientales
- Haga conscientes a las personas de su obligación de estar libres de pecado mortal antes de recibir la santa Comunión
- Enseñe que los católicos deben recibir la santa Comunión por lo menos una vez al año durante el tiempo de Pascua
- Recomiende que los fieles reciban la santa Comunión cuando participan en la celebración de la Eucaristía
- Instruya a los fieles sobre el ayuno eucarístico y sobre las condiciones en las cuales se puede recibir la santa Comunión por segunda vez en el mismo día
- Instruya a los fieles que estamos llamados a darnos cuenta de que nos convertimos en aquello que recibimos —lo cual tiene grandes implicancias respecto a la forma en que vivimos y actuamos

3a. Catequesis para la primera recepción de la Eucaristía de los niños

La preparación de los niños para la primera recepción de la Eucaristía comienza en el hogar. La familia tiene el rol más importante cuando se

---

403   Cf. USCCB, *Guidelines for the Reception of Communion [Lineamientos para la recepción de la Comunión]* (14 noviembre 1996).
404   Cf. Congregación para el Culto Divino, *Ritual de la sagrada Comunión y del culto a la Eucaristía fuera de la Misa* (1973), en Pardo (ed), *Documentación litúrgica posconciliar*, 292-304.

trata de comunicar los valores cristianos y humanos que forman los cimientos para que el niño comprenda lo que es la Eucaristía. Los niños que participan con su familia en la Misa experimentan el misterio de la Eucaristía en una forma inicial y aprenden en forma gradual a unirse a la asamblea litúrgica en oración.

Los padres y el dirigente catequético de la parroquia o catequista, junto con el párroco, son responsables de determinar cuándo es que los niños han alcanzado la edad de la razón y están listos para recibir la primera Comunión.[405] Puesto que la recepción de la Eucaristía, especialmente la primera vez, forma parte integral de la total incorporación del niño a la comunidad eclesial, el párroco tiene una responsabilidad a la hora de determinar la aptitud que tiene cada niño para recibir la primera Comunión. Los padres también tienen el derecho y la obligación de involucrarse en la preparación de sus hijos para la primera Comunión. La catequesis que se ofrece debe ayudar a los padres a aumentar su propia comprensión y aprecio de la Eucaristía y permitirles catequizar a sus niños de manera más efectiva.

El *Directorio para las Misas con niños* "establece la estructura para la catequización de los niños en lo referente a la celebración eucarística."[406] La catequesis sobre la Misa que se proporciona en programas sistemáticos de catequesis parroquial es una parte indispensable de la preparación de los niños para su primera recepción de la Eucaristía. Adaptada a las edades y capacidades de los niños, la catequesis debe ayudar a los niños a participar activamente y de manera consciente en la Misa. Durante la planificación, es esencial recordar que los niños que están alcanzando la edad de la razón, por lo general piensan de manera concreta. Las diócesis y parroquias deben presentar a la catequesis como preparación para la primera recepción de la Eucaristía de manera que

- Enseñe que la Eucaristía es el memorial vivo del sacrificio de Cristo para la salvación de todos y la conmemoración de su última comida con sus discípulos
- Enseñe no sólo "las verdades de la fe sobre la Eucaristía, sino cómo después, preparados [los niños] a su manera por la penitencia, plenamente injertados en el Cuerpo de Cristo, podrán participar

---

405 Cf. CIC, cc. 914 y 777 2°; cf. *Código canónico de las Iglesias Orientales* (CCEO), c. 619.
406 *Directorio catequético nacional*, n. 135.

activamente con el pueblo de Dios en la Eucaristía, tomando parte en la Mesa del Señor y en la Comunidad de los hermanos"[407]
- Asegure que el bautizado haya sido preparado, de acuerdo con su capacidad, para el sacramento de la penitencia anterior a la primera Comunión
- Logre que los niños comprendan el amor del Padre, su participación en el sacrificio de Cristo y en el don del Espíritu Santo
- Enseñe que "la Sagrada Eucaristía es verdaderamente el Cuerpo y Sangre de Cristo", y que "lo que aparenta ser pan y vino es en realidad Su cuerpo vivo"[408]
- Enseñe la diferencia entre la Eucaristía y el pan común
- Enseñe lo que significa la recepción de la Santa Eucaristía bajo ambas especies de pan y vino
- Los ayude a participar activa y conscientemente en la Misa
- Ayude a los niños a recibir el Cuerpo y la Sangre de Cristo de manera consciente y respetuosa

La práctica tradicional en algunas Iglesias Orientales en los Estados Unidos reclama que los niños o adultos recién bautizados y crismados reciban también la Santa Eucaristía. En consecuencia, la primera recepción de la Eucaristía de parte del niño se produce junto con los sacramentos o misterios del bautismo y de la crismación, porque la culminación de la iniciación en la comunidad de la fe es compartir la comida comunitaria. En estas situaciones, por lo general la catequesis eucarística sigue a la recepción del sacramento y respalda el crecimiento del joven cristiano en el misterio de la Eucaristía y de la vida de la Iglesia.

3b. La Liturgia Eucarística para grupos especiales

La Misa dominical de la parroquia, también llamada Liturgia Divina, es la celebración normativa de la Liturgia Eucarística. Se trata del acto central de adoración de toda la comunidad parroquial, por medio del cual Cristo une a los fieles con Él y a los fieles entre sí en su sacrificio perfecto de alabanza. Aunque cada parroquia está conformada por diferentes grupos, asociaciones y comunidades religiosas más pequeñas, a través de la Eucaristía

---

407 *Directorio para las Misas con niños*, Capítulo I, n. 12.
408 *Directorio catequético nacional*, n. 122.

dominical Cristo ofrece la oportunidad para que todos abandonen sus actividades particulares con el fin de celebrar el sacramento de la unidad. "Por esto en domingo, día de la asamblea, no se han de fomentar las Misas de los grupos pequeños: no se trata únicamente de evitar que a las asambleas parroquiales les falte el necesario ministerio de los sacerdotes, sino que se ha de procurar salvaguardar y promover plenamente la unidad de la comunidad eclesial."[409] Sin embargo, ocasionalmente es posible celebrar la Misa con grupos cuyos miembros compartan lazos especiales o una necesidad específica. Tales celebraciones deben ayudar a los miembros a crecer en su fe y unirlos más profundamente unos con otros, a la comunidad parroquial y a la Iglesia en su totalidad.

La *Ordenación general del Misal Romano* es el punto de referencia normativo para la celebración de la Misa. Sólo la Santa Sede puede modificar los libros litúrgicos del Rito Romano. Sólo la *United States Conference of Catholic Bishops* puede proponer a la Santa Sede adaptaciones de tales ritos, ya que son los obispos los únicos encargados de la regulación de la Liturgia. "'Nadie más, aunque sea sacerdote, puede añadir, quitar o cambiar cosa alguna por iniciativa propia en la Liturgia.' La inculturación no está en las manos de la iniciativa personal de los celebrantes o a la iniciativa colectiva de una asamblea."[410] Sólo en aquellas instancias claramente indicadas en el *Misal Romano* el celebrante puede elegir entre las diferentes opciones provistas o agregar sus propias palabras a las prescriptas. A menudos, los catequistas son llamados a colaborar en la planificación de estas Misas y en la preparación de los grupos para participar en ellas. Los catequistas deben contar con una preparación litúrgica adecuada y siempre deben trabajar en forma estrecha con estos grupos especiales, sus párrocos y otras personas capacitadas en liturgia.

3b-1. Los niños

A veces, los niños más pequeños no pueden participar plenamente en las Misas que son preparadas principalmente para los adultos, ya que pueden

---

409 Juan Pablo II, Carta apostólica *Dies Domini. Sobre la santificación del domingo* (DD), n. 36, http://www.vatican.va/holy_father/john_paul_ii/apost_letters/documents/hf_jp-ii_apl_05071998_dies-domini_sp.html.

410 Congregación para el Culto Divino, *Inculturation and the Roman Liturgy* (*Varietates legitimae*), n. 37 (en la que se cita a SC, n. 22), en http://www.ewtn.com/library/CURIA/. Se encuentra en el Appendix B del documento *Liturgiam authenticam: Fifth Instruction on Vernacular Translation of the Roman Liturgy* (Washington, D.C.: USCCB, 2001).

tener dificultades para comprender las palabras, símbolos y acciones de la Eucaristía. El *Directorio para las Misas con niños* constituye la referencia normativa para la preparación y celebración de las Misas con niños, ya que "toma en consideración a los niños que aún no han entrado en la edad llamada preadolescencia."[411] Tales celebraciones eucarísticas "deben conducir a los niños hacia las Misas de adultos, principalmente aquellas en que la comunidad cristiana debe reunirse los domingos."[412] La autorización otorgada en el *Directorio para las Misas con niños* para adaptar la Liturgia no se aplica a las Misas con adolescentes u otros grupos especiales. Pese a que la sensibilidad particular hacia las necesidades culturales y específicas de la edad de cada grupo es una condición previa para cada celebración de la Eucaristía, los requisitos del *Misal Romano* deben determinar siempre los parámetros de dicha adaptación.

3b-2. Grupos raciales, culturales y étnicos

La celebración de la Liturgia debe reflejar los dones y culturas particulares de los diferentes pueblos. Sin embargo, sólo las adaptaciones culturales aprobadas por la Santa Sede para usar en los Estados Unidos o en el país de origen de un grupo particular son apropiadas para su utilización en la Liturgia. Los pueblos expresan su adoración a Dios en la forma más provechosa a través de su cultura particular, tal como ha sido asumida y transformada por Cristo. En estas celebraciones, "las comunidades homogéneas, culturales, raciales o étnicas tienen el derecho de expresar su fe en su propio idioma y expresiones culturales en el rito, en la música y en el arte."[413]

Tal diversidad litúrgica puede ser una fuente de enriquecimiento para toda la Iglesia, pero no debe disminuir la unidad de la Iglesia. Cualquier adaptación debe evitar toda distorsión a la celebración de la Liturgia, tal como se prescribe en las leyes litúrgicas universales de la Iglesia. No importa qué grupo en particular está celebrando la Liturgia, debe expresar la fe única de la Iglesia, respetando siempre "la *unidad sustancial del Rito romano* expresada en los libros litúrgicos."[414] "La asamblea litúrgica recibe su unidad de la 'comunión del Espíritu Santo' que reúne a los hijos

---

411   *Directorio para las Misas con niños*, "Introducción", n. 6.
412   *Directorio para las Misas con niños*, Capítulo III, n. 21.
413   *Directorio catequético nacional*, n. 137.
414   Juan Pablo II, Carta apostólica *Vicesimus quintus annus*. En el XXV aniversario de la Constitución sobre la sagrada Liturgia (VQA), n. 16, http://www.vatican.va/holy_father/john_paul_ii/ apost_letters/ documents/hf_jp-ii_apl_04121988_vicesimus-quintus-annus_sp.html.

de Dios en el único Cuerpo de Cristo. Esta reunión trasciende las afinidades humanas, raciales, culturales y sociales."[415]

3b-3. Personas con discapacidades[416]

Los católicos con discapacidades tienen derecho a participar en los sacramentos como miembros plenos que participan en la comunidad eclesial local. Todas las formas de la liturgia deben ser completamente accesibles a las personas con discapacidades, ya que ellas son la esencia del enlace espiritual que mantiene unida a la comunidad cristiana. En la medida de lo posible, se los debe invitar a una participación más activa en la liturgia y se les debe proporcionar una capacitación adecuada y asistencia para hacerlo. En algunas ocasiones, puede ser apropiado implementar liturgias especiales para personas con discapacidades.

Es responsabilidad del párroco y de los dirigentes laicos asegurarse de que las personas con discapacidades tengan siempre abiertas las puertas para participar en la vida de la Iglesia. A tal fin, el diseño físico de los edificios parroquiales debe incluir un acceso fácil para las personas con discapacidades.

Los *Guidelines for the Celebration of the Sacraments with Persons with Disabilities* [*Lineamientos para la celebración de los sacramentos con personas con discapacidades*] proveen lineamientos catequéticos generales para la celebración de los sacramentos —con inclusión de la Eucaristía— con personas con diferentes grados de discapacidad. Sin embargo, liturgias especiales para personas con discapacidades jamás deben reemplazar su inclusión en las comunidades más amplias que rinden culto a Dios. Al contrario, estas liturgias siempre deben tratar de atraer a los participantes a la celebración parroquial de la Eucaristía, donde se lleva a cabo el encuentro fundamental entre Cristo y su pueblo. Las parroquias deben proporcionar los medios para incluir a las personas con discapacidades, por ejemplo, intérpretes de lenguaje de señas, dispositivos de audición, textos en alfabeto Braille, etc. La Iglesia "debe reconocer y apreciar las contribuciones que las personas con discapacidades pueden hacer a la vida

---

415   CCE, n. 1097.

416   Para una presentación más completa de la participación de las personas con discapacidades en la vida sacramental de la Iglesia, ver *Guidelines for the Celebration of the Sacraments with Persons with Disabilities* [*Lineamientos para la celebración de los sacramentos con personas con discapacidades*] (1995) y *Pastoral Statement of U.S. Catholic Bishops on Persons with Disabilities* [*Declaración pastoral de los Obispos Católicos de los Estados Unidos sobre las personas con discapacidades*] (Washington, D.C.: USCCB, 1978).

espiritual de la Iglesia y animarlas a realizar en el mundo la obra del Señor, de acuerdo con los talentos y capacidades que Dios les ha concedido."[417]

B. Sacramentos de sanación

A través de los sacramentos de iniciación, los creyentes son atraídos a la comunión con la Santísima Trinidad: participan en la propia vida de Dios, se incorporan al Cuerpo de Cristo y son fortalecidos para el discipulado por el Espíritu Santo. Sin embargo, en los sacramentos de iniciación está siempre presente el sacrificio de Cristo, que ha reconciliado a los creyentes con el Padre mediante la acción del Espíritu Santo. Esta conciencia constante del sacrificio redentor de Cristo en los sacramentos de iniciación recuerda a los fieles de su necesidad de conversión, penitencia y perdón porque "llevamos este tesoro en vasijas de barro."[418] Este tesoro de la nueva vida en Cristo se puede derrochar gradualmente o perderse por completo a causa del pecado.

Pero el designio del Padre para su creación tiene la finalidad de que todos los pueblos se salven por el amor y sacrificio personal de Cristo. A tal fin, Cristo fundó su Iglesia para que continuara su trabajo de sanación y salvación a través del poder del Espíritu Santo. Inmediatamente después de llamar a sus primeros discípulos, Cristo curó a muchos enfermos,[419] exorcizó demonios, limpió a los leprosos y perdonó los pecados de un paralítico restaurándole la salud física y espiritual. El ministerio de sanación y reconciliación de Cristo se lleva a cabo en la Iglesia principalmente a través de dos sacramentos de sanación: el sacramento de la penitencia y reconciliación y el sacramento de la unción de los enfermos.

1. Catequesis para el sacramento de la penitencia y reconciliación[420]

Al anochecer del día de su resurrección, Jesús envió a sus apóstoles a reconciliar a los pecadores con su Padre y les encomendó que perdonaran pecados

---

417   *Welcome and Justice for Persons with Disabilities*, n. 7 [versión del traductor].

418   2 Co 4, 7.

419   Cf. Mc 1, 21-2,12.

420   Además de usar la expresión "sacramento de la penitencia y de la reconciliación" para designar a este sacramento, en el *Catecismo de la Iglesia Católica* también se usa la expresión "sacramento de la conversión", "sacramento de la confesión" y "sacramento del perdón". Cf. nn. 1423-1424.

en su nombre: "La paz esté con ustedes. Como el Padre me ha enviado, así también los envío yo." Después de decir esto, sopló sobre ellos y les dijo: "Reciban al Espíritu Santo. A los que les perdonen los pecados, les quedarán perdonados; y a los que no se los perdonen, les quedarán sin perdonar."[421]

La catequesis para el sacramento de la penitencia y la reconciliación depende, en primera instancia, del reconocimiento que haga la persona del amor fiel de Dios, de la existencia del pecado, de la capacidad de cometer pecado y del poder de Dios de perdonar el pecado y reconciliar al pecador con él mismo y con la Iglesia. "Si decimos que no tenemos ningún pecado, nos engañamos a nosotros mismos y la verdad no está en nosotros."[422] El punto de referencia normativo para la catequesis para el sacramento de la penitencia y la reconciliación es el *Ritual de la penitencia.*[423]

Las diócesis y parroquias deben presentar una catequesis para el sacramento de la penitencia y reconciliación que

- Enfatice el plan de Dios para la salvación de todos, su deseo de que todas las personas se reconcilien con Él y vivan en comunión con Él, y su don de la gracia de la conversión
- Revele a un padre misericordioso y cariñoso que corre a encontrarse con el pecador arrepentido, lo abraza y le da la bienvenida al hogar con un banquete[424]
- Revele el amor de Cristo, el Redentor que a través del Espíritu Santo se entrega con "el amor del Padre que es más fuerte que la muerte, más fuerte que el pecado"[425]
- Enseñe que Cristo está obrando, otorgando gracias actuales en el sacramento, las que efectúan lo que el sacramento significa, más precisamente "la reconciliación con Dios por la que el penitente recupera la gracia; la reconciliación con la Iglesia; la remisión de la pena eterna contraída por los pecados mortales; la remisión, al menos en parte, de las penas temporales, consecuencia del pecado; la paz y la serenidad de la conciencia, y el consuelo

421 Jn 20, 21-23.
422 1 Jn 1, 8.
423 Cf. Congregación para el Culto Divino, *Ritual de la penitencia* (1973) y Comisión Episcopal de Liturgia, Música y Arte Sacro de México, *Ritual de la penitencia* (México, D.F.: Obra Nacional de la Buena Prensa, 1975)
424 Cf. Lc 15, 11-32.
425 Juan Pablo II, *Dives in misericordia. Sobre la misericordia divina,* n. 8, en http://www.vatican.va/edocs/ESL0034/_INDEX.HTM.

espiritual; el acrecentamiento de las fuerzas espirituales para el combate cristiano"[426]

- Enseñe que "la confesión individual e íntegra y la absolución individual siguen siendo el único modo ordinario de reconciliarse los fieles con Dios y con la Iglesia, a no ser que una imposibilidad física o moral excusen de esta clase de confesión."[427] El fiel tiene la obligación de "confesar, según su especie y número, todos los pecados graves cometidos después del bautismo y aún no perdonados directamente por la potestad de las llaves de la Iglesia ni acusados en confesión individual, de los cuales tenga conciencia después de un examen diligente"[428]

- Enseñe que el sacramento de la penitencia y reconciliación consiste en el arrepentimiento, la confesión, la reparación de parte del penitente y la absolución del sacerdote

- Enseñe que "es pecado mortal lo que tiene como objeto una materia grave y que, además, es cometido con pleno conocimiento y deliberado consentimiento"[429]

- Enseñe que el que desea obtener la reconciliación sacramental con Dios y la Iglesia debe confesar a un sacerdote todos los pecados mortales no confesados, e insista en que es obligatorio celebrar el sacramento cada vez que se haya cometido un pecado mortal, al menos una vez al año[430]

- Enseñe que "sólo los sacerdotes que han recibido de la autoridad de la Iglesia la facultad de absolver pueden ordinariamente perdonar los pecados en nombre de Cristo"[431]

- Informe al fiel que los sacerdotes están obligados por el sigilo (i.e., sello) sacramental, bajo las más graves penalidades,[432] a mantener el más absoluto secreto con relación a los pecados que los penitentes les han confesado

---

426   CCE, n. 1496.
427   Comisión Episcopal de Liturgia, Música y Arte Sacro de México, *Ritual de la penitencia* (México, D.F.: Obra Nacional de la Buena Prensa, 1975), "Advertencias", IV, C, n. 31.
428   CIC, c. 988 § 1.
429   Juan Pablo II, Exhortación apostólica postsinodal *Reconciliatio et paenitentia. Sobre la reconciliación y la penitencia en la misión de la Iglesia hoy* (RP), n. 17, http://www.vatican.va/holy_father/john_paul_ii/ .
430   Cf. CIC, c. 989.
431   CCE, n. 1495.
432   Cf. CIC, c. 1388 §1; cf. CCEO, c. 728 1°.

- Instruya a los que están siendo catequizados sobre las formas y las opciones para celebrar el sacramento, las palabras y gestos del rito, cómo realizar el examen de conciencia y cómo efectuar una buena confesión
- Recuerde a los fieles que el *Rito de la penitencia* en la Liturgia eucarística es un medio de arrepentimiento de los pecados veniales y que la confesión de los pecados veniales —"que son aquellos que ameritan sólo una penitencia temporal"[433]— es fuertemente recomendada por la Iglesia
- Prepare a la comunidad para celebrar en el ritual las realidades del arrepentimiento, la conversión y la reconciliación
- Desafíe al individuo y a la comunidad a reconocer la presencia del mal en el orden social, a evaluar ese mal a la luz de los valores del Evangelio tal como están articulados en la Iglesia, a aceptar la responsabilidad individual y corporativa apropiadas, y a buscar el perdón por participar en el mal social o en el mal de la sociedad
- Recuerde que incluso aquellos que "se han revestido de Cristo"[434] en los sacramentos de iniciación son también pecadores y que, en el sacramento de la penitencia y la reconciliación, tienen la oportunidad de reconocer su condición pecadora, su alejamiento de Dios y de la Iglesia y su necesidad de conversión y perdón
- Anime a los cristianos a cultivar la conciencia de su solidaridad con los demás seres humanos, a buscar su perdón y a ofrecerles el perdón si fuera necesario

2. Catequesis para la primera recepción del sacramento de la penitencia y la reconciliación de niños

Tal como sucede con la preparación para la confirmación y la primera Comunión, los padres y el dirigente catequético parroquial, junto con el párroco, son responsables de determinar el momento en que los niños están preparados para recibir la primera penitencia y reconciliación. La preparación para recibir este sacramento incluye el conocimiento de la persona de Jesús y del mensaje evangélico de perdón, el conocimiento del

---

433   CIC, c. 988 §2.
434   Cf. *Gal* 3, 27.

pecado y su efecto, y la comprensión y experiencia del arrepentimiento, el perdón y la conversión.

En la Iglesia Latina, los niños deben recibir por primera vez el sacramento de la penitencia y la reconciliación antes de recibir por primera vez la Eucaristía.[435] Debido a que la celebración de la primera confesión precede a la primera Comunión,

> la catequesis para el sacramento de la reconciliación tiene que preceder a la primera Comunión y mantenerse concretamente aparte por medo de una separación clara y precisa. Esto se debe hacer para que la identidad específica de cada sacramento se haga manifiesta y para que antes de recibir la primera Comunión el niño esté familiarizado con el *Ritual de la reconciliación* revisado y se sienta tranquilo en la recepción del sacramento.[436]

La catequesis para los niños antes de recibir por primera vez el sacramento de la penitencia y la reconciliación debe respetar siempre su disposición natural, capacidad, edad y circunstancias. Dado que la familia está íntimamente involucrada en la formación de la conciencia moral del niño y que por lo general, integra al niño en las comunidades eclesiales más amplias, los padres deben involucrarse en la preparación de sus hijos para este sacramento, de tal modo que puedan afirmar y reforzar la participación frecuente en los sacramentos. Orientan al niño hacia Dios y animan su continuo crecimiento en la comprensión de la misericordia y amor de Dios.

Las diócesis y parroquias deben presentar una catequesis para la primera recepción del sacramento de la penitencia y la reconciliación que ayude a los niños a

- Reconocer el amor incondicional de Dios por nosotros
- Volver a Cristo y a la Iglesia para obtener el perdón y la reconciliación sacramentales
- Reconocer la presencia del bien y del mal en el mundo y su capacidad personal para ambos

---

435 Cf. *Directorio catequístico general*, "Apéndice 5".
436 *Directorio catequético nacional*, n. 126.

- Reconocer su necesidad de ser perdonados no sólo por los padres y otras personas cercanas, sino también por Dios
- Explorar el significado de los símbolos, gestos, oraciones y escrituras del *Ritual de la reconciliación*
- Comprender cómo se celebra el *Ritual de la reconciliación*
- Entender que "la confesión sacramental es un medio para obtener el perdón ofrecido a los hijos de la Iglesia, más aún, el medio necesario para el que ha caído en pecado grave"[437]

Debido a que la conversión es un proceso que dura toda la vida, la catequesis para el sacramento de la penitencia y la reconciliación es continua. Los niños tienen derecho a recibir una catequesis más plena año tras año.[438]

3. Catequesis para el sacramento de la unción de los enfermos

Los Evangelios están llenos de signos de la compasión de Jesús por los enfermos, tanto del espíritu como del cuerpo. Jesús encargó a sus discípulos y con ellos a toda la Iglesia que "curen a los leprosos y demás enfermos".[439] Su amor por los enfermos continúa vigente en la Iglesia actual. Su poder sanador es un signo definitivo de que el Reino de Dios está cerca y es un anuncio claro de su victoria sobre el pecado, el sufrimiento y la muerte. Su Espíritu convoca a todos los cristianos a cuidar a los que sufren en cuerpo y alma. Jesús, el médico divino de nuestras almas y cuerpos, opera en el sacramento de la unción de los enfermos, acariciando nuestras heridas para curarnos y restaurando para nosotros la comunión con su Padre en el Espíritu Santo. La preocupación personal de Cristo para con los enfermos se expresa en las palabras de Santiago: "¿Hay alguno enfermo? Que llame a los presbíteros de la Iglesia, para que oren por él y lo unjan con aceite, invocando al Señor. La oración hecha con fe le dará la salud al enfermo y el Señor hará que se levante; y si tiene pecados, se le perdonarán."[440] En la Iglesia del Rito Latino, el punto de referencia

437   *Directorio catequístico general*, "Apéndice 3".
438   Cf. *Directorio catequético nacional*, n. 126.
439   Mt 10, 8.
440   St 5, 14-15.

normativa para la catequesis para la unción de los enfermos es el *Ritual de la unción de los enfermos y del cuidado pastoral.*[441]

Las diócesis y parroquias deben presentar una catequesis para el sacramento de la unción de los enfermos que

- A la luz de la fe cristiana examine el significado del sufrimiento humano, de la enfermedad, de la vejez, de la sanación y de la muerte
- Enfatice la solidaridad con el Cristo sufriente que los cristianos experimentan a través de su propia enfermedad, ya que Cristo no fue ajeno al mundo del sufrimiento humano, porque siendo inocente cargó sobre sí en forma voluntaria el sufrimiento humano
- Incluya instrucciones sobre los símbolos básicos del sacramento: la imposición de manos, la unción de la cabeza y manos con óleo bendito y las palabras de la fórmula sacramental[442]
- Enseñe que "como en todos los sacramentos, la unción de los enfermos se celebra de forma litúrgica y comunitaria, que tiene lugar en familia, en el hospital o en la iglesia, para un solo enfermo o para un grupo de enfermos"[443]
- Aclare que el sacramento de la unción de los enfermos "no es sólo el sacramento de quienes se encuentran en los últimos momentos de su vida,"[444] sino que puede recibir este sacramento cualquier persona bautizada que está gravemente enferma, padece una enfermedad crónica o está en peligro de muerte por vejez
- Aclare igualmente que la unción de los enfermos es también una preparación para la muerte, que debe ser recibida por quienes están en los umbrales de la muerte; que forma parte integral de los últimos ritos con los que la Iglesia fortifica a los fieles en sus últimas horas y que los católicos valoran tanto; la unción de los enfermos, el sacramento de la penitencia y la Eucaristía como *Viaticum,* componen los sacramentos que cierran la peregrinación en esta vida[445]

---

441   Cf. Congregación para el Culto Divino, *Ritual de la unción de los enfermos y del cuidado pastoral* (1972), en Pardo (ed), *Documentación litúrgica posconciliar,* 811-819.
442   Cf. CCE, n. 1519.
443   CCE, n. 1517.
444   SC, n. 73.
445   Cf. CCE, nn. 1523 y 1525.

- Explique los efectos del sacramento: "la unión del enfermo a la Pasión de Cristo, para su bien y el de toda la Iglesia; el consuelo, la paz y el ánimo para soportar cristianamente los sufrimientos de la enfermedad o de la vejez; el perdón de los pecados si el enfermo no ha podido obtenerlo por el sacramento de la penitencia; el restablecimiento de la salud corporal, si conviene a la salud espiritual; la preparación para el paso a la vida eterna"[446]
- Enseñe que una persona que ya recibió el sacramento de la unción de los enfermos puede recibirlo nuevamente si la condición empeora o si la condición mejora en principio, pero después vuelve a empeorar
- Explique que los que se preparan para alguna cirugía riesgosa, los ancianos débiles y los niños muy enfermos deben solicitar la unción sacramental
- Anime a los miembros de la parroquia a visitar y a atender a los enfermos y a expresar su preocupación y amor por ellos
- Enseña que sólo los obispos y sacerdotes son ministros del sacramento de la unción de los enfermos

En algunas Iglesias Orientales, el sacramento de la unción de los enfermos está disponible para todos los bautizados el miércoles o jueves antes de Pascua y en algunas otras ocasiones, como por ejemplo cuando inician una peregrinación. En estas Iglesias, se ungen las diferentes partes del cuerpo, de acuerdo con la tradición oriental particular.

Fiel al mandato de Cristo de "curar a los enfermos", la Iglesia ofrece a quienes están a punto de abandonar la vida terrenal la Eucaristía como *Viaticum*, el Cuerpo y la Sangre de Cristo que "recorre el camino con" la persona y la acompaña en su tránsito desde esta vida a la venidera. En estas circunstancias, la Eucaristía es la semilla de la vida eterna que completa el viaje terrenal del peregrino desde su nacimiento y a través de la muerte hacia la vida. La catequesis sobre el *Viaticum* debe incluir instrucciones cuidadosas, para que los fieles puedan disponer que el *Viaticum* les sea entregado mientras la persona está en condiciones de recibirlo.

---

446   CCE, n. 1532.

C. Los sacramentos al servicio de la comunión

Jesucristo, el Unigénito de Dios, conduce a todas las personas al Padre a través del Espíritu Santo hacia la comunión con la Santísima Trinidad. Éste es el fin hacia el que se dirige el plan eterno del Padre para la salvación de la humanidad. Para alcanzar tal fin, Cristo derrama al Espíritu Santo en la Iglesia a través de los sacramentos al servicio de la comunión, para que los bautizados puedan dar testimonio de Él y unirse cada uno de ellos a la ofrenda sacrificial de alabanza al Padre. El orden sagrado y el matrimonio son los sacramentos al servicio de la comunión, porque "confieren una misión particular en la Iglesia y sirven a la edificación del pueblo de Dios."[447] Las Iglesias Católicas de Rito Oriental llaman a estos sacramentos los "Misterios de la vocación".

1. Catequesis para el sacramento del orden sagrado

La catequesis para el sacramento del orden sagrado se debe impartir a todos los miembros de la comunidad cristiana. La catequesis debe enseñar que toda la Iglesia es un pueblo sacerdotal y que a través del bautismo todos los fieles comparten el sacerdocio de Cristo, el sacerdocio común de todos los fieles. Aquellos que han sido consagrados con los sacramentos del bautismo, de la confirmación o crismación y de la Eucaristía, comparten la vocación a la santidad y a la misión de proclamar el Evangelio a todas las naciones.[448] Ese llamado, procedente de Jesucristo, establece el sacerdocio común de los fieles.

Dentro de este sacerdocio común de los fieles, algunos son consagrados a través del sacramento del orden sagrado como miembros del sacerdocio ministerial "para apacentar la Iglesia con la palabra y con la gracia de Dios."[449] Por consiguiente, la catequesis debe enseñar que "a partir de este sacerdocio y al servicio del mismo existe otra participación en la misión de Cristo: la del ministerio conferido por el sacramento del orden, cuya tarea es servir en nombre y en la representación de Cristo-Cabeza en medio de la comunidad."[450] La catequesis debe enseñar que "el sacerdocio ministerial difiere esencialmente del sacerdocio común de los fieles

---

447　CCE, n. 1534.
448　Cf. CIC, c. 1008.
449　LG, n. 11.
450　CCE, n. 1591.

porque confiere un poder sagrado para el servicio de los fieles."[451] Debe enseñar que existen tres grados en el ministerio ordenado: el de los obispos, el de los sacerdotes y el de los diáconos.

El sacerdocio ministerial y el sacerdocio común de los fieles participan "cada uno a su manera del único sacerdocio de Cristo."[452] Aunque ambos sacerdocios están ordenados el uno para el otro, difieren en esencia.[453] El sacerdocio ministerial está al servicio del sacerdocio común de los fieles. Es esencial que los fieles entiendan que el sacramento del orden sagrado "es el sacramento gracias al cual la misión confiada por Cristo a sus apóstoles sigue siendo ejercida en la Iglesia hasta el fin de los tiempos."[454]

La catequesis para el sacramento del orden sagrado debe hacerse llegar a todos los fieles, para que puedan comprender claramente que los obispos, sacerdotes y diáconos son llamados por Cristo y, a través de la ordenación sacramental, se les concede la facultad de ejercer el ministerio en su nombre y en el nombre de la Iglesia. Dicha catequesis clarifica las funciones y tareas específicas de quienes reciben el orden sagrado. Enfatiza la conexión íntima entre el sacerdocio ministerial y el sacerdocio común de los fieles: alienta el respaldo a los obispos, sacerdotes y diáconos para que puedan permanecer fieles a su llamado y ser efectivos en su ministerio; incluye oraciones para los que están en el orden sagrado y para las nuevas vocaciones del ministerio ordenado; para finalizar, dicha catequesis proporciona oportunidades a los hombres jóvenes para tomar en cuenta el llamado del sacerdocio ministerial.

Las diócesis y las parroquias deben presentar un catecismo para el sacramento del orden sagrado que

- Explique que toda la Iglesia es un pueblo sacerdotal y que a través del bautismo todos los fieles comparten el sacerdocio de Cristo, el sacerdocio común de los fieles
- Enseñe que "el sacerdocio ministerial difiere esencialmente del sacerdocio común de los fieles porque confiere un poder sagrado para el servicio de los fieles"[455]

---

451   CCE, n. 1592.
452   CCE, n. 1547.
453   Cf. LG, n. 10.
454   CCE, n. 1536.
455   CCE, n. 1592.

- Detalle los efectos del sacramento: que configura a un hombre conforme a Cristo, ya sea en el servicio sacerdotal o diaconal por medio de una gracia especial del Espíritu Santo e imprime un carácter sacramental indeleble que lo marca en forma permanente
- Enseñe que "a la autoridad de la Iglesia corresponde la responsabilidad y el derecho de llamar a uno a recibir la ordenación"[456]
- Enseñe que la Iglesia, por medio de los obispos, confiere el sacramento del orden sagrado sólo a hombres bautizados: "la ordenación sacerdotal, mediante la cual se transmite la función confiada por Cristo a sus Apóstoles, de enseñar, santificar y regir a los fieles, desde el principio ha sido reservada siempre en la Iglesia Católica exclusivamente a los hombres"[457]
- Enseñe los símbolos, gestos, oraciones y escrituras del *Rito de ordenación*,[458] que incluye la imposición de las manos y la oración de consagración de parte del obispo
- Describa los tres grados del ministerio ordenado: el de los obispos, el de los sacerdotes y el de los diáconos
- Explique que la gracia del Espíritu Santo confiere el poder a los obispos, sacerdotes y diáconos —cada uno en formas adecuadas al orden del que están investidos— de compartir la acción salvífica del ministerio de Jesucristo para enseñar, santificar y edificar a la Iglesia
- Aclare que la Iglesia Latina llama a los ministros ordenados, con excepción de los diáconos permanentes, a consagrar sus mismas vidas al Señor con un corazón indiviso comprometiéndose a ser célibes como un signo de la nueva vida de servicio a la que se han consagrado. Por lo general, el sacramento del orden sagrado se confiere sólo a hombres que libremente prometen adoptar el celibato durante toda su vida[459]
- Enseñe que, en las Iglesias Orientales, por lo general se permite a los sacerdotes y diáconos contraer matrimonio antes de ordenarse

---

456 CCE, n. 1598.
457 Juan Pablo II, Carta apostólica *Ordinatio sacerdotalis. Sobre la ordenación sacerdotal reservada sólo a los hombres* (OS), n. 1, en http://www.vatican.va/holy_father/john_paul_ii/apost_letters/.
458 Cf. CCE, n. 1573.
459 Cf. CCE, n. 1579.

- Enseñe que los diáconos permanentes pueden ser hombres ya casados pero que, después de ordenarse como diáconos, ya no pueden casarse por segunda vez

A los fieles también se les debe impartir catequesis sobre el valor y la importancia de la vida religiosa. Se les debe enseñar que la vida religiosa "nace del misterio de la Iglesia"[460] y que se "distingue de las otras formas de vida consagrada por el aspecto cultual, la profesión pública de los consejos evangélicos" de pobreza, castidad y obediencia; de "la vida fraterna llevada en común" y "por el testimonio dado de la unión de Cristo y de la Iglesia."[461] También debe incluir instrucción sobre los institutos seculares, sociedades de vida apostólica y otras formas de vida consagrada reconocidas por la Iglesia.[462]

2. Catequesis para el sacramento del matrimonio

El matrimonio cristiano es la unión de un hombre y una mujer bautizados que libremente celebran una alianza mutua de amor en Cristo. "La alianza matrimonial, por la que el varón y la mujer constituyen entre sí un consorcio de toda la vida, ordenado por su misma índole natural al bien de los cónyuges y a la generación y educación de la prole, fue elevada por Cristo Señor a la dignidad de sacramento entre los bautizados."[463]

Este amor de donación personal de los cónyuges representa el amor mutuo: de Cristo por su novia, la Iglesia, y el amor de la Iglesia por su novio, Cristo. "Por tanto, el *vínculo matrimonial* es establecido por Dios mismo, de modo que el matrimonio celebrado y consumado entre bautizados no puede ser disuelto jamás."[464] Da testimonio permanente de la fidelidad del amor. "Este vínculo que resulta del acto humano libre de los esposos y de la consumación del matrimonio es una realidad ya irrevocable y da origen a una alianza garantizada por la fidelidad de Dios. La Iglesia no tiene poder para pronunciarse contra esta disposición de la sabiduría divina."[465]

---

460 CCE, n. 926.
461 CCE, n. 925.
462 Cf. CCE, nn. 914-933.
463 CIC, c. 1055 §1; cf. CCEO, c. 776 §§1-2.
464 CCE, n. 1640.
465 CCE, n. 1640.

La catequesis para el sacramento del matrimonio está dirigida a toda la comunidad parroquial. Está dirigida más específicamente a las parejas que tienen la intención de casarse en la parroquia y, a menudo, adopta la forma de un programa de preparación diocesano o parroquial. La catequesis específica para adultos debe ofrecerse durante todas las etapas de la vida matrimonial y debe ser el modelo a seguir para todas las otras formas de catequesis sobre el matrimonio cristiano. La catequesis sobre el matrimonio cristiano y más concretamente sobre los valores familiares cristianos debe ser impartida a los adolescentes durante sus años de la escuela secundaria. Los niños comienzan a aprender el significado del amor matrimonial desde muy pequeños y a través de sus padres, tanto a través del ejemplo de sus vidas como a través de una instrucción más formal. La familia es la escuela más efectiva para impartir la catequesis sobre el matrimonio cristiano y la vida familiar.

Las diócesis y las parroquias deben presentar un catecismo para el sacramento del matrimonio que

- Estimule el cuidado y la preocupación de toda la comunidad cristiana para con las parejas casadas mediante el reconocimiento público de las parejas que tienen intenciones de casarse, mediante el ejemplo que dan las parejas que tienen matrimonios exitosos y por el respaldo para las parejas que enfrentan problemas conyugales
- Ponga de relieve al matrimonio como una vocación dignificada y reconocida por la Iglesia
- Explique los efectos del sacramento del matrimonio: el establecimiento de un vínculo perpetuo y exclusivo entre los esposos que Dios mismo sella,[466] la perfección del amor mutuo, exclusivo y permanente de la pareja, el fortalecimiento de su indisoluble unidad y la experiencia de un gozo anticipado del Reino de Dios
- Aliente los matrimonios dentro de la fe católica y explique por qué esto es deseable (la Iglesia requiere el matrimonio dentro de la fe católica; se necesita un permiso o dispensa del obispo para que un católico contraiga matrimonio respectivamente con un no católico o con una persona no bautizada)
- Enseñe que el matrimonio es una alianza de amor en la que Dios participa como miembro activo

---

466   Cf. Mc 10, 9.

- Reconozca que es en el amor y dificultades del matrimonio que una pareja alcanza la santidad de su vocación
- Enseñe que en el matrimonio cristiano la unidad de la pareja es una unidad fundada sobre una dignidad personal equivalente y expresada en un renunciamiento mutuo sin reservas
- Enseñe que la familia es el centro primero y esencial de la vida fiel, la Iglesia doméstica
- Enseñe que el hogar es la primera escuela de la vida cristiana y del enriquecimiento humano
- Enseñe que el matrimonio de los cónyuges en Cristo es una relación sagrada que se sostiene durante toda la vida por la gracia de amarse mutuamente, porque cuenta con el amor que Cristo tiene por la Iglesia
- Enseñe que la fidelidad, indisolubilidad y disponibilidad para con los niños son esenciales en todo matrimonio cristiano
- Enseñe que el matrimonio cristiano es para el respaldo mutuo de los cónyuges, su crecimiento en el amor y para la procreación y educación de sus hijos
- Incluya una clara presentación de la enseñanza de la Iglesia respecto de los métodos moralmente aceptables para regular los nacimientos y respecto a la inmoralidad del control artificial de la natalidad, de la esterilización para dicho fin y del aborto
- Enfatice su responsabilidad personal para proteger la vida humana que ellos crean juntamente con Dios desde el momento de la concepción hasta la muerte natural
- Incluya una clara presentación de las enseñanzas de la Iglesia sobre los matrimonios mixtos o entre personas de diferentes religiones
- Incluya instrucciones sobre el rito del sacramento
- Enseñe que los mismos cónyuges son los ministros del sacramento y que su consentimiento debe ser intercambiado en público a través de los votos pronunciados frente a un sacerdote o diácono (o a un testigo autorizado por la Iglesia) y frente a otros dos testigos, idealmente en presencia de una asamblea de fieles[467]

---

467 En las Iglesias Católicas de Rito Bizantino, el sacerdote es el ministro del sacramento. Además, los votos son optativos, porque la declaración de la intención se efectúa en forma diferente.

- Asista a la pareja para que profundice su comprensión de la naturaleza del matrimonio cristiano como una alianza entre un hombre y una mujer, en la cual los esposos establecen entre ellos una comunidad para toda la vida, la cual está ordenada al bienestar de los cónyuges y a la procreación y crianza de hijos

La catequesis para quienes se están preparando para matrimonios ecuménicos o entre personas de diferentes religiones debe alentar la discusión abierta y honesta respecto a los desafíos y oportunidades que las respectivas tradiciones de fe presentan a su relación, la educación y formación de sus hijos y la armonía de la familia. También debe reconocer la naturaleza sacramental que tiene un matrimonio entre un católico bautizado y un cónyuge bautizado en otra tradición cristiana. Asimismo, la catequesis se necesita en los matrimonios no sacramentales entre un católico bautizado y una persona no bautizada. Hay que aclarar que para los matrimonios entre un católico y otro cristiano, el cónyuge católico debe solicitar una dispensa canónica del obispo diocesano. De la misma manera, el cónyuge católico debe solicitar una dispensa canónica para casarse con un miembro de una religión no cristiana o que no tiene religión.

La diócesis y parroquias también deben impartir una catequesis a toda la comunidad católica que

- Aliente la atención y preocupación de toda la comunidad cristiana por aquellos que han sufrido el trauma del divorcio
- Aliente a la comunidad cristiana a dar la bienvenida como verdaderos integrantes de la parroquia a las personas divorciadas y a sus hijos
- Aclare que, pese a que el hecho del divorcio no impide la recepción de los sacramentos, los católicos divorciados y vueltos a casar sin haber obtenido una declaración de nulidad no pueden participar en la vida sacramental de la Iglesia
- Explique que la anulación o "declaración de nulidad" de la Iglesia es una decisión oficial por la cual se establece que un matrimonio fue inválido desde el mismo comienzo pero que no afecta la legitimidad de los niños resultantes de dicha unión

- Aliente a aquellos católicos que se han divorciado y vuelto a casar fuera de la Iglesia a buscar regularizar su matrimonio, de ser posible "a escuchar la Palabra de Dios, a frecuentar el sacrificio de la Misa, a perseverar en la oración, a incrementar las obras de caridad y las iniciativas de la comunidad en favor de la justicia, a educar a los hijos en la fe cristiana, a cultivar el espíritu y las obras de penitencia para implorar de este modo, día a día, la gracia de Dios"[468]

37. LO SAGRADO: EL TIEMPO (AÑO LITÚRGICO) Y EL ESPACIO (ARTE)

A. El tiempo sagrado: el año litúrgico

"En el cristianismo el tiempo tiene una importancia fundamental."[469] Cristo inaugura "los últimos tiempos"[470] y el tiempo de la Iglesia que se extiende hasta la venida definitiva del Reino de Dios en Jesucristo. *"En Jesucristo, Verbo encarnado, el tiempo llega a ser una dimensión de Dios, que en sí mismo es eterno."*[471] Debido a que Dios está presente en el tiempo en la persona de Jesucristo, el tiempo es sagrado. Los cristianos marcan el tiempo mismo con relación a Cristo.

La Iglesia de Rito Latino vive y celebra el misterio de Cristo durante todo el año calendario que re-presenta el misterio de la encarnación y redención, comenzando con el primer domingo de Adviento y concluyendo en la Solemnidad de Cristo Rey. Las Iglesias Católicas de Rito Oriental comienzan y finalizan el año litúrgico de acuerdo con sus tradiciones particulares y siguen el modelo del año eclesial por medio de sus propios leccionarios particulares.

La economía o historia de la salvación se desarrolla a lo largo del año litúrgico. Cada día del año litúrgico se santifica principalmente por la presencia de Cristo en él, aunque también por la oración y las celebraciones litúrgicas del pueblo de Dios, especialmente por la Misa y el Oficio

---

468   FC, n. 84.
469   TMA, n. 10.
470   TMA, n. 10, citando *Hb* 1, 2.
471   TMA, n. 10.

Divino. El año litúrgico ejerce "un poder y una influencia sacramental especial que fortalece la vida cristiana."[472]

Desde la época de los apóstoles, comenzando con el día real de la resurrección de Cristo, la Iglesia ha celebrado el Misterio pascual cada primer día de la semana, es decir, el domingo, el Día del Señor. "Esta profunda relación del domingo con la resurrección del Señor es puesta de relieve con fuerza por todas las Iglesias, tanto en Occidente como en Oriente."[473] El domingo es la Pascua semanal. El día de la resurrección de Cristo es a la vez el primer día de la semana en la nueva creación y el "octavo día" de la semana, la imagen de la eternidad que anticipa el glorioso retorno de Cristo y la consumación plena del Reino de Dios. En la Liturgia de Rito Bizantino, el domingo es llamado "el día que no conoce la noche".

"Los días entre semana extienden y desarrollan la celebración dominical."[474] Por cuanto la Iglesia celebra el misterio de Cristo durante todo el año litúrgico, ella honra especialmente a María, Madre de Dios y Madre de la Iglesia, "unida con lazo indisoluble a la obra salvífica de su Hijo; en ella, la Iglesia admira y ensalza el fruto más espléndido de la Redención y la contempla gozosamente, como una purísima imagen de lo que ella misma, toda entera, ansía y espera ser."[475] La Iglesia también conmemora las vidas de los apóstoles, mártires y otros santos, ya que han sido glorificados con Cristo. Son ejemplos heroicos de vida cristiana e interceden por los creyentes que están en la Tierra.

El año litúrgico está dividido en tiempos que corresponden a los acontecimientos más importantes de la historia de la salvación en Cristo. El tiempo de Navidad celebra el nacimiento del Salvador en el misterio de la encarnación. En las Iglesias Orientales, al concluir el ciclo de Navidad, se celebra con gran solemnidad el bautismo del Señor, bajo el nombre de "Teofanía". El bautismo de Cristo es visto como el paradigma o modelo para nuestro propio bautismo.

Para todos los bautizados, la Cuaresma es asimismo un tiempo para profundizar y renovar nuestro propio compromiso bautismal. Es el tiempo primariamente penitencial del año litúrgico de la Iglesia, durante el cual los fieles adoptan las prácticas tradicionales de ayuno, oración y limosna,

472   Sagrada Congregación de los Ritos, Decreto general e Instrucción *Maxima redemptionis nostrae mysteriis* (1955), en A. A. S. 47 (citado en *Directorio catequético nacional*, "Nota 32" al Capítulo VI, 181).
473   DD, n. 19.
474   *Directorio catequético nacional*, n. 144.
475   SC, n. 103.

preparándose para renovar en Pascua sus promesas bautismales. Estas expresiones de penitencia y negación de sí manifiestan la necesidad continua de conversión que tiene el cristiano. La Cuaresma refleja los cuarenta días que Jesús pasó en el desierto ayunando y orando. Es también el tiempo en el que la Iglesia peregrina con sus catecúmenos y los acerca a la celebración del Misterio pascual en las últimas etapas de su iniciación cristiana.

El *Triduum pascual* celebra la pasión, muerte y resurrección del Señor y es la culminación de todo el año litúrgico. La Vigilia pascual marca el inicio sacramental de los catecúmenos en la propia vida de Dios y en la vida de la Iglesia. El Tiempo pascual se extiende durante cincuenta días hasta la celebración de Pentecostés, en la que se conmemora la misión del Espíritu Santo desde el Padre y el Hijo a la Iglesia.

En la Iglesia Latina, durante el Tiempo ordinario —que se extiende desde la Navidad hasta la Cuaresma y desde Pentecostés hasta la festividad de Cristo Rey— se celebran de semana en semana diferentes aspectos de la plenitud del misterio de Cristo. Las Iglesias Católicas de Rito Oriental no mencionan la etapa del Tiempo ordinario, sino que algunas dedican algún tiempo al poder de la Cruz, comenzando con la festividad de la Santa Cruz, en la que se celebra con gran solemnidad a la Cruz como el criterio para la vida cristiana, mientras los creyentes aguardan la segunda venida de Cristo.

La catequesis para reconocer la presencia de Dios en el tiempo, para conservar el tiempo santo y para interiorizar el año litúrgico, está dirigida a todos y cada uno de los cristianos. El *Commentary on the Revised Liturgical Year* [Comentario sobre el año litúrgico revisado] y las *General Norms for the Liturgical Year and the Calendar* [Normas generales para el año litúrgico y el calendario][476] proveen muchos ejemplos para el desarrollo de una catequesis sobre el año litúrgico. Las costumbres y tradiciones religiosas de las diferentes herencias culturales y étnicas de los muchos pueblos que conforman la Iglesia Católica en los Estados Unidos también ofrecen incontables oportunidades para marcar los momentos más significativos a lo largo del año litúrgico. La celebración de estas costumbres y tradiciones religiosas proporcionan oportunidades genuinas para evangelizar la cultura y las culturas de los Estados Unidos.

---

476   Cf. USCCB, *Roman Calendar, Text and Commentary* (1976).

B. Arte, arquitectura y música sacros

1. Arte sacro

En el arte sacro las manos humanas expresan la infinita belleza de Dios, y alientan alabanzas y agradecimientos. "El *arte sacro* es verdadero y bello cuando corresponde por su forma a su vocación propia: evocar y glorificar, en la fe y la adoración, el Misterio trascendente de Dios, Belleza sobreeminente e invisible de Verdad y de Amor, manifestado en Cristo."[477] Si bien las expresiones particulares de arte sacro varían de una cultura a otra, el auténtico arte sacro vuelve las mentes, los corazones y las almas humanas hacia Dios. "El arte está destinado a llevar lo divino al mundo humano, al nivel de los sentidos, en consecuencia, desde la introspección espiritual obtenida a partir de los sentidos y de la agitación de las emociones elevar al mundo humano a Dios, a su inexpresable reino de misterio, belleza y vida."[478] Las obras de arte sacro deben ser "en verdad dignas, decorosas y bellas, signos y símbolos de las realidades celestiales."[479]

El arte sacro también tiene un propósito litúrgico y a la vez catequético. El arte sacro expresa la reverencia y el honor que todo lo sacro merece. Transmite fe y promueve la expresión de fe en la Liturgia. Las celebraciones sacramentales dependen de los signos, símbolos y gestos para hacer efectiva la gracia que ellas significan. El arte sacro constituye una parte esencial de la Liturgia sagrada porque es "inherente a la Iglesia en oración, por cuanto estos objetos y acciones son 'signos y símbolos [sagrados] del mundo sobrenatural' y expresiones de la presencia divina."[480] Sea contemporáneo o tradicional, el arte sacro es adecuado para la adoración religiosa, en tanto y en cuanto expresa lo divino en el medio de lo humano y conduce a la oración.

En especial en las Iglesias Orientales, el icono litúrgico reproduce las imágenes sagradas de Cristo, la Madre de Dios, los santos o los ángeles. Estos iconos representan diferentes aspectos del misterio de la encarnación del Hijo de Dios. "La iconografía cristiana transcribe mediante la imagen el mensaje evangélico que la Sagrada Escritura transmite mediante la palabra. Imagen y Palabra se esclarecen mutuamente."[481] En la espiritualidad

---

477 CCE, n. 2502.
478 Pablo VI, "Discurso a la Comisión Pontificia para el arte sagrado en Italia", 17 de diciembre de 1969 [versión del traductor].
479 SC, n. 122.
480 USCCB, *Built of Living Stones: Art, Architecture, and Worship [Edificada sobre piedras vivas: Arte, arquitectura y culto]* (Washington, D.C.: USCCB, 2000), n. 146 [versión del traductor].
481 CCE, n. 1160.

oriental, la iconografía exhibe a la creación redimida como una manifestación del Divino Creador. Las imágenes sagradas de la Virgen María, los ángeles y los santos significan a Cristo, quien es glorificado en ellos. Estas imágenes sagradas llevan a los fieles a contemplar el misterio que ellas retratan, a meditar sobre la palabra de Dios y a entrar en una comunión más profunda con Dios.

Las diócesis y parroquias deben presentar una catequesis sobre el arte sacro que

- Incluya una introducción al arte religioso del pasado y del presente tanto en las Iglesias de Rito Oriental como en las de Rito Latino
- Reviva la tradición de usar grandes obras de arte, como ser la música, los vitrales, las pinturas, los mosaicos y las esculturas para instruir a los fieles sobre las verdades fundamentales de la fe
- Emplee ejemplos contemporáneos de arte sacro de diferentes culturas para imprimir el misterio de Cristo en las memorias y experiencias de quienes están siendo catequizados
- Estimule la colocación de arte religioso en el hogar, como por ejemplo, el crucifijo, estatuas, esculturas, pinturas, mosaicos y otras imágenes sagradas de Cristo, la Virgen María y los santos

2. Arquitectura sacra

En la arquitectura sacra, la Iglesia "demuestra la soberanía de Dios por encima de todo *espacio,* al construir edificios para albergar a la Iglesia y su culto."[482] Los cristianos construyen iglesias para adorar a Dios, pero las iglesias no son sólo espacios donde los cristianos se reúnen. Más aún, "el edificio eclesial es un signo y recordatorio de la inmanencia y trascendencia de Dios, quien eligió habitar en medio de nosotros y cuya presencia no puede ser contenida o limitada por ningún lugar en particular."[483] Una iglesia es la casa de Dios, lugar donde habitan los que se han reconciliado con Él por Cristo y unido a Él a través del Espíritu Santo. Un edificio eclesial designa a la Iglesia, el Cuerpo de Cristo que está vivo en un sitio particular entre personas particulares. Es el edificio en el que la comunidad cristiana se

---

482 *Built of Living Stones,* n. 20 [versión del traductor].
483 *Built of Living Stones,* n. 50 [versión del traductor].

reúne para escuchar la palabra de Dios, para celebrar la Eucaristía, para recibir los sacramentos y para orar. Debe haber en él un lugar insigne en el que Dios habite en medio de nosotros y en el que los fieles oren, razón por la cual debe ser un sitio apropiado para la reserva de la Eucaristía y apto para la adoración del Santísimo Sacramento. Debe ser una forma de la misma adoración en la que se eleven los corazones y las mentes de las personas para alabar y dar gracias a Dios. Una iglesia también designa a la casa del Padre, hacia la que peregrina su pueblo y por la cual éste último suspira, por eso debe ser fácilmente accesible a todos. En síntesis, el edificio de la iglesia es un "signo peculiar de la Iglesia que peregrina en la Tierra e imagen de la Iglesia celestial."[484]

3. Música sacra

En razón de que la música sacra glorifica y alaba a Dios, ha sido siempre un elemento inherente de la vida de la Iglesia desde sus inicios. Jesús cantó himnos con sus apóstoles en la Última Cena,[485] y los primeros escritores cristianos dieron fe de la habitual inclusión de música sacra también en las formas primitivas de la Liturgia eucarística. La música sacra puede ser cantada o ejecutada con instrumentos. Puede adoptar una variedad de formas, como por ejemplo, cánticos o polifonías, y puede ser antigua, medieval, moderna o contemporánea. "Entre los muchos signos y símbolos usados por la Iglesia para celebrar su fe, la música es de importancia preeminente."[486]

Por consiguiente, la música constituye una parte esencial de la Liturgia de la Iglesia. Mucho más que himnos, la música sagrada incluye especialmente las partes de la Misa, para enriquecer la participación activa de la gente en la Liturgia. Exhibe "cualidades de santidad y de perfección de formas",[487] y de esta manera cumple una función ministerial en la celebración del culto: sirve, pero no domina. "La acción litúrgica reviste una forma más noble cuando los oficios divinos se celebran solemnemente con canto y en ellos intervienen ministros sagrados y el pueblo participa activamente."[488]

---

484 Congregación para el Culto Divino, *Ritual de la dedicación de iglesias y altares* (1977), Capítulo II, "Introducción", I, n. 2, en Pardo (ed), *Documentación litúrgica posconciliar*, 1008-1028.

485 Cf. Mc 14, 26.

486 Comité Episcopal de Liturgia de la USCCB, *La música en el culto católico*, edición revisada del documento publicado en 1972, n. 23, en Pardo (ed), *Documentación litúrgica posconciliar*, 1306-1323.

487 Sagrada Congregación de los Ritos (ahora la Congregación para el Culto Divino y la Disciplina de los Sacramentos), Instrucción *Musicam sacram. Sobre la música en la sagrada Liturgia* (1967), n. 4, en Pardo (ed), 1258-1272.

488 SC, n. 113.

En la Liturgia Romana, "el canto gregoriano mantiene un lugar de privilegio."[489] Junto a él se permite también la polifonía en particular y otras formas de música sacra, "dado que ellas se corresponden con el espíritu de la acción litúrgica y que fomentan la participación de todos los fieles."[490] Es conveniente que los fieles sepan "cómo cantar juntos al menos algunas partes del Ordinario de la Misa en latín, especialmente el Credo y el Padre nuestro, por encima de las melodías más simples."[491]

Por consiguiente, la música sacra también tiene un propósito catequético distintivo. La música sacra invita a los fieles a glorificar a Dios, exalta sus oraciones, promueve la unidad de sus mentes y corazones e intenta acercarlos más íntimamente a Cristo. La música sacra "debe ayudar a los creyentes reunidos a expresar y compartir el don de la fe que tienen dentro de sí y a nutrir y fortalecer su compromiso interno de fe."[492] En el ámbito de la música sacra se debe prestar especial atención "al *canto de la asamblea*, porque es particularmente adecuado para expresar la alegría del corazón, pone de relieve la solemnidad y favorece la participación de la única fe y del mismo amor."[493] Las parroquias deben brindar a las personas la oportunidad de aprender himnos sacros para que puedan participar plenamente en la vida litúrgica de la Iglesia.

38. LOS SACRAMENTALES Y LAS DEVOCIONES POPULARES[494]

A. Los sacramentales

Los sacramentales "son signos sagrados creados según el modelo de los sacramentos, por medio de los cuales se expresan efectos, sobre todo de carácter espiritual, obtenidos por la intercesión de la Iglesia."[495] Preparan a los fieles para recibir y cooperar con la gracia y, por lo tanto, son catequéticos

---

489   General Instruction of the Roman Missal *[Ordenación general del Misal Romano]* (IGMR), n. 41 [versión del traductor].
490   IGMR, n. 41 [versión del traductor].
491   IGMR, n. 41 [versión del traductor].
492   *La música en el culto católico*, n. 23.
493   DD, n. 50.
494   Cf. Congregación para el Culto Divino y la Disciplina de los Sacramentos, *Directorio sobre la piedad popular y la Liturgia. Principios y orientaciones.*
495   SC, n. 60.

por naturaleza. Son acciones litúrgicas en las que se invita a participar a los fieles. En términos generales, los sacramentales santifican las vidas de los fieles ya que los vinculan al sacrificio pascual de Cristo.

Los sacramentales son instituidos por la Iglesia para santificar ciertos ministerios, ciertos estados de vida y ciertos objetos que los cristianos usan cotidianamente. A menudo, los sacramentales son ejemplos concretos de la inculturación de la fe, ya que expresan la fe en el lenguaje, costumbres y tradiciones particulares de una cultura específica. "Comprenden siempre una oración, con frecuencia acompañada de un signo determinado, como la imposición de la mano, la señal de la cruz, la aspersión con agua bendita (que recuerda el bautismo)."[496]

Las bendiciones de personas, comidas, ocasiones, objetos y lugares son los tipos más importantes de sacramentales.[497] Ciertas bendiciones consagran a las personas a Dios, como por ejemplo, al abad o abadesa de un monasterio, a las vírgenes o a los viudos/as y a los miembros de comunidades con votos. Otras bendiciones designan a personas para el ministerio en la Iglesia, como ser los catequistas, lectores, acólitos, etc. Hay otras bendiciones que consagran objetos para el uso litúrgico. Por lo tanto, el edificio de la iglesia, el altar, el baptisterio, los óleos que se usan para la celebración de los sacramentos, recipientes sagrados, vestimentas, agua bendita, cruces y crucifijos, rosarios, palmas, cenizas, cirios, medallas y diferentes tipos de artesanías y artefactos religiosos son todos sacramentales. Algunas culturas han enfatizado algunos sacramentales, con lo cual la fe ha sido inculturada a través de ellos.

La catequesis sobre los sacramentales debe describir su relación con la fe en Jesucristo y su función en la Iglesia y en las vidas de los cristianos. Debe establecer ejemplos de sacramentales que son comunes a todas las culturas a fin de revelar su relación con el mensaje cristiano.

---

496   CCE, n. 1668.
497   Cf. *Book of Blessings* (New York: Catholic Book Publishing Co., 1989).

B. La piedad popular y la devoción popular

En especial a la luz de la diversidad cultural, étnica y religiosa de los Estados Unidos, la piedad popular es un elemento vital en la vida católica que se expresa en una amplia variedad de devociones populares, como las diferentes formas de oraciones por las almas que están en el purgatorio, el uso de sacramentales, las peregrinaciones a los santuarios dedicados a Cristo, a la Santísima Virgen y a los santos.[498] En los Estados Unidos, la piedad popular es una forma de inculturación de la fe que está profundamente arraigada en las numerosas culturas representadas en su población. Todos los grupos raciales, étnicos y culturales tienen prácticas devocionales que se originan en sus expresiones particulares de la única fe. La piedad popular y la devoción popular que ella inspira proporcionan muchas oportunidades para encontrar a Cristo en las circunstanciales expresiones particulares de las costumbres étnicas, culturales y religiosas. Si la piedad popular "está bien orientada, sobre todo mediante una pedagogía de evangelización, contiene muchos valores. Refleja una sed de Dios que solamente los pobres y sencillos pueden conocer. Hace capaz de generosidad y sacrificio hasta el heroísmo, cuando se trata de manifestar la fe."[499]

El amplio y creciente número de inmigrantes en los Estados Unidos requiere una cuidadosa atención respecto a la función que cumple la piedad popular en la vida de muchas personas.[500] Esto es verdad, por ejemplo, en la vida de los católicos cuyas raíces están en el África. La Iglesia "reconoce que tiene la obligación de acercarse a estos americanos a partir de su cultura, considerando seriamente las riquezas espirituales y humanas de esta cultura que marca su modo de celebrar el culto, su sentido de alegría y de solidaridad, su lengua y sus tradiciones."[501] Otro ejemplo lo constituyen los hispanos/latinos, quienes "tienden a percibir todo en su vida como sagrado y por lo general han desarrollado un profundo sentido de lo divino en la vida cotidiana. Esto se pone en evidencia en su religiosidad popular [...]. En las comunidades pequeñas, [ellos] encuentran

---

498   Cf. EA, n. 16.
499   EN, n. 48.
500   Cf. USCCB, *Together a New People: Pastoral Statement on Migrants and Refugees [Junto a un pueblo nuevo: Declaración pastoral sobre los migrantes y refugiados]* (Washington, D.C.: USCCB, 1986), n. 31.
501   EA, n. 16.

respaldo a su intento de recuperar este sentido de la piedad popular y de reafirmar los valores presentes en estas celebraciones."[502]

Los estadounidenses e inmigrantes católicos asiáticos y de las islas del Pacífico sostienen su fe a través de oraciones y prácticas devocionales. Ellos "emigraron llevando consigo la experiencia y las sensibilidades de las grandes religiones y tradiciones espirituales del mundo [...] junto con el cristianismo. Sus experiencias de las grandes religiones y tradiciones espirituales les enseña a vivir con una presencia profunda de lo sagrado, una aproximación holista a la vida y a la salvación y una espiritualidad adaptada a sus necesidades y una vitalidad vivificante."[503] Ellos "traen las devociones populares desde sus patrias de origen y las comparten con los feligreses que los acompañan."[504]

En la Iglesia de Rito Latino en los Estados Unidos, el Santísimo Sacramento, el Sagrado Corazón, la Santísima Virgen María y muchos santos son muy importantes en la devoción popular. Por ejemplo, "la espiritualidad hispano-latina pone fuerte énfasis en la humanidad de Jesús, especialmente cuando aparece débil y sufriente, como en el pesebre y en su pasión y muerte [...]. La Santísima Virgen María —especialmente bajos los títulos de Nuestra Señora de Guadalupe (México), Nuestra Señora de la Providencia (Puerto Rico) y Nuestra Señora de la Caridad (Cuba)— ocupa un lugar privilegiado en la piedad popular hispanolatina."[505]

Del mismo modo, los afroamericanos tejen el mensaje de la evangelización en el ambiente cultural de su espiritualidad distintiva. Las raíces de la espiritualidad afroamericana se hallan en la familia y surgen de su historia y de la experiencia vivida. Su arte, su música, su lengua, sus danzas y su teatro —al igual que las de otras culturas negras— deben incorporarse a las celebraciones litúrgicas que siempre son "auténticamente negras [...] verdaderamente católicas [...] bien preparadas y

---

502 Comité sobre Asuntos Hispanos de la USCCB, *Communion and Mission: A Guide for Bishops and Pastoral Leaders on Small Church Communities* [*Comunión y misión: una guía para obispos y dirigentes pastorales sobre las pequeñas comunidades eclesiales*] (Washington, D.C.: USCCB, 1995), n. 5 [versión del traductor].

503 USCCB, *Asian and Pacific Presence: Harmony in Faith* [*Presencia asiática y del pacífico: Armonía en la fe*], (Washington, D.C.: USCCB, 2001), 15 [versión del traductor].

504 *Asian and Pacific Presence*, 16 [versión del traductor].

505 USCCB, *The Hispanic Presence: Challenge and Commitment* [*La presencia hispánica: desafío y compromiso*] (1983), n. 12, en *Hispanic Ministry: Three Major Documents* [*Ministerio hispánico: tres documentos fundamentales*] (Washington, D.C.: USCCB, 1995) [versión del traductor].

bien ejecutadas."[506] El Reinado de Jesucristo, las libaciones y el énfasis puesto en María como la "Gran Madre" son algunos pocos ejemplos de la devoción popular que expresa los profundos temas bíblicos de libertad y esperanza, y que guardan tanta relación con la cultura y espiritualidad de los afroamericanos.

En las comunidades católicas de Rito Oriental, las oraciones *Akathistos, Paraklesis, Molebens*[507] de devoción a la Santísima Virgen María, reverencia para los iconos y oficios a los santos son importantes formas de devoción popular.

C. La devoción mariana

La devoción a la Santísima Virgen María merece atención especial porque es una parte muy importante del culto en los Estados Unidos. Los Estados Unidos de América están bajo el patrocinio de la Inmaculada Concepción. Las diversas formas de devoción a la Santísima Virgen María son un reflejo de las numerosas culturas, convicciones religiosas y sensibilidades populares que conforman la Iglesia en los Estados Unidos. Las personas católicas de todas las culturas profesan un profundo amor por la Madre de Dios. Emplean muchas diferentes expresiones de ese amor, para mostrar la fe única que caracteriza su vida de oración y su espiritualidad particulares.

En este país, y también en el resto del mundo, el Rosario ocupa un sitio de honor como la más popular devoción de oración para la Santísima Virgen María. En octubre de 2002 el Papa Juan Pablo II convocó a renovar la atención en el Rosario en su Carta apostólica *Sobre el Santo Rosario (Rosarium Virginis Mariae)*.[508] En este documento, el Santo Padre también sugirió cinco nuevo misterios, a los que llamó los "Misterios Luminosos". Estos Misterios se centran en acontecimientos de la vida pública de Jesús.

---

506 *What We Have Seen and Heard*, 31.

507 *Akathistos, Paraklesis* y *Molebens* son diferentes tipos de servicios de oraciones del culto. *Akathistos*, que significa literalmente "oración de pie", es la versión más antigua e involucra oraciones de devoción a María, a Jesús y a los Sagrados Corazones de Jesús y María. *Paraklesis* es una oración cúltica de intercesión a un santo. *Molebens* es una versión un tanto más breve de una *Paraklesis*.

508 Cf. Juan Pablo II, Carta apostólica *Rosarium Virginis Mariae. Sobre el Santo Rosario*, en el http://www.vatican.va/holy_father/john_paul_ii/apost_letters/.

Las diócesis y las parroquias deben presentar una catequesis sobre la piedad que

- Promueva el ejercicio de un juicio pastoral sólido para asegurar que las devociones populares y la sensibilidad religiosa que subyace en ellas conduzca a los fieles a un conocimiento más profundo del misterio de Jesucristo y a un verdadero encuentro con Él
- Promueva la devoción mariana que exprese claramente "su dimensión trinitaria, cristológica y eclesial, intrínseca a la mariología"[509]
- Descubra los auténticos valores espirituales presentes en la piedad popular y los enriquezca con la genuina doctrina católica, para que puedan conducir a una conversión sincera y al ejercicio práctico de la caridad[510]
- Reconozca la diversidad religiosa y cultural de los Estados Unidos y promueva una conciencia sobre la importancia que tienen la piedad popular y la devoción popular en las vidas de muchos fieles cristianos
- Proporcione oportunidades para una inculturación más completa del Evangelio para que las semillas de la palabra halladas en la cultura puedan alcanzar su plenitud en Cristo
- Asegure que las distintas formas de devoción popular se irradian de la vida sacramental de la Iglesia, pero no la reemplazan
- Lleve a los fieles a adquirir un sentido más profundo de su pertenencia a la Iglesia como miembro de ella, lo cual incremente el fervor de su amor por la Iglesia y ofrezca una respuesta válida a los actuales desafíos de la secularización[511]
- Distinga entre la devoción popular apropiada y los requerimientos de la fe cristiana
- Confíe en que los elementos válidos de la piedad popular sean instrumentos efectivos para la nueva evangelización

---

509   DGC, n. 196.
510   Cf. EA, n. 16.
511   Cf. EA, n. 16.

39. CONCLUSIÓN

Reunida para adorar al Padre en Cristo a través del Espíritu Santo, toda la Iglesia es una y es profundamente consciente de su misión en el mundo. En la Liturgia, la Iglesia expresa su fe y por la gracia de Dios profundiza esa fe. En la Eucaristía, Cristo conduce a la comunidad de bautizados a la continua conversión hacia Él, a una comunión más profunda con el Padre y a la vida en el Espíritu Santo. La Liturgia permite a los fieles vivir la fe cristiana y los inspira a hacerlo, promoviendo la dedicación hacia las enseñanzas de los apóstoles, la vida comunitaria, la fracción del pan y la oración. La participación en la vida litúrgica de la Iglesia presupone el respaldo y el compromiso para con todas las formas de la vida catequética en la parroquia y en el hogar. La vida litúrgica de la Iglesia está integrada con su vida moral. En el capítulo siguiente se describe la forma en que la catequesis prepara y fortalece al creyente para la vida en Cristo: una vida de fe, esperanza, caridad, justicia y paz.

CAPÍTULO 6

La catequesis
para la vida en Cristo

Vivo, pero ya no soy yo el que vive, es Cristo quien
vive en mí. Pues mi vida en este mundo la vivo en
la fe que tengo en el Hijo de Dios, que me amó y
se entregó a sí mismo por mí. (*Gal* 2, 20)

40. INTRODUCCIÓN

Los sacramentos cristianos celebran y la vida cristiana anima lo que la fe cristiana profesa. En cada época, Cristo llama a sus discípulos a vivir vidas "dignas de [su] Evangelio."[512] Tenemos la capacidad de hacerlo, ya que contamos con el amor del Padre, la gracia de Cristo y los dones del Espíritu Santo que se difunden por medio de la Iglesia. La vida moral cristiana consiste en vivir el llamado a la santidad mediante la transformación en Cristo.

Por medio del bautismo nos hemos convertido en "hijos de Dios"[513] y en "partícipes de la naturaleza divina",[514] con lo cual nos incorporamos a Cristo y participamos en la vida del Señor Resucitado.[515] Unidos en Cristo, adaptándonos a Él, seguimos su ejemplo de palabras y obras. Los actos de nuestras vidas reflejan "los frutos del Espíritu... el amor, la alegría, la paz, la generosidad, la benignidad, la bondad, la fidelidad, la mansedumbre y el dominio de sí mismo."[516] Hemos sido "justificados en el

---

512 *Flp* 1, 27.
513 *Jn* 1, 12.
514 *2 P* 1, 4.
515 Cf. *Col* 2, 12.
516 *Gal* 5, 22-23.

nombre del Señor Jesucristo y por medio del Espíritu de nuestro Dios."[517] Dios nos "santificó en Cristo Jesús", por eso somos "su pueblo santo".[518] Cristo nos ha invitado a ser "perfectos, como [nuestro] Padre celestial es perfecto,"[519] y nos ha dado el Espíritu Santo para iluminarnos y fortalecernos, y así alcanzar "la bondad, la santidad y la verdad."[520] La vida de santidad en Cristo procede de Él, es guiada por Él y nos conduce a Él.

El discipulado al que ha llamado a todos los creyentes tiene un elevado costo personal: el Evangelio exige amor y negación de sí mismo. El camino de Cristo es el camino de su cruz: "Si alguno quiere acompañarme, que no se busque a sí mismo, que tome su cruz de cada día y me siga."[521] De la cruz de Cristo fluye el agua de la vida. El camino de Cristo conduce a la vida.

La catequesis para la vida en Cristo revela tanto el gozo como las exigencias del camino de Cristo. La catequesis para la nueva vida en Cristo debe ser una catequesis del Espíritu Santo, la guía interior que nos inspira, corrige y fortalece en el camino hacia el Padre en Cristo. Es una catequesis de gracia, del amor de Dios que impulsa nuestras buenas obras y por intermedio del cual somos salvados. Es una catequesis de las Bienaventuranzas, las bendiciones que anticipan la bienaventuranza eterna de la vida en comunión con Dios. Es una catequesis sobre el pecado y el perdón que nos ayuda a hacer frente a nuestro pecado y a aceptar la misericordia de Dios. Es una catequesis de las virtudes humanas, dones de gracia en sí mismas, que nos disponen para el bien. Es una catequesis de las virtudes cristianas de fe, esperanza y caridad que nos permiten entrar en unión con la Santísima Trinidad. Es una catequesis del doble mandamiento de la caridad: amar a Dios por sobre todas las cosas y amar a nuestro prójimo como a nosotros mismos. Y es una catequesis eclesial en la que la vida cristiana se recibe, se nutre y se perfecciona en Cristo.[522] Esta catequesis siempre comienza y finaliza en Cristo, quien es "el camino, la verdad y la vida".[523]

---

517   1 Co 6, 11.
518   1 Co 1, 2.
519   Mt 5, 48.
520   Ef 5, 9.
521   Lc 9, 23.
522   Cf. CCE, n. 1697.
523   Jn 14, 6.

Este capítulo describe los principios y lineamientos catequéticos necesarios para la formación moral personal y social. También aborda el testimonio de la vida nueva en Cristo que debe ser brindado tanto por la persona individual como por la comunidad de fe.

41. LA DIGNIDAD DE LA PERSONA HUMANA

A. Creación a imagen y semejanza de Dios

La dignidad de los seres humanos se arraiga inicialmente en nuestra creación por Dios a su imagen y semejanza. La imagen divina está presente en cada persona. En Cristo, el Padre ha creado seres humanos y en Cristo llegamos a conocernos a nosotros mismos y nuestra vocación sublime. Nuestra redención en Cristo intensifica nuestra dignidad innata.

Dotado de un alma espiritual e inmortal, el hombre es la "única criatura terrestre a la que Dios ha amado por sí mismo."[524] Gracias a la razón, somos capaces de comprender el orden creado; gracias al libre albedrío o libre voluntad, somos capaces de dirigir nuestras vidas hacia el bien y alejarlas del mal. Sin embargo, sabemos cuán profundamente estos dones han sido heridos por el pecado original. Los seres humanos también hallan la perfección cuando buscan y aman "la verdad y el bien".[525] Desde nuestra concepción estamos destinados a la felicidad eterna. Tenemos un deseo de felicidad que Dios ha puesto en nuestros corazones para atraernos hacia Él. "La bienaventuranza de la vida eterna es un don gratuito de Dios; es sobrenatural como también lo es la gracia que conduce a ella."[526] La vida en el Espíritu Santo hace posible que se pueda cumplir plenamente este deseo.

En Cristo, Dios revela cómo los seres humanos debemos vivir nuestra vida. Dios creó a los hombres con la libertad de iniciar y dirigir sus propios actos y de dar forma a sus propias vidas. "La libertad es el poder, radicado en la razón y en la voluntad, de obrar o de no obrar, de hacer esto o aquello, de ejecutar así por sí mismo acciones deliberadas."[527] La libertad

---

524   GS, n. 24.
525   GS, n. 15.
526   CCE, n. 1727.
527   CCE, n. 1731.

hace a los seres humanos responsables de sus acciones en tanto son completamente voluntarios. Cada persona humana es un agente libre y responsable con un derecho inalienable de ejercer su libertad, especialmente en cuestiones morales y religiosas. De hecho, una acción es una acción humana en la medida en que es libre.

Sin embargo, esta libertad del ser humano no autoriza a la persona a decir o hacer lo que le plazca. Los seres humanos no somos completamente autosuficientes, ya que somos capaces de pecar. Pero Cristo nos redimió del pecado que nos mantenía encadenados y nos liberó. Como dijo San Pablo, "Cristo nos ha liberado para que seamos libres."[528]

En consecuencia, la libertad del ser humano es la capacidad para elegir el bien o el mal. Cuanto más elegimos hacer el bien, tanto más libres somos. Por otra parte, la opción de hacer el mal es un abuso de la libertad y nos lleva a ser "esclavos del pecado".[529] En Cristo, los seres humanos se dirigen libremente a la vida en el Espíritu Santo. "Donde está el Espíritu del Señor, ahí hay libertad."[530] Elegir libremente hacer el bien, obedecer las normas morales universales e inmutables no disminuye de ninguna manera la libertad y la dignidad del ser humano. *"Cristo crucificado revela el significado auténtico de la libertad, lo vive plenamente en el don total de sí* y llama a los discípulos a tomar parte en su misma libertad."[531]

B. Algunos retos a la dignidad de la persona humana

La situación moral de los Estados Unidos de hoy en día plantea algunos serios retos para la misión catequética de la Iglesia. Si bien la fe religiosa es una fuerza vigorosa en la vida de muchos, la cultura secular dominante del país a menudo contradice los valores sobre los que se fundó esta nación. Hay una tendencia a privatizar la fe religiosa, a replegar sus consideraciones en los márgenes de la sociedad y a hacer desaparecer sus inquietudes del debate público con el que se da forma a la política social.

Dos principios yacen en el centro de la visión moral que contienen los documentos fundadores de esta nación: (1) el reconocimiento de la

---

528   *Gal* 5, 1.
529   *Rm* 6, 17.
530   *2 Co* 3, 17.
531   VS, n. 85.

dignidad y los derechos de la persona humana tal como le fueron dados por el Creador y (2) libertad y justicia para todos. Si bien el pueblo de los Estados Unidos puede estar justamente orgulloso de lo que hemos logrado en nuestra búsqueda de esos nobles principios, por desgracia a veces se los contradice en la práctica e incluso en la ley.

En una sociedad que proclama públicamente que la vida es un derecho inalienable y que afirma el valor de la vida, la dignidad y el valor incomparable intrínsecos de toda persona humana se ven amenazados: "el derecho mismo a la vida queda prácticamente negado y conculcado, en particular en los momentos más emblemáticos de la existencia, como son el nacimiento y la muerte."[532] El aborto y la eutanasia atacan directamente a la misma vida inocente, el derecho humano más fundamental y la base de todos los otros derechos. Atacan a los miembros más débiles y más indefensos de la sociedad, los no nacidos y los enfermos. "Tales ataques directos a la vida humana, que una vez se consideraban delitos, son legitimados por los gobiernos, que profesan proteger a los débiles y marginados."[533] Sin el beneficio de un análisis ético cuidadosamente considerado, algunos adelantos biológicos y tecnológicos actuales socavan la dignidad del ser humano e incluso intentan crear vida humana por medios artificiales.

Además, el tratamiento que se brinda a los inmigrantes, los extranjeros ilegales, los encarcelados, los criminales y sus víctimas debe moldearse sobre la base de la dignidad inherente a toda persona humana.

> La nueva evangelización requiere seguidores de Cristo que sean incondicionalmente provida: que proclamen, celebren y sirvan al Evangelio de la vida en todas las situaciones. Un signo de esperanza es el reconocimiento cada vez mayor de que la dignidad humana jamás debe ser arrebatada, ni siquiera a alguien que haya causado un gran mal. La sociedad moderna tiene los medios para defenderse sin negar decididamente a los criminales la oportunidad de reformarse. Renuevo el llamado que hice recientemente en Navidad a un consenso para dar fin a la pena de muerte, que es cruel e innecesaria.[534]

---

532 EV, n. 18.

533 *Vivir el Evangelio de la vida*, n. 5, en http://www.priestsforlife.org/spanish/vivirelevangelio.htm.

534 Juan Pablo II, "Homilía" en St. Louis, Missouri, Estados Unidos (27 de enero de 1999) [versión del traductor].

En una sociedad que proclama públicamente que la libertad es un derecho inalienable, la libertad ha llegado a entenderse como una autonomía individual ilimitada, en la que muchas personas hallan su pleno sentido de satisfacción al ejercer opciones personales sin restricción alguna. La libertad individual se convierte en lo absoluto y en la fuente de los restantes valores. Esta noción excesivamente individualista de la libertad distorsiona el verdadero significado de la libertad, enfrenta a la persona individual con la sociedad y vacía a la vida, inclusive la vida familiar, de su significado. "Pero entre la vida misma y la libertad hay un lazo inseparable, un eslabón. Y ese eslabón es el amor o la fidelidad."[535]

En una sociedad que valora el poder, la utilidad, la productividad y la ganancia, los desamparados, los débiles y los pobres son considerados una carga. El poder económico y militar sin precedentes de los Estados Unidos ha llevado a veces a graves injusticias tanto en el país como en el extranjero.

En nuestro país, ha alimentado la autoexclusión, la indeferencia y el exceso consumista:

> Demasiada confianza en nuestro poderío que se aumenta con los avances en la ciencia y la tecnología, ha creado la impresión de una vida sin límites naturales y hechos sin consecuencia. Las normas del mercado, en vez de estar guiadas por una moral justa, amenazan con desplazarla. Estamos ante la reestructuración gradual de la cultura estadounidense según el utilitarismo, la productividad y el lucro. Es una cultura en que las cuestiones morales se sumergen en un río de bienes y servicios y donde el mal uso de las relaciones mercantiles y públicas subvierten la vida pública.[536]

La erosión gradual de los principios sobre los que se fundó este país contribuye a un secularismo y un materialismo cada vez mayores y a un "*relativismo ético, que quita a la convivencia civil cualquier punto seguro de referencia moral.*"[537] En una sociedad secularista existe el grave peligro de que las personas vivan como si Dios no existiera. Cuando se pierde el sentido de

---

535   USCCB, *Fidelidad por toda la vida: Reflexión moral* (Washington, D.C.: USCCB, 1995), n. 9.
536   *Vivir el Evangelio de la vida*, n. 3.
537   VS, n. 101.

Dios también se pierde el sentido de humanidad. En una sociedad materialista existe el grave peligro de que las personas comiencen a creer que son lo que tienen. "Los criterios de juicio y de elección seguidos por los mismos creyentes se presentan frecuentemente —en el contexto de una cultura ampliamente descristianizada— como extraños e incluso contrapuestos a los del Evangelio."[538] Las personas se preguntan si deben considerar sagrada a alguna verdad. Su capacidad para tomar decisiones morales basadas en criterios objetivos se ve gravemente disminuida o se elimina por completo. "A su vez, la violación sistemática de la ley moral, especialmente en el grave campo del respeto de la vida humana y su dignidad, produce una especie de progresiva ofuscación de la capacidad de percibir la presencia vivificante y salvadora de Dios."[539]

En general, las diócesis y parroquias deben ofrecer una catequesis basada en la moralidad cristiana que

- Defienda el derecho a la vida desde la concepción hasta la muerte natural
- Presente la comprensión distintivamente cristiana de la libertad humana
- Enseñe que la libertad alcanza su verdadera meta en el amor por los débiles y los indefensos y en la defensa de sus derechos
- Promueva la expresión pública de la fe cristiana en la formación de la política social
- Aliente la preocupación por la vida de los pobres, los débiles, los discapacitados y los enfermos, así como las acciones en su nombre
- Ayude a los fieles a tomar decisiones morales prácticas a la luz del Evangelio
- Aliente a los fieles a comprender que el poder, la riqueza, la utilidad y la productividad deben estar subordinados a valores morales más elevados y deben ser guiados por éstos últimos

---

538   VS, n. 88.
539   EV, n. 21.

42. FORMACIÓN MORAL EN CRISTO

Cristo es la norma de la moralidad. La moralidad cristiana "consiste fundamentalmente *en el seguimiento de Jesucristo,* en el abandonarse a Él, en el dejarse transformar por su gracia y ser renovados por su misericordia, que se alcanzan en la vida de comunión de su Iglesia."[540]

La formación moral cristiana conlleva un camino de transformación interior a la luz del Misterio pascual de Cristo, el cual da lugar a una profunda conversión personal a Cristo. La conversión a Cristo implica la confesión de la fe en Él, la adhesión a su persona y su enseñanza, seguir sus huellas, adoptar sus actitudes y renunciar al hombre viejo a fin de elevar al hombre nuevo en Cristo. "El sermón del Monte, en el que Jesús, asumiendo el decálogo, le imprime el espíritu de las bienaventuranzas, es una referencia indispensable en esta formación moral, hoy tan necesaria."[541] La catequesis moral conlleva más que la proclamación y presentación de los principios y la práctica de la moralidad cristiana, ya que presenta la integración de los principios morales cristianos en la experiencia de vida del individuo y de la comunidad. Este testimonio moral debe demostrar siempre las consecuencias sociales del Evangelio.[542]

A. Gracia

La gracia asemeja al cristiano a Cristo. Es la iniciativa libre de Dios, que sólo Él puede dar. Nos permite responder dándonos libremente a nosotros mismos. Incluso nuestra preparación para la gracia es, en sí misma, una obra de gracia. Es la ayuda gratuita e inmerecida que Dios nos brinda para que, a su vez, respondamos a su llamado de ser sus hijos adoptivos, partícipes de la naturaleza divina y de la vida eterna.[543] La gracia santificante es una participación en la propia vida de Dios, lo que nos lleva a la vida de la Santísima Trinidad. Por medio de la gracia del bautismo, somos llevados a la unión con el Padre; nos convertimos en miembros del Cuerpo de Cristo y nos unimos al Espíritu del Padre y del Hijo en la Iglesia "El que vive en Cristo es una criatura nueva; para él todo lo viejo ha pasado. Ya todo es nuevo. Todo esto proviene de Dios, que nos reconcilió

---

540   VS, n. 119.
541   DGC, n. 85.
542   Cf. CT, n. 29.
543   Cf. CCE, n. 1996; *Declaración conjunta sobre la doctrina de la justificación,* nn. 37-39.

consigo por medio de Cristo y nos confirió el ministerio de la reconciliación."[544] Las Iglesias Orientales comprenden la gracia como divinización, o el ser perfeccionados para vivir en comunión con Dios y actuar por su amor.

B. Virtud

Los seres humanos estamos heridos por el pecado y necesitamos ayuda para vivir vidas moralmente buenas. La gracia divina transforma la naturaleza humana; eleva y purifica la virtud para que la persona pueda llevar una vida moralmente buena. La virtud es el hábito de tender hacia el bien y elegir el bien en las acciones concretas de la vida de una persona. Este don de la gracia también puede adoptar la forma de las virtudes cardinales —prudencia, justicia, fortaleza y templanza— las que disponen a la persona a vivir en armonía con Dios, con los demás y con todo el orden creado. La persona virtuosa practica el bien libremente. Por la gracia del Espíritu Santo, la persona virtuosa busca constantemente la comunión con Dios y se asemeja a Dios.

Este don de la gracia adopta la forma de las virtudes teológicas de fe, esperanza y caridad. Estas virtudes tienen a Dios como su origen y objeto, y son el fundamento de la vida moral cristiana: la vida en Cristo. Ellas transforman la capacidad humana de hacer el bien en la participación en la naturaleza divina. Por la virtud de la fe creemos en Dios, en todo lo que nos ha revelado y en todo lo que la Iglesia propone como creencia. Por la virtud de la esperanza confiamos en la promesa de vida eterna de Dios y en su gracia para merecerla. Y por la virtud de caridad, que es "el vínculo de la perfecta unión",[545] amamos a Dios por sobre todas las cosas y a nuestro prójimo como a nosotros mismos por amor a Dios.

C. Formación de la conciencia moral

La conciencia moral es el "núcleo más secreto y el sagrario"[546] de la persona. Es "un juicio de la razón por el que la persona humana reconoce la cualidad moral de un acto concreto."[547] Da testimonio de la verdad y juzga

---

544   *2 Co* 5, 17-19.
545   *Col* 3, 14.
546   GS, n. 16.
547   CCE, n. 1778.

si las opciones, decisiones y actos particulares son buenos o malos. Mediante el juicio de la conciencia, la persona reconoce los preceptos de la ley moral. Nuestra conciencia nos obliga a seguir con fidelidad lo que sabemos que es bueno.

La dignidad de la persona humana implica y requiere una conciencia moral recta. Si bien la conciencia moral refleja la ley de Dios escrita en el corazón del hombre, ella necesita ser formada e informada. Se deben iluminar los juicios a los que arriba. La formación de la conciencia es una tarea de toda la vida. En la formación de la conciencia, la Palabra de Dios ilumina el camino.

La formación de la conciencia recibe la influencia de muchos factores humanos, tales como la edad de la persona, su capacidad intelectual, capacidad psicológica, madurez emocional, experiencia familiar y condiciones culturales y sociales. Pero el ejemplo de la vida de Cristo y sus enseñanzas son la norma en la formación de la conciencia. La relación de la persona con Cristo, expresada por su frecuente participación en la vida sacramental y de oración de la Iglesia, es la base de la formación de la conciencia moral cristiana.

El don de Cristo del Espíritu de la verdad a la Iglesia también asegura que las enseñanzas de la Iglesia son verdaderas y, en consecuencia, son necesarias para la formación de la conciencia individual. La Iglesia es la guía indispensable para alcanzar la riqueza plena de las enseñanzas de Cristo. Por lo tanto, "los católicos deben siempre medir sus juicios morales, de acuerdo con el *Magisterium*, dado por Cristo y por el Espíritu Santo para expresar las enseñanzas del Señor en cuestiones morales y asuntos de fe y así iluminar la conciencia personal."[548]

La conciencia individual puede juzgar erróneamente cuando enfrenta una decisión moral. Si bien el ser humano debe obedecer siempre el certero juicio de la conciencia, la conciencia puede estar escasamente informada o, lisa y llanamente, ser ignorante. Las personas son responsables de asegurarse de que sus conciencias estén bien formadas y que sus actos se determinen como corresponda. Si la conciencia escasamente formada o ignorante es el resultado de la negligencia personal respecto de esta formación, la persona individual es culpable de las opciones que hace. Si las decisiones morales son el resultado de una formación pobre o de la ignorancia de la conciencia de las que la persona no es responsable, la persona

---

548 *Directorio catequético nacional*, n. 190.

no es culpable del mal que se hace. La experiencia transformada a través de la gracia es más que el desarrollo de la vida humana, es crecimiento "en Cristo". Los cristianos profundizan su relación con el Señor Resucitado, que los atrae hacia el verdadero corazón de Cristo. Por lo tanto, la transformación del propio yo en el estar hecho auténticamente a imagen de Dios se convierte en un acontecimiento de gracia y un compromiso de por vida de vivir en libertad, seguridad de sí mismo, gozo y amor. Los que están comprometidos con la catequesis tienen la responsabilidad moral de nutrir el desarrollo de conciencias adecuadamente informadas en aquellos que se le confían a su cuidado.

D. Pecado

El pecado hiere la relación de amor que Dios ha iniciado con sus criaturas. Es una ofensa contra Dios que aleja al corazón del hombre de su amor. Hiere a la naturaleza humana y lesiona la solidaridad humana. Nuestra condición pecadora es el objeto de la gran misericordia de Dios, por la que la Iglesia ora continuamente.

El pecado original es el primer obstáculo para la vida en Cristo. Es la pérdida de la santidad y la gracia que Adán y Eva recibieron de Dios. Se transmite a cada persona, debilitando la naturaleza humana y dejándola a merced del sufrimiento y la muerte. En esta situación no se puede evitar el pecado personal de manera constante o persistente.

El pecado personal, ya sea mortal o venial, es cometido por un individuo. Es una ofensa contra Dios, un acto contrario a la razón. El pecado personal lesiona la naturaleza humana, lastima a la comunidad cristiana y daña la solidaridad humana. Dado que el pecado hiere, necesitamos ser perdonados y sanados del pecado, una sanación que debe comenzar dentro del corazón y el alma del pecador.

El pecado mortal es la opción deliberada de una persona de hacer algo que se opone de manera grave a la ley divina. "Es pecado mortal lo que tiene como objeto una materia grave y que, además, es cometido con pleno conocimiento y deliberado consentimiento."[549] Este pecado ataca el principio de la vida dentro de la persona humana, es decir, el amor de Dios; extingue o tritura la relación personal con Dios y su Iglesia, pone a la persona en la situación peligrosa de quedar separada eternamente de Dios y conduce a la muerte eterna.

---

549 *Ritual de penitencia*, n. 12.

El pecado venial es una ofensa menos grave contra Dios. Es el dejar de cumplir las materias menos graves de la ley moral, o el dejar de cumplir la ley moral en una materia grave, pero sin pleno conocimiento o entero consentimiento. Disminuye o hiere la vida divina en el alma y trastorna la relación del pecador con Dios. La repetición de actos individuales de pecado puede llevarnos a un estado de pecado. Además, el pecado venial repetitivo, deliberado y sin arrepentimiento puede dar origen al pecado mortal.

E. Retos que enfrentamos para comunicar estas realidades fundamentales

A fin de comunicar estas enseñanzas morales fundamentales en formas que sean persuasivas y fructíferas, las diócesis y parroquias deben presentar una catequesis que

- Restaure un sentido de lo sagrado y trascendente en la vida
- Reafirme a los fieles que Dios está presente para todos y ofrece su gracia a cada persona
- Estimule a los fieles a cooperar con la gracia de Dios y a vivir en comunión con la Santísima Trinidad
- Convenza a los creyentes de que, a través del bautismo, Dios comparte con ellos su propia vida, los adopta como si ellos fuesen sus hijos, perdona sus pecados y los sostiene en su amor indefectible
- Aliente y modele la dependencia de Dios
- Disponga a los fieles a vivir en armonía con Dios y el orden creado
- Aliente a los fieles a comprender que la verdadera felicidad es la comunión con Dios, y no el éxito material, social o político
- Asista a los fieles para desarrollar su capacidad de discernir la voluntad de Dios, así haciéndose cada vez más dispuestos y capaces de elegir el bien superior
- Anime a los fieles a comprometerse en una relación personal profunda con Cristo
- Anime a los creyentes a encontrar a Cristo frecuentemente en la celebración de los sacramentos
- Ayude a los fieles a reconocer y obedecer la ley que se basa en las verdades universales reveladas por Dios e inscritas por Él en sus corazones
- Enseñe las normas y principios de la moralidad cristiana, adhiriendo fervientemente al liderazgo de la Iglesia

- Ayude a los creyentes a comprender que la verdadera libertad implica hacer lo que se debe hacer
- Ayude a los creyentes a formar sus conciencias a través de una cuidadosa consideración de la vida y las enseñanzas de Cristo y de la Iglesia, el consejo de personas competentes y la ayuda del Espíritu Santo
- Ayude a los fieles a identificar los pecados de obra y los pecados de omisión
- Ayude a los creyentes a identificar los efectos del pecado original, personal y social
- Ayude a los creyentes a reconocer que el pecado puede desalentar o impedir que logren la meta de sus vidas: la unión con Dios
- Ayude a los fieles a hacer juicios morales concretos mediante la aplicación de los principios de la moralidad cristiana a la situaciones ordinarias de la vida diaria
- Ayude a los creyentes a perseverar para lograr las virtudes
- Se extienda con amor a aquellos que parecen no responder

43. LA COMUNIDAD HUMANA

El modelo de la comunidad humana es la Santísima Trinidad: la unidad del Padre, el Hijo y el Espíritu Santo. La misma naturaleza de la Trinidad es comunal y social. "Dios se nos revela a sí mismo no como alguien que está solo, sino más bien como alguien que es parte de una relación, alguien que es Trinidad. Por lo tanto, nosotros que somos hechos a imagen de Dios compartimos su naturaleza comunal, social. Estamos llamados a proyectarnos y a construir relaciones de amor y justicia."[550] Las relaciones que hombres y mujeres deben establecer entre sí se asemejan a las relaciones entre las personas divinas en el Dios Trino. Esas relaciones humanas trascienden las fronteras del idioma, la raza, el origen étnico, el sexo, la cultura y las naciones para unir a las personas en una familia humana. Cada miembro individual de esa familia humana es de un valor incalculable, ya que cada uno está hecho a imagen de Dios y fue creado para ser feliz con Dios por toda la eternidad.

---

550   USCCB, *Compartiendo la enseñanza social católica: Desafíos y rumbos. Reflexiones de los obispos católicos de EE.UU.* (Washington, D.C.: USCC, 1998), 1.

A. El carácter comunal de la vida en Cristo

Las personas son sociales por naturaleza. Necesitamos a las otras personas, y necesitamos vivir en sociedad. La familia, la comunidad y el Estado son los contextos sociales esenciales para el desarrollo de los seres humanos individuales. Idealmente, estas unidades sociales unen a las personas por medio de un principio de unidad que trasciende a cada uno de los individuos. Son las estructuras necesarias en las que los seres humanos desarrollan su potencial individual y colaboran para alcanzar los objetivos que no podría alcanzar una única persona por sí sola. Pero estas estructuras sociales también pueden entrañar peligros. Pueden amenazar la libertad personal y explotar la capacidad individual. La persona humana "es y debe ser el principio, el sujeto y el fin de todas las instituciones sociales."[551]

El hecho de que los seres humanos sean sociales por naturaleza constituye un principio fundamental de la enseñanza social de la Iglesia. Dado que las sociedades son esenciales para el desarrollo humano y que todos los seres humanos son llamados a la comunión con Dios, la manera en que las sociedades contribuyen o impiden que se alcance esta meta conlleva cuestiones morales profundas. Las sociedades están organizadas alrededor de determinados principios sociales, políticos, económicos y legales —claramente articulados o no— y funcionan dentro de las instituciones y estructuras a las que dan origen dichos principios. "La enseñanza social católica proporciona principios mediante los cuales, la Iglesia como institución, y los cristianos como individuos, pueden evaluar las estructuras políticas, económicas, sociales y legales."[552]

La sociedad debe promover el ejercicio de la virtud, no obstruirlo. La enseñanza social católica reconoce una jerarquía de valores dentro de la sociedad humana que "subordine las [dimensiones] materiales e instintivas a las interiores y espirituales."[553] Dado que está compuesta por seres humanos hechos a imagen de Dios y llamados a la comunión con Él, la sociedad humana debe estar subordinada a la dimensión espiritual de las personas humanas que la constituyen. El respeto por la dignidad intrínseca de cada ser humano es el fundamento de una sociedad justa, y su fin último es el desarrollo del pleno potencial de esas personas. Las personas no pueden ser visualizadas meramente como los medios para lograr una sociedad productiva y rentable; más bien deben ser vistas como los arquitectos y beneficiarios

---

551   GS, n. 25.
552   *Directorio catequético nacional*, n. 158.
553   CA, n. 36.

de la sociedad que han pensado y construido. Los hombres y las mujeres deben ser capaces de ejercer sus derechos y cumplir con sus obligaciones sin una interferencia indebida de las instituciones sociales. La sociedad a la que pertenecen debe inspirarlos a desarrollarse como seguidores de Cristo y a desarrollar sus familias, sus comunidades y sus culturas. Las instituciones económicas, sociales, políticas y legales establecidas por una sociedad deben realzar el desarrollo de la persona humana, en lugar de restringirlo. "La sociedad humana… tiene que ser considerada, ante todo, como una realidad de orden principalmente espiritual."[554]

B. Conversión moral y sociedad

La moralidad cristiana tiene una dimensión social distintiva que procede tanto de la naturaleza de la persona humana como de la misión social de la Iglesia. La persona cristiana no puede sólo vivir en sociedad sin reconocer los deberes y responsabilidades que emanan naturalmente dentro de esa relación. Nuestra fe en la soberanía de Dios y el destino de la persona humana nos obliga a trabajar por la justicia, a servir a los necesitados, a buscar la paz y a defender la vida, la dignidad y los derechos de todas las personas. "Los católicos están llamados por Dios a proteger la vida humana, promover la dignidad humana, defender a los que son pobres y buscar el bien común. Esta misión social de la Iglesia nos pertenece a todos. Es una dimensión esencial de lo que significa ser creyente."[555] Estamos llamados a ser el fermento de la sociedad, aplicando los valores cristianos a todos los aspectos de nuestras vidas. Nuestra sociedad requiere el testimonio de los cristianos que asumen con seriedad las exigencias del Evangelio y que practican activamente la virtud de la justicia social. A causa de su bautismo, los cristianos debemos ser líderes "servidores", a quienes Jesús desafió que fuesen sus discípulos. Debemos recordar "el derecho-deber que tienen los ciudadanos católicos, como todos los demás, de buscar sinceramente la verdad y promover y defender, con medios lícitos, las verdades morales sobre la vida social, la justicia, la libertad, el respeto a la vida y todos los demás derechos de la persona."[556]

---

554 Juan XXIII, Carta encíclica *Pacem in terris. Sobre la paz entre todos los pueblos* (PT), n. 36.

555 USCCB, *Cristianos de cada día: tienen hambre y sed de justicia. Reflexión pastoral sobre discípulos seglares buscando justicia en el nuevo milenio* (Washington, D.C.: USCCB, 1998), 1.

556 Congregación para la Doctrina de la Fe, *Nota doctrinal sobre algunas cuestiones relativas al compromiso y la conducta de los católicos en la vida política* (Ciudad del Vaticano, 2003), n. 6.

C. Principios de la enseñanza social católica

El llamado a trabajar en pro de la justicia social está incluido en el mensaje evangélico de Jesucristo, quien vino "para llevar a los pobres la buena nueva, para anunciar la liberación a los cautivos y la curación a los ciegos."[557] Este llamado se ha especificado aun más por medio de las enseñanzas oficiales de la Iglesia. La enseñanza social de la Iglesia comprende un cuerpo doctrinal, pero no es meramente un conjunto de documentos. Más que eso, es una tradición viviente de pensamiento y acción. Esta enseñanza es un

> llamado a la conciencia, a la compasión y a la acción creadora en un mundo que confronta la terrible tragedia del aborto generalizado, la espantosa realidad del hambre y la falta de hogar, y el mal del perjuicio y la pobreza continuos. La enseñanza eleva las dimensiones sociales de las cuestiones públicas fundamentales, examinando los "signos de los tiempos" por medio de los valores de la Sagrada Escritura, la enseñanza de la Iglesia y la experiencia del pueblo de Dios.[558]

La doctrina social de la Iglesia es parte de un entramado moral sistemático que incluye la totalidad de las enseñanzas morales de Cristo y las propuestas por la Iglesia en su nombre. Las enseñanzas sociales de la Iglesia están profundamente integradas con su visión abarcadora de la moralidad cristiana. No se las puede tratar como si fueran periféricas u opcionales. Esas enseñanzas son los elementos constituyentes de su Magisterio, y los valores sobre los que se basan son componentes indispensables de la vida en Cristo.

La enseñanza social de la Iglesia busca aplicar el mandamiento evangélico del amor a los sistemas, las estructuras y las instituciones sociales y en el interior de los mismos. "Propone principios de reflexión, extrae criterios de juicio, da orientaciones para la acción."[559] Los obispos hemos puesto de relieve siete temas clave que conforman el corazón de la

---

557   *Lc* 4, 18.

558   USCCB, *A Century of Social Teaching: A Common Heritage, a Continuing Challenge* [*Un siglo de enseñanza social: Una herencia común, un desafío permanente*] (Washington, D.C.: USCCB, 1991), 3 [versión del traductor].

559   CCE, n. 2423.

enseñanza social católica: (1) vida y dignidad de la persona humana, (2) llamado a la familia, la comunidad y la participación, (3) derechos y deberes, (4) opción por los pobres e indefensos, (5) la dignidad del trabajo y los derechos de los trabajadores, (6) solidaridad y (7) preocupación por la creación de Dios.[560]

D. El pecado social

El énfasis que pone la Iglesia en la dimensión social de la moralidad ha dado origen al concepto de pecado social. El efecto del pecado en la sociedad con el correr del tiempo, que hace que la sociedad cree estructuras de pecado, por analogía se denomina "pecado social". El pecado personal que se expresa en la estructuras de la sociedad, el pecado personal que tiene repercusiones sociales, es un pecado social. El pecado social se asemeja al pecado original porque puede existir en las estructuras, porque podemos participar en un mal que no creamos nosotros mismos y porque a veces constituye el legado de nuestras familias y comunidades. Las estructuras de pecado establecen relaciones sociales que, a su vez, dan origen a una denegación sistemática o al abuso de los derechos de determinados grupos o individuos. La injusticia social organizada, el racismo institucionalizado, la explotación económica sistémica y la destrucción del medio ambiente son ejemplos de las consecuencias sociales del pecado.

El pecado social puede afectar a grandes cantidades de personas, aunque es muy difícil hacer responsables de este pecado a los individuos. La injusticia social puede estar tan profundamente enraizada y entrelazada en la vida de una sociedad, que a menudo se hace difícil su erradicación. Pero cada persona individual es un agente moral; las estructuras o sistemas no son agentes morales. Los individuos diseñan las estructuras y sistemas; ellos son responsables de las malas consecuencias de todo sistema social injusto y deben trabajar junto con otros para cambiar esas estructuras y sistemas que causan el mal.

---

560   Cf. *Compartiendo la enseñanza social católica*, 4-6.

44. FORMACIÓN MORAL
EN EL MENSAJE DEL EVANGELIO

La Iglesia tiene la responsabilidad de formar a los miembros del Cuerpo de Cristo a la luz del mensaje del Evangelio y de enseñarles cómo aplicar, en forma específica y práctica, los principios morales cristianos a los problemas contemporáneos. Los Diez Mandamientos (o Decálogo) y las Bienaventuranzas son los puntos de referencia primarios para aplicar los principios morales cristianos. El Decálogo, la expresión de la alianza de Dios con su pueblo, es también una expresión privilegiada de la ley natural que se resume en el mandamiento de amar a Dios y al prójimo. En el Sermón de la Montaña, Jesús tomó los Diez Mandamientos y desafió a sus discípulos a vivirlos en el espíritu de las Bienaventuranzas. Éstas proclaman la salvación que procede del Reino de los Cielos. En ellas, Jesús enseña los atributos y virtudes que deben cultivar aquellos que lo siguen. Ellas sintetizan el camino de Cristo, el único camino que lleva a la bienaventuranza eterna, a la comunión con Dios. Aquellos que son catequizados no sólo deben saber de memoria los Diez Mandamientos y las Bienaventuranzas, sino que deben comprender también cómo el espíritu de las Bienaventuranzas impregna el Decálogo.

Otras fuentes para la aplicación de los principios morales cristianos son las obras espirituales y corporales de misericordia, las virtudes teológicas y morales, los siete pecados capitales y las fórmulas morales tradicionales que expresan la sabiduría de la Iglesia. La catequesis de la vida moral cristiana también debe incluir instrucción sobre las leyes de la Iglesia, principalmente sobre aquéllas que son los preceptos de la Iglesia. La Sagrada Escritura y las vidas de los santos proporcionan ejemplos positivos concretos de la vida moral cristiana.

45. CATEQUESIS ACERCA DEL DECÁLOGO

La catequesis acerca de los Diez Mandamientos o Decálogo es una parte importante del proceso catequético. En general, la catequesis debe presentar la enseñanza del *Catecismo de la Iglesia Católica* sobre el Decálogo a la luz de la enseñanza de Cristo en el Sermón de la montaña. A continuación se presentan orientaciones específicas para la catequesis acerca de los Diez Mandamientos.

A. El primer mandamiento:
Yo soy el Señor, tu Dios.
No tendrás otros dioses fuera de mí.

La catequesis sobre el primer mandamiento despierta la creencia en Dios, inspira esperanza en Él y anima a los creyentes a amarle por sobre todas las cosas. Dicha catequesis

- Presenta una evidencia convincente basada en la razón y la fe para creer en la existencia de un Dios trascendente y amoroso
- Ayuda a los creyentes a percibirse a sí mismos en una relación de amor con Dios y a expresar esa relación en la adoración, la oración y el culto
- Enseña que nadie ni ninguna otra cosa ocupa el lugar de Dios en la vida de uno mismo y demuestra la trivialidad de la divinización de aquello que no es Dios, tal como el poder, el placer, el dinero, el éxito, etc.

B. El segundo mandamiento:
No harás mal uso del nombre del Señor, tu Dios.

La catequesis sobre el segundo mandamiento estimula el reconocimiento del sentido sagrado de la vida. Dicha catequesis

- Estimula la veneración de lo sagrado y enseña que el respeto por el nombre de Dios caracteriza la relación de la criatura con el Creador
- Enseña que la santidad del nombre de Dios requiere que no se le use para fines triviales
- Enseña que las promesas, los votos y los juramentos en nombre de Dios son cuestiones serias[561]
- Permite a los creyentes ser testigos del nombre del Señor en su confesión de fe
- Promueve respeto por los nombres de Dios, Jesucristo, el Espíritu Santo, la Bienaventurada Virgen María y todos los santos
- Explica que Dios llama a cada uno por su nombre[562] y que el tratamiento apropiado muestra reverencia por la persona

---

561   Cf. CCE, nn. 2147 y 2149.
562   Cf. Is 43, 1.

C. El tercer mandamiento: Acuérdate de santificar el sábado.

La catequesis sobre el tercer mandamiento comienza con la convicción de que las criaturas y su Creador están unidas por una relación de amor, y que las criaturas deben culto y alabanzas a Dios. El domingo también se pide a los fieles que se abstengan "de aquellos trabajos y actividades que impidan dar culto a Dios, gozar de la alegría propia del día del Señor, o disfrutar del debido descanso de la mente y del cuerpo."[563] La catequesis sobre el tercer mandamiento

- Ayuda a los creyentes a reconocer la dimensión trascendente de la vida y la presencia de Dios en el tiempo
- Enseña que el domingo, el día del Señor, es el primer día de la semana y el día en que la Iglesia conmemora la resurrección del Señor
- Enseña que el domingo "debe ser guardado en toda la Iglesia como fiesta primordial de precepto"[564] y que "el domingo y las demás fiestas de precepto los fieles tienen obligación de participar en la Misa"[565]
- Alienta a los fieles a apartar el domingo como un día de descanso y reflexión, y dedicado a cultivar su vida familiar, cultural, social y religiosa

D. El cuarto mandamiento: Honra a tu padre y a tu madre.

La catequesis sobre el cuarto mandamiento comienza con la comprensión de que la familia es una comunión de personas y un signo e imagen de la comunión del Padre y el Hijo en el Espíritu Santo. Dicha catequesis

- Comienza con el conocimiento de que la familia es "el santuario de la vida",[566] "la célula primera y vital de la sociedad,"[567] e iglesia doméstica[568]

---

563   CIC, c. 1247.
564   CIC, c. 1246 §1; CCEO, c. 880 §3.
565   CIC, c. 1247; CCEO, c. 881 §1.
566   EV, n. 6.
567   AA, n. 11.
568   Cf. LG, n. 11.

- Reconoce y promueve en los padres la conciencia de que el tes-timonio de la vida cristiana dado por los padres en la familia es especialmente formativo
- Enseña las responsabilidades de los padres hacia sus hijos y de los hijos hacia los padres
- Nutre una actitud de gratitud y respeto en los padres y sus hijos
- Promueve la conciencia acerca de los derechos y responsabili-dades de las autoridades civiles y los ciudadanos
- Enseña la correcta relación entre la Iglesia y la comunidad política

E. El quinto mandamiento: No matarás.

La catequesis sobre el quinto mandamiento fomenta el respeto por la vida humana y la comprensión de la sacralidad de la vida humana; reconoce la complejidad que conlleva el análisis moral de las cuestiones rela-cionadas con la vida y, al mismo tiempo, proporciona orientaciones específicas para dicho análisis. Esta catequesis

- Enseña que la persona humana tiene derecho a la vida desde el momento de la concepción y que, conforme a la enseñanza de la Iglesia, toda forma de aborto directo es un crimen contra la vida[569] y es gravemente contraria a la ley moral; tan grave es este pecado que la participación en un acto deliberado de aborto puede dar como resultado una excomunión automática
- Explica que el embrión humano es una persona en todas sus eta-pas y que "debe ser defendido en su integridad, atendido y sanado médicamente como cualquier otro ser humano"[570]
- Enseña que la producción y clonación de embriones humanos como material biológico descartable, incluso en nombre del avance científico para los fines de explotación, experimentación o investigación, es gravemente inmoral
- Explica que la eutanasia y el suicidio asistido, cualquiera sean sus formas o cualesquiera sean los motivos por lo que se los practica, son moralmente incorrectos, porque son gravemente contrarios a

---

569   Cf. GS, n. 27.
570   CCE, n. 2323.

la ley divina y a la dignidad de la persona humana; que el suicidio es un mal moral grave y que las personas que son discapacitadas o enfermas "tienen derecho a un respeto especial" y "deben ser atendidas para que lleven una vida tan normal como sea posible"[571]

- Instruye sobre la legítima defensa personal y civil, el castigo proporcional por los delitos y el hecho de que los medios no letales para defender a la sociedad de los criminales se deben preferir por ser "más conformes a la dignidad de la persona humana"[572]
- Explica "los males y las injusticias que ocasiona toda guerra",[573] "las condiciones estrictas de una *legítima defensa mediante la fuerza militar*",[574] la inmoralidad del uso indiscriminado de armas, el peligro de la acumulación excesiva de armamento y el riesgo de la producción y venta no regulada de armas
- Instruye sobre la integridad de la persona, el mal moral de crear escándalos, la responsabilidad por la propia salud y la salud de los demás, las contribuciones y peligros de la investigación científica y el tratamiento apropiado de los muertos

F. El sexto mandamiento: No cometerás adulterio. El noveno mandamiento: No codiciarás la mujer de tu prójimo.

La catequesis sobre los mandamientos sexto y noveno incluye instrucción acerca del don de la sexualidad humana, su bondad intrínseca y el lugar apropiado de ese don dentro del contexto de un matrimonio fiel, fructífero y de por vida. Dicha catequesis

- Explica la diferencia, la complementariedad y la igualdad esencial de ambos sexos
- Explica la virtud de la castidad, su significado y sus diversas formas
- Enseña al seguidor de Cristo a rechazar los valores y las prácticas de una sociedad permisiva desde el punto de vista sexual

---

571   CCE, n. 2276.
572   EV, n. 56, citando al CCE, n. 2267.
573   CCE, n. 2307.
574   CCE, n. 2309.

- Enseña la práctica de la castidad por medio de la conducta, la vestimenta y el hablar pudorosos, la resistencia ante los deseos y tentaciones lujuriosos, la pornografía y los entretenimientos indecentes
- Promueve la fidelidad marital y enseña que las relaciones sexuales son un bien moral y humano reservado para los esposos casados
- Explica que se prohíbe a los cristianos el sexo prematrimonial, el sexo extramatrimonial, el adulterio, la masturbación, los actos homosexuales y otros actos de impureza
- Invita a considerar una vocación para el sacerdocio o la vida religiosa, en los que la castidad cristiana se vive y atestigua su amor a Cristo y a la causa del Reino
- Explica que la procreación y la educación de los hijos son el don supremo del matrimonio cristiano y que los métodos de regulación de la natalidad basados en la observación de sí mismo y en el uso de los períodos infecundos guardan conformidad con los criterios objetivos de moralidad[575]
- Explica que la esterilización directa, la contracepción y toda otra forma de fertilización artificial o de clonación humana resultan moralmente inaceptables
- Incluye instrucción acerca de la inmoralidad del adulterio, la poligamia, el incesto, el matrimonio consuetudinario, la cohabitación prematrimonial, la violación y toda otra forma de abuso sexual
- Enseña que llevar una vida de castidad requiere practicar la oración y la pureza de la intención y el dominio de sí mismo
- Incluye instrucción acerca de la virtud de la templanza, la modestia y la discreción propia
- Explica que los pensamientos, las palabras y los actos impúdicos son moralmente incorrectos y pueden conducir a una conducta moralmente permisiva
- Reconoce que la familia es el entorno más adecuado para la educación gradual en la sexualidad humana y la integración armoniosa de los principios morales cristianos
- Reconoce que los padres tienen el derecho básico, el deber y la responsabilidad primaria de proporcionar educación sobre sexualidad humana a sus hijos y de decidir qué tipo de educación formal

---

575 Cf. Pablo VI, Carta encíclica *Humanae vitae. Sobre la regulación de la vida humana* (HV), n. 16.

sobre sexualidad humana es mejor para sus hijos, y que pueden pedir a la Iglesia asistencia para proporcionar esta educación[576]

- Reconoce que la educación en sexualidad humana más eficaz para los niños proviene del ejemplo íntegro de sus padres y otros adultos
- Reconoce el deber de los sacerdotes y de los dirigentes catequéticos parroquiales de respaldar y alentar a los padres para desempeñar su función como educadores de sus hijos en la sexualidad humana, así como proporcionar instrucciones adicionales respecto de la enseñanza y los valores católicos que complementan y completan la formación proporcionada por los padres
- Brinda respaldo a los padres en su función como educadores en la sexualidad humana y los hace participar en la planificación, presentación y evaluación de programas de educación en sexualidad humana
- Ayuda a los padres a enseñar a sus hijos que los valores positivos inherentes a la sexualidad humana provienen de la dignidad de cada persona humana creada a imagen de Dios y llamada a la comunión con Él
- Ayuda a los padres a asegurar que la educación de sus hijos en la sexualidad humana se brinde dentro del contexto de los principios y valores morales de la Iglesia
- Ayuda a los padres a asegurar que la educación y formación proactiva en la castidad y la información oportuna acerca de la sexualidad se proporcionen en el contexto más amplio de la educación para el amor

G. El séptimo mandamiento: No robarás. El décimo mandamiento: No codiciarás... nada que pertenezca a tu prójimo.

La catequesis sobre los mandamientos séptimo y décimo se centra en la justicia social y económica, ya que "la justicia social es una parte integral de la evangelización, una dimensión constitutiva de la predicación del Evangelio y una parte esencial de la misión de la Iglesia."[577] Dicha catequesis

---

576 FC, n. 37.
577 USCCB, *Comunidades de sal y luz: Reflexiones sobre la misión social de la parroquia* (Washington, D.C.: USCCB, 1994), 3.

- Explica que la creencia fundamental en la que se basa la enseñanza social de la Iglesia se basa en la dignidad inherente a la persona humana, creada a imagen y semejanza de Dios, y en la llamada a la comunión con Dios
- Enseña que "robar" es apropiarse de bienes, propiedades o tiempo contra la voluntad de sus propietarios legítimos
- Se deriva de las fuentes de la doctrina social de la Iglesia: el Antiguo y el Nuevo Testamento, la vida y el ministerio de Jesús y las enseñanzas pontificias, conciliares y episcopales desarrolladas a lo largo de la historia de la Iglesia
- Incluye una exhaustiva instrucción sobre la doctrina social de la Iglesia, la justicia y la solidaridad entre las naciones, la opción preferencial de la Iglesia por los pobres y vulnerables y la dignidad del trabajo humano
- Explica la relación entre la moralidad personal y la moralidad social, ilustrando con ejemplos concretos cómo el robo, el vandalismo y el fraude infringen los derechos de las personas sobre sus propiedades
- Expone los principios morales que los cristianos tienen el deber moral de aplicar con esmero a situaciones particulares
- Explica que "los bienes de la creación están destinados a todo el género humano"[578] y estimula el respeto por la integridad de la creación y la obligación de todas las personas humanas de proteger y conservar el medio ambiente para las generaciones futuras
- Fomenta el deseo de la felicidad auténtica que se puede encontrar sólo en Dios, cuando se es pobre de espíritu y se está desligado de las riquezas
- Ayuda a los cristianos a sobreponerse a la seducción del placer, del poder y de la riqueza enseñando la virtud de la humildad y el abandono en la providencia de Dios
- Proporciona instrucción acerca del significado de los deseos inmoderados y los significados específicos de la codicia, la envidia y la avaricia
- Explica que la misión evangelizadora de la Iglesia procede del imperativo del Evangelio de amar al prójimo, especialmente al prójimo que sufre o padece necesidades

---

578 CCE, n. 2452.

- Presenta las enseñanzas sociales de la Iglesia de manera completa, piadosa y entusiasta, permitiendo a los cristianos renovar su propia experiencia de Cristo y también evangelizar a otros
- Integra la doctrina social de la Iglesia a su misión catequética y combina lo sustancial de la enseñanza social de la Iglesia a través de la educación y formación en la fe de las personas
- Reconoce que los actos de los seres humanos dan lugar a las consecuencias sociales del pecado: injusticia social, codicia, egoísmo y violencia
- Incluye instrucción acerca de la justicia conmutativa, la reparación y la restitución de los bienes robados
- Llama a una renovación del corazón basada en el reconocimiento del pecado en sus manifestaciones individuales y sociales,[579] ayudando a las personas a reconocer su responsabilidad individual y colectiva de trabajar en pro de la justicia en el mundo y su dependencia de Dios para lograr ese fin
- Desarrolla la capacidad humana de reflexionar acerca de la sociedad y sus valores y de evaluar las estructuras sociales y los sistemas económicos que dan forma a la vida humana
- Promueve acciones en nombre de la justicia, acentuando las obras corporales de misericordia
- Promueve la colaboración entre los cristianos como una dimensión importante de los acciones en nombre de la justicia
- Ayuda a los católicos a cumplir con sus deberes como ciudadanos y los alienta a considerar cargos en el servicio público
- Integra los principios de la enseñanza social de la Iglesia en un programa catequético sistemático y abarcador, así como en entornos más ocasionales e informales
- Explica que "el compromiso con la vida y la dignidad humana, con los derechos humanos y la solidaridad, es un llamado que todos los educadores católicos deben compartir con sus estudiantes"[580]
- Transmite la historia de la participación de la Iglesia en la justicia social, ofreciendo el ejemplo de las vidas de los santos y otros católicos sobresalientes que han encarnado el compromiso de la Iglesia con la justicia social

---

579 Cf. Sínodo de Obispos, *Justice in the World* (1971), III, en *Justice in the Marketplace: Collected Statements of the Vatican and the U.S. Catholic Bishops on Economic Policy, 1891-1984* (Washington, D.C.: USCCB, 1985).

580 *Compartiendo la enseñanza social católica*, n. 7.

- Estimula la práctica de obras de caridad y corresponsabilidad por parte de todos los católicos, según su entendimiento y capacidad
- Incluye actividades que ponen a los católicos en contacto directo con la realidad de la injusticia, permitiéndoles efectuar cambios para el bien común y fomentar el respeto por los valores humanos y cristianos en la sociedad
- Reconoce que el ministerio de la justicia social es un servicio válido y necesario en la Iglesia, y alienta a los católicos a considerar vocaciones y carreras en el trabajo en pro de la justicia social

H. El octavo mandamiento:
No darás falso testimonio contra tu prójimo.

La catequesis sobre el octavo mandamiento enseña que Dios es la fuente de toda la verdad y que la plenitud de la verdad se revela en la persona de Jesucristo. Dicha catequesis

- Explica que los cristianos deben atestiguar la verdad, dando testimonio del Evangelio y viviendo conforme a sus obligaciones
- Reconoce la dificultad de dar testimonio de la verdad en una sociedad que considera que la verdad es relativa y está influenciada por la perspectiva parcializada que brindan los medios de comunicación
- Enseña el respeto por la verdad, el respeto por el buen nombre y el honor de los demás y la inmoralidad de los juicios injustos, la calumnia, la detracción y cualquier otra acción que lesione de manera injusta la reputación de otra persona
- Explica que "mentir" es decir algo falso para engañar a otra persona y que "la gravedad de la mentira se mide según la naturaleza de la verdad que deforma, según las circunstancias, las intenciones del que la comete y los daños padecidos por los que resultan perjudicados"[581]
- Enseña que uno mismo debe reparar el daño que ha causado con sus mentiras
- Enseña que el derecho a la verdad tiene determinados límites y también que la sociedad tiene el derecho de esperar la verdad por parte de los medios públicos de comunicación masiva

---

581   CCE, n. 2484.

I. El Decálogo en el espíritu de las Bienaventuranzas

Los Diez Mandamientos y las Bienaventuranzas describen los caminos que llevan al Reino de Dios. Así como los Diez Mandamientos estaban en el centro de la ley mosaica, las Bienaventuranzas están en el centro de la predicación de Jesús. Cumplen las promesas que Dios hizo al pueblo elegido y enseñan al pueblo de la Nueva Alianza el fin último al que Dios nos llama: el Reino de los cielos. Reflejan el deseo de felicidad escrito en el corazón humano y revelan la meta de la existencia humana: la felicidad eterna en comunión con Dios.

Las Bienaventuranzas dibujan el rostro de Jesucristo y describen su caridad; expresan la vocación de los fieles asociados a la gloria de su Pasión y de su Resurrección; iluminan las acciones y las actitudes características de la vida cristiana; son promesas paradójicas que sostienen la esperanza en las tribulaciones; anuncian a los discípulos las bendiciones y las recompensas ya aseguradas; quedan inauguradas en la vida de la Virgen María y de todos los santos.[582]

Éstas son las Bienaventuranzas:

Dichosos los pobres de espíritu,
    porque de ellos es el Reino de los cielos.
Dichosos los que lloran,
    porque serán consolados.
Dichosos los sufridos,
    porque heredarán la tierra.
Dichosos los que tienen hambre y sed de justicia,
    porque serán saciados.
Dichosos los misericordiosos,
    porque obtendrán misericordia.
Dichosos los limpios de corazón,
    porque verán a Dios.

---

582   CCE, n. 1717.

Dichosos los que trabajan por la paz,
porque se les llamará hijos de Dios.
Dichosos los perseguidos por causa de la justicia,
porque de ellos es el Reino de los cielos.[583]

La catequesis sobre las Bienaventuranzas

* Explica que "todos los hombres buscan la felicidad: la vida, la paz, el gozo, la salud y la existencia plena"[584]
* Enseña que la felicidad que buscan todas las personas y para la que fueron creadas les es dada en Jesús
* Brinda esperanza en momentos de dificultades
* Describe la vocación de todos los fieles, arrojando luz sobre los acciones y las actitudes características de la vida cristiana
* Desafía a los cristianos con opciones morales decisivas
* Anima a cada cristiano a esforzarse por alcanzar la perfección y a trabajar para la venida del Reino

46. CONCLUSIÓN

La vida en Cristo es un modo de ser, un modo de amar. No es un plan de acción, ni siquiera de acción en nombre de la justicia. La vida en Cristo da una nueva forma a los seres humanos y proporciona un principio vital nuevo para todas sus actividades. Es la integración radical de la persona con Cristo, la morada de Cristo en el corazón y el alma del cristiano, una fusión del cristiano con el Hijo de Dios. "Cristo vive en mí" es la confesión singular del cristiano que ha sido guiado por la gracia de Dios y que confía, en el nivel más profundo de su ser, en que la vida verdadera proviene sólo del sacrificio redentor de Jesucristo.

La catequesis para la vida en Cristo enciende el corazón, ilumina la mente e inspira al alma. Su objetivo es permitir a los cristianos amar a Dios con sus corazones, con toda su alma, con toda su mente y con toda su fuerza. Procura ayudar a las personas a formar conciencias correctas, a elegir lo que es moralmente bueno, a evitar el pecado y sus ocasiones y a

---

583   Mt 5, 3-10.
584   *Directorio catequético nacional*, n. 100.

vivir en este mundo según la inspiración del Espíritu Santo. Enseña a las personas sus obligaciones de amor hacia Dios, hacia los demás y hacia sí mismos. Los llama a reconocer su dignidad inherente y a actuar de acuerdo con la vida divina que comparten. La catequesis para la vida en Cristo les ofrece el camino de Cristo, el camino que los aleja de la muerte y los acerca a la vida.

Ahora que ya hemos presentado el contenido que compone el mensaje catequético, pondremos nuestra atención en aquellos que están esperando oír esta buena nueva. El próximo capítulo proporcionará una guía acerca de cómo catequizar al pueblo de Dios.

CAPÍTULO 7

Catequizar al pueblo de Dios en marcos diversos

En aquel tiempo, Jesús se puso a enseñar otra vez junto al lago, y se reunió una muchedumbre tan grande, que Jesús tuvo que subir en una barca; ahí se sentó, mientras la gente estaba en tierra, junto a la orilla. Les estuvo enseñando muchas cosas con parábolas. (*Mc* 4, 1-2)

47. INTRODUCCIÓN

La enseñanza era medular en el ministerio de Jesús. Él fue enviado por el Padre a proclamar la venida del Reino de Dios y a guiar a la humanidad a la comunión con la vida de la Santísima Trinidad. El Padre se identificó con Jesús, lo favoreció y encomendó sus enseñanzas a aquellos a quienes fue enviado. "Éste es mi Hijo muy amado, en quien tengo puestas mis complacencias; escúchenlo."[585] Jesús fue ungido por el Espíritu "para llevar a los pobres la buena nueva, para anunciar la liberación a los cautivos y la curación a los ciegos, para dar libertad a los oprimidos y proclamar el año de gracia del Señor."[586] Enseñaba con autoridad, y las personas de todas las condiciones sociales y de todas las edades y circunstancias lo seguían en las sinagogas, en las laderas de los montes, a través de ciudades y pueblos

---

585   *Mt* 17, 5.
586   *Lc* 4, 18-19.

y a las orillas del mar. Les enseñaba en lugares que eran familiares para ellos y les enseñaba según la capacidad que tenían para comprender su mensaje. Les enseñaba que el Reino que venía a anunciar era para todos, especialmente para los pobres y vulnerables. Y encomendó a sus discípulos que continuaran su ministerio de enseñanza "hasta los últimos rincones de la tierra".[587]

Durante dos mil años la Iglesia ha asumido el mandato de Cristo de ir, hacer discípulos y enseñar.[588] La Iglesia debe proclamar el mensaje del Evangelio ya que, de no hacerlo, no sería fiel al mandato de Cristo. A la inversa, el pueblo de Dios necesita su Palabra hecha carne y las palabras de su enseñanza si ha de ser salvado por el sacrificio de Cristo, santificado por el Espíritu Santo y llevado a la comunión con el Padre. Todos los creyentes tienen derecho a recibir la auténtica enseñanza de Cristo. El escuchar la proclamación de Cristo de la Buena Nueva que anuncia que el Reino de Dios está cerca es esencial para su salvación. Dado que la Palabra de Dios es una palabra salvífica, los creyentes, quienes son llamados a la salvación en Cristo, deben tener acceso a ella y a Él. "Todo bautizado, por estar llamado por Dios a la madurez de la fe, tiene necesidad y, por lo mismo, derecho a una catequesis adecuada."[589]

La Iglesia, el Cuerpo de Cristo, es el principal agente de la catequesis y también el receptáculo primario de la catequesis. En realidad, la vida de la Iglesia es una especie de catequesis en sí misma. Cada persona tiene la responsabilidad de crecer en la fe y de contribuir al crecimiento en la fe de los otros miembros de la Iglesia.

Al igual que Cristo instruyó a sus seguidores de acuerdo con la capacidad de cada uno de ellos para comprender su mensaje, la Iglesia también debe tomar seriamente en cuenta las circunstancias y las culturas en las que viven los creyentes, a fin de presentarles el significado del Evangelio en formas que puedan comprender. Hay una palabra salvífica —Jesucristo— pero la palabra puede ser dicha de muchas maneras diversas. La "adaptación de la predicación de la palabra revelada debe mantenerse como ley de toda la evangelización."[590]

587　Cf. *Hch* 1, 8.
588　*Mt* 28, 19.
589　DGC, n. 167.
590　GS, n. 44.

En este capítulo se describen esas condiciones presentes en el proceso catequético y se ofrecen los principios, lineamientos y criterios para presentar el Evangelio a diferentes grupos en sus diversos contextos.

48. LA CATEQUESIS SEGÚN LOS NIVELES DE APRESTAMIENTO Y EDAD

El crecimiento en la fe se refiere al desarrollo humano y atraviesa diferentes etapas. Las personas se desarrollan como seres humanos y seguidores creyentes de Cristo de diferentes maneras y a su propio ritmo. Independientemente del estilo o el ritmo del crecimiento en la fe, ese crecimiento siempre significa asemejarse gradualmente cada vez más a Cristo. Significa unirse en comunión con el Padre y el Hijo en el Espíritu Santo por intermedio de la participación activa en los sacramentos, la vida de oración de la Iglesia y el servicio generoso al prójimo. La catequesis de la Iglesia —e incluso más todavía, el catequista— debe considerar todos los factores humanos correspondientes a un nivel específico de edad, a fin de presentar el mensaje del Evangelio en forma vital y rigurosa. Desde la infancia y pasando por la madurez, "la catequesis se convierte, pues, en una escuela permanente de la fe y sigue de este modo las grandes etapas de la vida."[591]

A. Catequesis de adultos

La mayoría de los adultos son capaces de dar una respuesta de fe libre e informada a la iniciativa de amor de Dios. "Tienen el derecho y el deber de hacer madurar el germen de la fe que Dios les ha dado."[592] Han experimentado las alegrías y los desafíos de la vida y tienen la capacidad para cuestionar la verdad y el significado de la vida. La catequesis de los adultos "es la forma principal de la catequesis porque está dirigida a las personas que tienen las mayores responsabilidades y la capacidad de vivir el mensaje cristiano bajo su forma plenamente desarrollada."[593] La formación catequística de los adultos es esencial para que la Iglesia pueda llevar adelante lo que

---

591   CT, n. 39.
592   DGC, n. 173.
593   CT, n. 43.

Cristo encomendó a los apóstoles. "En razón de su importancia, y porque de cierta manera todas las otras formas de catequesis están orientadas hacia ella, la catequesis de adultos debe tener prioridad en todos los niveles de la Iglesia."[594]

Esta formación necesita dirigirse a adultos en diferentes etapas del desarrollo de su fe. Muchas personas adultas católicas practican su fe y desean profundizarla. Ellas "necesitan ser alimentados constantemente con la Palabra de Dios para crecer en su vida cristiana."[595] Otras que han sido bautizadas pero que no recibieron una catequesis integral o que ya no practican su fe necesitan ser renovadas a través de una prédica entusiasta de la palabra y una vibrante reevangelización. Incluso otras personas que no están bautizadas tal vez desean incorporarse al catecumenado, donde gradualmente pueden progresar a través de las etapas de la iniciación cristiana e incorporarse a la vida de la Iglesia.

La catequesis de adultos debe ser *"el principio organizador,* que da coherencia a los distintos procesos de catequesis que ofrece una Iglesia particular [...] Ella es el eje en torno al cual gira y se inspira la catequesis de las primeras edades y la de la tercera edad."[596]

La catequesis de adultos promueve la fe adulta madura: la fe del discípulo que ha sido salvado por el amor redentor de Cristo y quien se convierte continuamente a Él. La catequesis de adultos impulsa este discipulado ofreciéndole "una presentación y exploración sistemática y total de lo que constituye el corazón de la fe y la práctica católica —una iniciación completa en el camino de vida católico."[597]

1. Las metas de la catequesis de adultos

La catequesis de adultos tiene tres metas principales.[598]

1. Invita y posibilita a los adultos "adquirir una actitud de *conversión al Señor."*[599] Esta actitud considera la vida cristiana como una

---

594 *Directorio catequético nacional*, n. 188.
595 DGC, n. 50.
596 DGC, n. 275.
597 *Sentíamos arder nuestro corazón* [SANC], n. 65.
598 Cf. SANC, nn. 67-73.
599 International Council for Catechesis, *Adult Catechesis in the Christian Community: Some Principles and Guidelines [La catequesis de adultos en la comunidad cristiana: Algunas líneas y orientaciones]* (Washington, D.C.: USCCB, 1992), n. 36, http://www.usccb.org/publishing/526-7.pdf [versión del traductor].

transformación gradual en Cristo, en la que el cristiano acepta racionalmente a Cristo, confía en el amor del Padre, acepta la guía del Espíritu Santo en la búsqueda y obediencia de la voluntad de Dios y busca la santidad de vida dentro de la Iglesia. Promueve una espiritualidad bautismal en la que la fe en Jesús del cristiano se profundiza constantemente a través de la participación en los sacramentos, las obras de caridad y justicia y la vida de oración de la Iglesia.

2. La catequesis de adultos los ayuda a "decidir en forma consciente y firme de vivir el don y la opción de fe participando *como miembro de la comunidad cristiana.*"[600] Promueve la participación activa en la Iglesia, tal como se lleva a cabo en la familia, en las comunidades pequeñas basadas en la fe, en las parroquias, en las diócesis y en la comunión de los santos. Ayuda a los adultos a desarrollar un sentido más profundo de su cooperación con el Espíritu Santo para la misión de la Iglesia en el mundo y también para su vida interna.

3. La catequesis de adultos los ayuda a estar "más dispuestos y ser más capaces de ser *un discípulo cristiano en el mundo.*"[601] Permite a los discípulos adultos aceptar el lugar al que tienen derecho en la misión evangelizadora de la Iglesia, escuchar el clamor de justicia, promover la unidad entre los cristianos y ser testigos de la salvación que Jesucristo logró para todos.

2. Las tareas de la catequesis de adultos

La tarea general de la catequesis de adultos "debe proponer la fe cristiana en su integridad, autenticidad y sistematicidad, de acuerdo con la comprensión que de ella tiene la Iglesia, poniendo en un primer plano el anuncio de la salvación; iluminando con su luz las dificultades, obscuridades, falsas interpretaciones, prejuicios y objeciones hoy presentes; mostrando las implicaciones y exigencias morales y espirituales del mensaje; introduciendo a la lectura creyente de la Sagrada Escritura y a la práctica de la oración."[602] En especial, las tareas más importantes de la catequesis de adultos son las siguientes:

---

600 *Adult Catechesis in the Christian Community…*, n. 37 [versión del traductor].
601 *Adult Catechesis in the Christian Community…*, n. 38 [versión del traductor].
602 DGC, n. 175.

- Promover la formación y el desarrollo de la vida en el Cristo Resucitado a través de los sacramentos, la vida de oración en la Iglesia, las obras de caridad y justicia, los retiros y la dirección espiritual
- Promover la evangelización como la manera de llevar la Buena Nueva a todos los ámbitos culturales y existenciales en los que se forma la humanidad[603]
- Educar para desarrollar una conciencia moral informada
- Clarificar dudas religiosas y morales
- Clarificar la relación entre la Iglesia y el mundo, especialmente a la luz de la doctrina social de la Iglesia
- Desarrollar los fundamentos racionales de la fe y demostrar la compatibilidad de la fe con la razón
- *"Formar para asumir responsabilidades [bautismales] en la misión de la Iglesia y para saber dar testimonio cristiano en la sociedad"*[604]
- Elaborar métodos creativos para interesar y animar a los adultos a aprovechar los diversos programas de enriquecimiento y desarrollo espiritual que se ofrecen

3. El contenido de la catequesis

Como los adultos son llamados a ser discípulos de Cristo, el contenido de la catequesis de adultos debe estar dirigido al discipulado. Los contenidos de una catequesis de este tipo son *"cognoscitivos, experienciales [y] comportamentales"*.[605] La riqueza de los contenidos se desarrolla mediante la triple dimensión "de palabra, de memoria y de testimonio —de doctrina, de celebración y de compromiso en la vida."[606] El contenido de la catequesis de adultos debe ser tan integral y diverso como lo es la misión de la Iglesia. Debe ayudar a los adultos a comprender mejor la fe de la Iglesia así como su aplicación práctica en la vida cristiana.

La Sagrada Escritura y la Tradición forman el contenido básico de la catequesis de adultos porque para la Iglesia constituyen "la regla suprema de su fe".[607] Y "es tanta la eficacia que radica en la palabra de Dios, que es,

---

603   Cf. EN, n. 18.
604   DGC, n. 175.
605   DGC, n. 35.
606   CT, n. 47.
607   DV, n. 21.

en verdad, apoyo y vigor de la Iglesia,"[608] impartiendo fortaleza a la fe de sus hijas e hijos. El *Catecismo de la Iglesia Católica* es el texto de referencia normativo para la catequesis de adultos. Presenta la fe católica como una sinfonía en la que se combinan diversas melodías diferentes para formar una rica armonía.

La catequesis de adultos tiende a promover el desarrollo de todos los aspectos —distintos pero complementarios— de la fe católica, ya que cada uno de ellos es una dimensión del discipulado cristiano. "Para la maduración de la vida cristiana hay que cultivar todas sus dimensiones: el conocimiento de la fe, la vida litúrgica, la formación moral, la oración, la pertenencia comunitaria, el espíritu misionero. Si la catequesis descuidara alguna de ellas, la fe cristiana no alcanzaría todo su crecimiento."[609]

Nuestra declaración *Sentíamos arder nuestro corazón*, publicada en 1999, presenta un tratamiento más exhaustivo del contenido de la catequesis de adultos. En resumen, la catequesis de adultos debe incluir

- El estudio de la Sagrada Escritura y la Tradición, los credos y las doctrinas de la fe, la jerarquía de las verdades y la historia de la Iglesia
- El estudio de la Misa, los sacramentos y la vida de oración diaria de la Iglesia
- La focalización en la vocación universal a la santidad, lo cual incluye el estudio de los Diez Mandamientos, las Bienaventuranzas y el mandamiento de Jesús de amarnos unos a otros como Él nos amó
- Las enseñanzas de la Iglesia sobre la dignidad de la persona humana, el pecado, la gracia, las virtudes y la formación de la conciencia
- Las enseñanzas sociales de la Iglesia y las implicancias para el pecado social
- La oración y las diversas tradiciones de espiritualidad en el catolicismo
- La Iglesia, su estructura y autoridades, y los derechos y las responsabilidades de las personas bautizadas

---

608   DV, n. 21.
609   DGC, n. 87.

- El matrimonio y la vida en familia así como la vida de las personas solteras
- El movimiento ecuménico y el diálogo interreligioso
- La misión de la Iglesia en el mundo y para el mundo, y la naturaleza del apostolado laico

4. Metodología catequística para adultos

Cualquiera que sea el método elegido para la catequesis de adultos, se trata siempre de una formación orgánica básica en la fe que incluye un estudio serio de la doctrina cristiana integrada con la formación en la vida cristiana. La catequesis de adultos efectiva relaciona el contenido de la fe con la experiencia de vida, lo que permite al cristiano interpretar los signos de los tiempos a la luz del Evangelio.

La selección de métodos efectivos para la catequesis de adultos debe estar guiada por diversos principios:

- Como los adultos tienen "el derecho y el deber de hacer madurar el germen de la fe que Dios les ha dado,"[610] deben identificar sus necesidades catequísticas y, con la ayuda de las personas responsables de su educación religiosa, planificar formas de satisfacer esas necesidades.
- Las personas responsables de la catequesis de adultos deben identificar las características principales de los católicos adultos, desarrollar objetivos catequísticos basados sobre esas características y diseñar un plan catequístico para cumplir con esos objetivos.
- Las personas responsables de la catequesis de adultos deben determinar cuáles son los métodos más efectivos y elegir los formatos y modelos que representan "formas y estructuras muy diversas: sistemáticas y ocasionales; organizadas y espontáneas, etc."[611]
- Las personas responsables de la catequesis deben identificar a los miembros de la comunidad que pueden desempeñarse como catequistas de adultos y proporcionarles capacitación, formación y enriquecimiento espiritual.

---

610   DGC, n. 173.
611   *Directorio catequístico general*, n. 19.

- La catequesis de adultos debe respetar las experiencias de los adultos y aprovechar sus experiencias personales, habilidades y talentos.
- La catequesis de adultos debe basarse sobre las circunstancias de aquellos a la que está dirigida: sus situaciones como adultos; sus condiciones raciales, culturales, religiosas, sociales y económicas; sus experiencias y problemas; su madurez educativa y espiritual.
- La catequesis de adultos debe reconocer las condiciones específicas de los laicos católicos y convocarlos en forma seguida a la santidad y a "buscar el Reino de Dios tratando las realidades temporales y ordenándolas según Dios."[612]
- La catequesis de adultos debe comprometer a toda la comunidad, de modo que esta última pueda ser un ambiente hospitalario y de respaldo.
- La catequesis de adultos requiere un enfoque de gran amplitud, multifacético y coordinado, y una variedad de actividades de aprendizaje, tales como participación en experiencias litúrgicas, lectura y estudio de las Escrituras, ejercicios espirituales y experiencias de oración, actividades centradas en la familia o en el hogar, diálogo ecuménico, experiencias en grupos pequeños, experiencias en grupos numerosos y actividades individuales.[613]
- En la medida que resulte posible, la catequesis de adultos debe hacer participar a los mismos adultos en el proceso de la catequesis, de tal modo que a su vez ellos puedan enseñar y aprender unos de otros.

Muchas formas de catequesis específicas complementan los "procesos sistemáticos, orgánicos y permanentes de catequesis que toda comunidad eclesial debe garantizar."[614] Algunas de estas formas especiales son las siguientes:

- Catequesis para la iniciación cristiana tal como se expone en el *Rito de la iniciación cristiana de adultos*
- Catequesis para padres
- Catequesis adaptada al año litúrgico
- Catequesis que es más misionera por su intención

---

612 CL, n. 9.
613 Cf. SANC, nn. 100-112.
614 DGC, n. 176.

- Formación catequística de catequistas y de las personas que participan en el apostolado laico en el mundo
- Formación catequística de maestros de escuelas católicas
- Catequesis para momentos y experiencias especiales (por ejemplo, recepción de los sacramentos, momentos críticos en la vida, enfermedades, comienzo de un nuevo trabajo, el servicio militar, emigración, muerte y pérdida de seres queridos)
- Catequesis para la utilización del tiempo libre, las vacaciones, los viajes y las peregrinaciones
- Catequesis para acontecimientos especiales en la vida de la Iglesia y la sociedad"[615]

B. Catequesis de las personas de edad

En 2030, aproximadamente setenta millones de estadounidenses, es decir, el 20 por ciento de la población de los Estados Unidos, tendrá más de setenta y cinco años de edad. El número cada vez mayor de personas de edad avanzada en los Estados Unidos representa un nuevo desafío pastoral para la Iglesia. Son "un don de Dios a la Iglesia y a la sociedad."[616] La experiencia práctica, sabiduría, actitud y ejemplo de muchas personas de edad las convierte en dones especialmente valiosos para la vida de la Iglesia. Dado que Cristo llama a todos a proclamar el Evangelio, también llama a las personas de edad, lo cual realza la riqueza de la catequesis intergeneracional. "La Iglesia aún os necesita", dice el Papa Juan Pablo II. "¡El servicio al Evangelio no es una cuestión de edad!"[617] Sin embargo, la Iglesia adeuda a las personas mayores "el cuidado de una catequesis adecuada. Tienen a ella el mismo derecho y deber que los demás cristianos."[618]

La catequesis de las personas de edad tiene en cuenta la diversidad de sus condiciones personales, familiares y sociales. Registra las contribuciones significativas que hacen a toda la comunidad a través de su sabiduría y testimonio; debe estar atenta a los aspectos particulares de su situación de fe. El anciano puede haber llegado a esta edad con una fe sólida y rica: entonces la catequesis ayudará a seguir recorriendo el camino en

---

615 Cf. SANC, n. 176.
616 DGC, n. 186.
617 *Carta del Santo Padre Juan Pablo II a los ancianos*, en www.vatican.va/holy_father/john_paul_ii/letters/, nn. 13 y 7, respectivamente.
618 DGC, n. 186.

actitud de acción de gracias y de espera confiada. Otros viven una fe más o menos oscurecida y una débil práctica cristiana: entonces la catequesis aportará una luz y experiencia religiosa nuevas. A veces el anciano llega a su edad con "profundas heridas en el alma y en el cuerpo."[619] La catequesis le ayudará a vivir su situación en actitud de "invocación, de perdón, de paz interior".[620] En todos los casos, la catequesis de las personas de edad debe estimular la virtud teológica de la esperanza cristiana, por la cual todos los cristianos esperamos con confianza la vida eterna y la gracia de ser merecedores de ella. La catequesis de las personas de edad es una catequesis de la esperanza.

La catequesis más efectiva para las personas de edad se produce en el contexto de un programa integral de cuidado pastoral específicamente desarrollado por y con ellas. Este tipo de programas debe elaborarse sobre la base de diversos principios fundamentales:

- Las personas de edad son proveedoras de cuidado pastoral, no simples receptores.
- Las personas de edad deben ayudar a identificar sus necesidades pastorales y decidir cómo se responde a ellas.
- Las personas de edad son tan diversas como los otros grupos generacionales, si no más.
- Las personas de edad necesitan una combinación de actividades que las conecten entre sí y también con la comunidad de fe más amplia.
- La salud espiritual afecta y es afectada por la salud física, emocional, mental del individuo y por la salud social. Aunque la principal preocupación de la comunidad de fe es satisfacer las necesidades espirituales, no puede ignorar estas otras realidades.[621]

Las personas de edad deben participar plenamente en la vida catequística de la comunidad cristiana. "Las personas de edad tienen una responsabilidad, de acuerdo con su salud, habilidades y otras obligaciones, de

---

619   DGC, n. 187.
620   DGC, n. 187.
621   USCCB, *Bendición de la edad: Un mensaje pastoral sobre el envejecimiento en la comunidad de fe* (Washington, D.C.: USCCB, 1999), 22-24, en http://www.usccb.org/laity/blessings/spanish.htm.

asumir alguna forma de servicio a los demás."[622] Los ancianos mismos pueden ofrecer también la más efectiva catequesis para las personas de edad. Se les deben ofrecer oportunidades para su formación equivalentes a las que se brindan al resto de los catequistas. Tales programas les ofrecen la oportunidad de descubrir el depósito de sabiduría en ellos mismos y, al igual que el dueño de casa en el Evangelio de San Mateo, sacar de su tesoro "cosas nuevas y cosas antiguas."[623] A la luz del testimonio valiente y fiel que han dado del Evangelio durante muchos años, las personas de edad son catequistas naturales, especialmente para sus propios nietos. Su excepcional catequesis tiene el elemento invalorable del diálogo intergeneracional que agrega una dimensión significativa a la proclamación del Evangelio en el seno de la familia y de la comunidad de fe.

C. Catequesis de los jóvenes adultos

Se debe tener especial consideración por la catequesis de los jóvenes adultos. Los jóvenes adultos son personas que transitan los últimos años de la adolescencia y la década de los veinte y treinta años con diferentes antecedentes culturales, raciales, étnicos, educativos, vocacionales, sociales, políticos y espirituales. Son estudiantes secundarios y universitarios, trabajadores y profesionales; son personas que cumplen el servicio militar; son solteros, casados, divorciados o viudos; algunos tienen hijos y otros no; recién comienzan a transitar el sendero en búsqueda de una vida mejor. Los jóvenes adultos tienen muchos dones para ofrecer a la Iglesia: su fe, su esperanza, su deseo de servir, su hambre espiritual, su vitalidad, su optimismo e idealismo, sus talentos y habilidades. El mundo también observa con esperanza a los jóvenes adultos para crear un mejor futuro. Muchos jóvenes adultos tienen inmensos reservorios de bondad, generosidad y entusiasmo. Buscan con sinceridad un significado a sus vidas, valoran la solidaridad con el resto de la humanidad y desean comprometerse con la causa de la justicia social. Por otro lado, muchos jóvenes adultos han caído presa del consumismo y el materialismo de la sociedad en la que crecieron y se han convertido en personas apáticas y cínicas. El mundo de los jóvenes es, a veces, un mundo de aburrimiento, desilusión e indiferencia hacia la Iglesia. Con frecuencia, los jóvenes adultos son las primeras

---

622   *Bendición de la edad,* 13.
623   Mt 13, 52.

víctimas de "la crisis espiritual y cultural que está afectando al mundo."[624] Sin embargo, el Papa Juan Pablo II exhortó confiadamente a los jóvenes del mundo a que "no teman salir a la calle y a las plazas públicas, como hicieron los primeros apóstoles, que predicaron a Cristo y la Buena Nueva de la salvación en las plazas de ciudades, pueblos y aldeas. Éste no es momento de avergonzarse del Evangelio, es el momento de predicarlo desde los tejados."[625]

La inspiración para la catequesis de los jóvenes adultos es la propuesta de Cristo al hombre joven: "ven y sígueme."[626] Muchos jóvenes adultos dan la bienvenida a la invitación de Cristo. Están buscando oportunidades para desarrollarse en el conocimiento de su fe y en su capacidad para tomar buenas decisiones morales. Necesitan un lugar que no les resulte amenazador, donde puedan expresar libremente sus inquietudes, dudas e incluso sus desacuerdos con la Iglesia, es decir, un lugar donde las enseñanzas de la Iglesia puedan articularse y relacionarse claramente con su experiencia. Una serie de sesiones al atardecer o los fines de semana, presentaciones únicas especiales, días de recogimiento, retiros, grupos de debate, grupos de estudio de la Sagrada Escritura, relaciones de orientación, programas prácticos de justicia social y proyectos de educación misionera pueden ser, todos ellos, medios atractivos para comprometer a jóvenes ocupados. Pero las diócesis y las parroquias deben hacer frente al desafío de desarrollar formas nuevas y creativas, para ofrecer puntos de contacto significativos para los jóvenes adultos con la Iglesia.

Por lo general, durante el período de la primera adultez los jóvenes toman algunas de las decisiones más importantes de sus vidas con respecto de su vocación cristiana, su carrera profesional y su elección de cónyuge. Estas elecciones condicionan y, con frecuencia, incluso determinan sus futuros. La catequesis efectiva asistirá a los jóvenes a examinar sus vidas y entablar diálogos con respecto a las grandes preguntas que enfrentan. La catequesis con los jóvenes adultos los ayuda a tomar esas decisiones cruciales de acuerdo con la voluntad de Dios y su fe católica.

La catequesis de los jóvenes adultos debe formarlos en Cristo y ayudarlos a tomar decisiones morales a la luz de las enseñanzas de Cristo y la Iglesia. "Bien y mal, gracia y pecado, vida y muerte, se enfrentarán cada

624   DGC, n. 181.
625   Juan Pablo II, "Homilía de la vigilia de la Jornada Mundial de la Juventud", 14 de agosto de 1993 [versión del traductor].
626   Mt 19, 21.

vez más en su interior como categorías morales, pero también y sobre todo como opciones fundamentales que habrá de efectuar o rehusar con lucidez y sentido de responsabilidad."[627]

La catequesis de los jóvenes adultos los atrae a la vida litúrgica y a la misión de la Iglesia. Los invita a comprometerse con Cristo, a vivir vidas cristianas y analizar cuidadosamente su llamado vocacional, ya sea en el sacerdocio, el diaconado, la vida religiosa, el matrimonio o como solteros castos. Ésta puede ser además una oportunidad para considerar un futuro en el ministerio eclesial laico de la Iglesia. También se debe brindar a los jóvenes la oportunidad de recibir formación y capacitación para desempeñarse como ministros litúrgicos. El *Rito de la iniciación cristiana de adultos* es una experiencia especialmente fructífera para los jóvenes adultos, ya que ofrece a algunos la oportunidad de ingresar a la fe católica y a otros ser tutores o catequistas. Es especialmente importante que los programas de las parroquias y de los ministerios en universidades ofrezcan preparación sacramental a los jóvenes que han sido bautizados pero que no han recibido el sacramento de la penitencia, la primera Comunión o el sacramento de la confirmación. Fuera de la Misa dominical, la preparación para el matrimonio es con frecuencia el punto de contacto más importante entre los jóvenes adultos y la Iglesia. Es un momento crucial para su evangelización y puede ser un "camino de fe, análogo al catecumenado."[628] La preparación para el matrimonio es una importante oportunidad para aprender más sobre la Iglesia, especialmente las enseñanzas de la Iglesia con respecto al matrimonio y la vida familiar. Para algunos, la preparación para el matrimonio marca la primera experiencia en muchos años en su vida con la Iglesia. "Independientemente de por qué vienen, la Iglesia y sus ministros necesitan recibirlos tal como Cristo los recibe, con comprensión, amor y aceptación, desafiándolos con el mensaje del Evangelio y dándoles la esperanza que es posible un compromiso para toda la vida."[629]

La preparación para el bautismo de sus hijos es también una importante oportunidad para evangelizar a los jóvenes adultos y llevarlos a una unión más íntima con Cristo y la Iglesia. Los programas efectivos de preparación para el bautismo ofrecen a los padres una oportunidad para

---

627 CT, n. 39.

628 FC, n. 66.

629 USCCB, *Sons and Daughters of the Light: A Pastoral Plan for Ministry with Young Adults [Hijos e hijas de la luz: Plan pastoral para el ministerio con adultos jóvenes]* (Washington, D.C.: USCCB, 1997), 30.

continuar su formación en la fe católica y, por lo general, incluye una catequesis más desarrollada sobre el sacramento del bautismo y sobre las enseñanzas de la Iglesia con respecto al matrimonio y la vida en familia.

La distancia que algunos jóvenes sienten con relación a la Iglesia con frecuencia puede salvarse adaptando y concentrando el lenguaje (mentalidad, sensibilidad, gustos, estilo, vocabulario) utilizado en la catequesis que se les brinda.[630] Con frecuencia, las experiencias de los ejercicios espirituales son métodos muy efectivos para atraer a los jóvenes a Cristo y la Iglesia. Si los jóvenes adultos han estado alejados de la Iglesia, el mensaje del Evangelio debe ser dirigido específicamente a ellos en formas imaginativas que animen su regreso. Los programas de evangelización y extensión de las parroquias y diócesis deben buscar activamente a los jóvenes adultos, darles una entusiasta bienvenida y facilitar su regreso al hogar. Además, los jóvenes adultos deben ser alentados a formular todo tipo de preguntas, así como a manifestar las dificultades y preocupaciones que pudieran tener y que contribuyen con su distanciamiento de la Iglesia.

La catequesis más efectiva para los jóvenes adultos forma parte de un programa integral de cuidado pastoral que comprende las preocupaciones de los jóvenes adultos y responde sinceramente las preguntas que formulan y los problemas que enfrentan. Las metas de un programa integral de este tipo para el ministerio con los jóvenes adultos son las siguientes:

- Conectar a los jóvenes adultos con Jesucristo a través de la formación y orientación espirituales, la educación y la formación religiosas y el planteamiento de su vocación
- Conectar a los jóvenes adultos con la Iglesia a través de la extensión de evangelización, la formación de la comunidad de la fe y el cuidado pastoral
- Conectar a los jóvenes adultos con la misión de la Iglesia en el mundo a través de la formación de una conciencia cristiana, la educación y el trabajo por la justicia y el desarrollo de dirigentes para el presente y el futuro
- Conectar a los jóvenes adultos con una comunidad de otros jóvenes desarrollando el liderazgo entre ellos e identificando un equipo de jóvenes con el propósito de formar comunidades de jóvenes en la fe[631]

---

630 Cf. DGC, n. 185.
631 Cf. *Sons and Daughters of the Light*, 28-41.

En la catequesis con jóvenes adultos se necesita poner el énfasis en diversos temas importantes: la formación de la conciencia, la educación para el amor, el planteamiento vocacional, el compromiso cristiano en la sociedad y la responsabilidad misionera en el mundo, la relación entre fe y razón, la existencia y el significado de Dios, el problema del mal, la Iglesia, el orden moral objetivo en relación con la subjetividad personal, la relación entre hombre y mujer y la doctrina social de la Iglesia.[632]

Es importante que la Iglesia encuentre formas atractivas de hacer saber a los jóvenes adultos que Cristo los ama y los necesita y que son miembros vitales del Cuerpo de Cristo, la Iglesia. Los jóvenes son la esperanza de la Iglesia.[633] En una carta dirigida a los jóvenes de todo el mundo, el Papa Juan Pablo II expresó que "la Iglesia mira a los jóvenes; es más, la Iglesia de manera especial se mira a sí misma en los jóvenes, en todos vosotros y a la vez en cada una y cada uno de vosotros. Así ha sido desde el principio, desde los tiempos apostólicos."[634]

D. Catequesis de adolescentes

El período de la preadolescencia y la adolescencia experimenta significativos cambios físicos y emocionales. Si bien el hogar y la familia continúan siendo las fuerzas más poderosas en el desarrollo de los preadolescentes y adolescentes, sus grupos de pares comienzan a ejercer influencia cada vez mayor en sus actitudes, valores y comportamiento. Aprenden a vivir la fe cristiana observando el buen ejemplo de otras personas a quienes admiran y a las cuales tienen confianza.

La catequesis de preadolescentes y adolescentes debe tener en cuenta sus condiciones físicas, sociales y psicológicas. Como la adolescencia es la edad del culto de los héroes, es provechoso presentarles las palabras y el ejemplo de Jesús así como las vidas y las obras de los santos en formas que resulten atractivas a las personas jóvenes. Este tipo de catequesis debe presentar a Cristo como el hijo de Dios, amigo, guía y modelo que no sólo puede ser admirado sino también imitado. Además, debe presentar el contenido básico de su revelación.

---

632 Cf. DGC, n. 185.

633 Cf. CL, n. 46.

634 Juan Pablo II, Carta apostólica *Dilecti amici. A los jóvenes y a las jóvenes del mundo* (Ciudad del Vaticano, 1985), n. 15, http://www.vatican.va/holy_father/john_paul_ii/apost_letters/documents/hf_jp-ii_apl_31031985_dilecti-amici_sp.html.

Dado que sus mentes crecen en cuanto a su capacidad, la catequesis de los adolescentes debe clarificar los fundamentos racionales de la fe, la coherencia interna de las verdades de la fe y su relación mutua. También debe ayudar a que los adolescentes articulen las creencias y enseñanzas de la Iglesia y las apliquen a sus vidas. El estudio de la Sagrada Escritura, la Iglesia, los sacramentos y los principios de la moralidad cristiana —tanto personales como sociales— deben caracterizar la catequesis de adolescentes. Dado que son capaces de experimentar más fácilmente la fe como una relación más profunda con Dios que los niños más jóvenes, la oración y el servicio al prójimo en el nombre de Cristo se convierte en algo que llega a ser más significativo para ellos. Se trata de un período oportuno en el desarrollo para realzar el compromiso bautismal de la evangelización. Como el ejemplo de las personas adultas en tan importante para ellos, su participación en la Misa, los sacramentos y otras ceremonias junto a los adultos los incorpora aún más a la vida de la Iglesia. Pueden ser invitados a participar en forma más activa en la planificación y celebración de las experiencias litúrgicas, en especial la Eucaristía. Se les deben dar oportunidades frecuentes y regulares para recibir los sacramentos de la penitencia y la reconciliación. La catequesis de iniciación cristiana, la catequesis de temas especiales, las actividades grupales, la participación en asociaciones juveniles, el acompañamiento personal de jóvenes, los ejercicios espirituales y la orientación espiritual son recursos útiles para la catequesis efectiva de adolescentes. La adolescencia es un momento en la vida para aprender a rezar oraciones vocales y litúrgicas, a leer y meditar los textos de la Sagrada Escritura, a evangelizar a sus amigos e invitarlos a la Iglesia Católica. La adolescencia es también un momento para desarrollar las relaciones ecuménicas ya que se trata de una edad en la que las amistades resultan especialmente importantes y la información sobre la fe y las tradiciones de otras personas es una actividad animada.

De especial importancia en la catequesis de adolescentes es la catequesis para el sacramento de la confirmación. En muchas diócesis de los Estados Unidos, la adolescencia es el período en el que se recibe el sacramento de la confirmación y se completa el proceso de iniciación cristiana. La Iglesia debe llevar a cabo todas las actividades necesarias, a través de una catequesis revisada y revitalizada, para asegurarse de que los adolescentes no consideren su preparación y recepción del sacramento de la confirmación como el fin de su catequesis formal. Se les debe alentar a continuar participando en programas de catequesis, en la celebración de la Eucaristía dominical y en la práctica de la vida cristiana. Como cristianos plenamente iniciados, se les debe dar la oportunidad de servir a la comunidad en una diversidad de ministerios litúrgicos.

Un especial desafío en la catequesis de adolescentes es la catequesis para las vocaciones cristianas. La catequesis de los jóvenes "prepara [...] para los grandes compromisos cristianos de la vida adulta."[635] El fundamento para la aceptación de la llamada de Cristo al matrimonio, a la vida célibe casta, al sacerdocio, a la vida consagrada o al ministerio eclesial laico se siembra en el seno de la familia y se nutre durante la infancia. La cuidadosa y seria consideración de estas vocaciones cristianas se hace aún más importante en la adolescencia. Los padres, párrocos, maestros y catequistas deben ayudar a los adolescentes a plantearse directamente la pregunta respecto a su vocación y a estudiar profundamente sus posibilidades. Deben proporcionar a los jóvenes los mejores ejemplos de cada una de las particulares vocaciones cristianas y tener voluntad para comprometerse personalmente con ellos, cuando ellos hacen esfuerzos para llevar a cabo su elección. Deben estimular a los adolescentes a escuchar con atención la voz del Espíritu Santo en su interior y a responder con generosidad al llamado de Dios para el servicio en la Iglesia y en el mundo.

Los programas catequísticos más efectivos para los adolescentes están integrados a un programa integral del Ministerio pastoral para Jóvenes que incluye catequesis, vida comunitaria, evangelización, justicia y servicio, desarrollo de liderazgo, cuidado pastoral, oración y culto.[636] Tales programas intentan desarrollar en los jóvenes el poder para vivir en el mundo de hoy como discípulos de Jesucristo; atraer a los jóvenes a participar con responsabilidad en la vida, misión y labor de la comunidad de fe católica; promover el crecimiento personal y espiritual total de cada joven.[637]

El ministerio de la catequesis de adolescentes tiene diversos rasgos distintivos que dan dirección a la programación catequística. Específicamente, la catequesis de adolescentes

- Enseña el contenido central de la fe católica, tal como se presenta en el *Catecismo de la Iglesia Católica* —la profesión de fe, la

---

635   CT, n. 39.
636   Cf. USCCB, *Renovemos la visión: Fundamentos para el ministerio con jóvenes católicos* (Washington, D.C.: USCCB, 1997), 26.
637   Cf. USCCB, *Renovemos la visión*, 9-17.

celebración del Misterio cristiano, la vida en Cristo y la oración cristiana— con el fin de proporcionar un fundamento sólido para el continuo crecimiento en la fe

- Reconoce que el desarrollo de la fe se lleva a cabo durante toda la vida y, por lo tanto, ofrece contenidos y procesos apropiados al nivel de desarrollo sobre temas clave de la fe católica que responden a necesidades, intereses y preocupaciones propios de la edad, para los adolescentes más jóvenes o de mayor edad

- Integra el conocimiento de la fe católica con experiencias litúrgicas y de oración así como el desarrollo de habilidades prácticas para vivir la fe católica en el mundo actual

- Utiliza las experiencias de vida de los adolescentes, alentando un diálogo compartido entre la vida del adolescente —con sus alegrías, luchas, preguntas, preocupaciones y esperanzas— y la sabiduría de la Iglesia Católica

- Compromete a los adolescentes en el proceso de aprendizaje, incorporando una variedad de métodos y actividades de aprendizaje a través de los cuales los adolescentes pueden explorar y aprender conceptos religiosos importantes de las Escrituras y de la fe católica —una variedad de enfoques de aprendizaje, incluidos la música y los medios de comunicación, mantiene vivo el interés entre los adolescentes y responde a sus diferentes estilos de aprendizaje

- Incluye la participación grupal en un ambiente que se caracteriza por la calidez, la confianza, la aceptación y el cuidado, de modo que los jóvenes puedan escuchar y responder al llamado de Dios (fomentando la libertad para buscar y preguntar, expresar sus propios puntos de vista y responder en la fe a ese llamado)

- Asegura la aplicación en situaciones reales del aprendizaje ayudando a los adolescentes a poner en práctica su aprendizaje viviendo con más fidelidad como adolescentes católicos —considerando los siguientes pasos que adoptarán y los obstáculos que deberán afrontar

- Promueve el desarrollo de la fe en familia a través de programas parroquiales y escolares, brindando programas y recursos para la educación de los padres, incorporando una perspectiva familiar en la programación catequística y ofreciendo una programación catequística tanto para padres y adolescentes como intergeneracionales

- Promueve las actitudes cristianas con respecto a la sexualidad humana
- Reconoce y celebra la diversidad multicultural en el ámbito de la unidad de la Iglesia, al incluir historias, canciones, bailes, celebraciones, valores, rituales, santos y héroes de la rica herencia de diversas culturas
- Incorpora una variedad de enfoques de programas incluidos programas parroquiales y escolares; programas para grupos pequeños; programas, actividades y recursos basados en las familias; programas personalizados y de orientación, así como programas o actividades independientes o autodirigidos
- Invita explícitamente a los jóvenes a explorar la posibilidad de un llamado personal al ministerio y a la belleza de la ofrenda total de sí para servir a la causa del Reino,[638] sobre la base de la reflexión orante en la celebración de los sacramentos (por ejemplo, la Santa Eucaristía, la penitencia y la reconciliación)

E. Catequesis infantil y para niños

1. La catequesis en el ámbito familiar

Si bien la catequesis que se ofrece en la familia es, en términos generales, informal, no estructurada y espontánea, no por ello es menos importante para el desarrollo de la fe de los niños. "La catequesis familiar es, en cierto modo, insustituible, sobre todo por el ambiente positivo y acogedor, por el atrayente ejemplo de los adultos, por la primera y explícita sensibilización de la fe y por la práctica de la misma."[639] La catequesis infantil y para los niños nutre los primeros años de la vida de fe.

"El amor de Dios es comunicado a los niños primordialmente por sus padres."[640] Los padres han compartido el don de la vida humana con sus hijos y, a través del bautismo, los han enriquecido con una participación en la vida misma de Dios. Tienen el deber de nutrir ese don. Su fe, su actitud hacia otros seres humanos y su confianza en un Dios que ama influyen profundamente el desarrollo de la fe del niño. Los padres son catequistas

---

638   Cf. USCCB, *Renovemos la visión*, 29-30.

639   DGC, n. 178.

640   *Directorio catequético nacional*, n. 177.

precisamente por eso, por ser padres. Su función en la formación de los valores cristianos en sus hijos es irremplazable. "Los padres y otras personas en contacto íntimo con los niños deben hablar con naturalidad y sencillez acerca de Dios y de su fe, como lo hacen sobre otras materias que ellos quieren que los niños entiendan y aprecien."[641]

Los padres también son los más efectivos catequistas de la oración para sus niños de corta edad. Saben lo que sus hijos son capaces de comprender y pueden enseñarles con facilidad las oraciones básicas y la actitud fundamental de la oración. Al rezar frecuentemente con sus hijos en los momentos especiales del día y especialmente en la Eucaristía dominical, los padres introducen a sus hijos en la vida de oración de la Iglesia. Al incorporar la oración en las experiencias familiares cotidianas, los padres enseñan a sus hijos con su ejemplo. Su testimonio anima a sus hijos a llamar a Dios como su Padre que los ama y protege; a considerar a Jesús como su Salvador y hermano que los conduce al Padre; y a reconocer la presencia del Espíritu Santo que habita en sus corazones.

Por lo general, los niños disfrutan cuando sus padres les leen y les relatan historias. La lectura de historias de la Sagrada Escritura combina estas dos simples actividades. Del mismo modo que los niños aprenden las historias familiares a través de los relatos de sus padres, también aprenden sobre la fe católica cuando sus padres les presentan la persona de Jesús y la belleza de la palabra de Dios y les cuentan la historia de María, la madre de Dios, así como las vidas de los santos.

2. Catequesis estructurada

Los programas catequísticos para los niños que asisten a guarderías infantiles y al preescolar buscan fomentar su crecimiento en una comunidad de fe más amplia. Siempre deben ser adecuados a la edad, las circunstancias y la capacidad de aprendizaje de los niños pequeños y diseñados para reforzar los valores humanos y cristianos primarios presentes en la familia. Deben ofrecer oportunidades para participar en celebraciones simples que profundicen la capacidad de asombro de los niños. Estas oportunidades proporcionan un fundamento humano natural para la vida sobrenatural

---

641 *Directorio catequético nacional*, n. 177.

de la fe, en la que los niños pueden desarrollar un sentimiento de confianza, libertad, desprendimiento y gozosa participación. Los programas catequísticos pueden ser empleados para predisponer a los niños a experiencias de oración espontánea y formal, al silencio en oración y a actos simples de adoración. Los niños pueden aprender a rezar con otros cristianos y por ellos y sus respectivas Iglesias. Por lo general, con la dirección del párroco, los padres y otras personas adultas que han recibido capacitación apropiada en la Sagrada Escritura, teología, desarrollo de la primera infancia y metodología catequística deben organizar y presentar los programas catequísticos para los niños pequeños. La catequesis que abarca a toda la familia es un método de catequesis especialmente efectivo para los niños porque ayuda a los padres a estar más seguros compartiendo su fe con sus hijos y estimulando la fe emergente de sus hijos.

Cuando los niños comienzan la escuela, ingresan en un mundo más amplio que el de la familia. El ambiente de la escuela ofrece mayores oportunidades para el desarrollo intelectual, afectivo y de la conducta de los niños. Esto significa que los padres, párrocos, catequistas y maestros necesitan cooperar estrechamente para asegurarse de que la catequesis que se ofrece a los niños es en verdad una catequesis eclesial, coherente con los valores cristianos que se viven en la familia. Los párrocos tienen la seria obligación de asistir a los padres y educadores en su misión de transmisores de la fe a las generaciones futuras. "Este trabajo [...] ofrece una gran oportunidad para la catequesis de adultos."[642]

Los niños en edad escolar deben recibir una catequesis formal y sistemática basada en un programa catequístico parroquial, una escuela católica o un programa de catequesis basado en el hogar en el que el contenido de la fe y la experiencia de vida cristiana se presenten en forma auténtica y plena. La catequesis para los niños en edad escolar debe ser una "catequesis inicial, mas no fragmentaria, puesto que deberá revelar, si bien de manera elemental, todos los principales misterios de la fe y su repercusión en la vida moral y religiosa del niño."[643] Al haberles presentado la persona de Jesucristo en la familia, la catequesis para niños en edad escolar presenta sus enseñanzas, su ministerio y los principales acontecimientos de su vida. Los niños pueden comenzar a entender las

---

642   DGC, n. 179.
643   CT, n. 37.

parábolas de Jesús y a percibir reflejos del Reino de Dios; pueden aprender oraciones más formales y recordar de memoria pasajes breves de la Sagrada Escritura. La catequesis sacramental para los niños en edad escolar "da sentido a los sacramentos [...] y comunica al niño la alegría de ser testimonio de Cristo en su ambiente de vida."[644] Específicamente la catequesis para los sacramentos de la penitencia y la reconciliación y el sacramento de la Eucaristía se celebran por lo general en estos primeros años de escolaridad.

Por diversas razones, algunos niños están impedidos de recibir la catequesis en sus hogares, en una escuela católica o a través de programas catequísticos patrocinados por la parroquia. No reciben el respaldo adecuado en sus familias para el desarrollo de su fe. Incluso algunos niños no son bautizados, muchos más no han completado su iniciación sacramental en la vida de la Iglesia. En tales casos, "corresponde a la comunidad cristiana suplir, con generosidad, competencia y de modo realista estas carencias, tratando de dialogar con las familias, proponiendo formas apropiadas de educación escolar y llevando a cabo una catequesis proporcionada a las posibilidades y necesidades concretas de esos niños."[645]

La tarea más importante de la catequesis para niños es proveer, a través del testimonio de las personas adultas, un ambiente en el cual los niños puedan desarrollarse en la fe. Existen varias pautas pastorales que deben guiar a los catequistas de niños:

- Ser capaces de comprender a los niños, comunicarse con ellos, escucharlos con respeto, ser sensibles a sus circunstancias y concientes de sus valores actuales.
- Reconocer que los niños tienen una dignidad propia y que son importantes no sólo por lo que harán en el futuro sino por lo que son actualmente.
- Alentarlos a conocer y respetar otros grupos culturales, religiosos, raciales y étnicos y utilizar materiales catequísticos adaptados para dar cabida al pluralismo cultural, racial y étnico, las preocupaciones de grupos especiales y las personas con necesidades especiales.

---

644   CT, n. 37.
645   DGC, n. 180.

- Entender que la comprensión y otras facultades de los niños se desarrollan gradualmente y presentar las verdades religiosas con mayor profundidad y proponer desafíos de mayor madurez a medida que aumenta su capacidad para comprender y desarrollarse en la fe.
- Ofrecer experiencias en las que puedan vivir su fe y aplicar el mensaje de salvación a situaciones de la vida real, alentarles a utilizar la imaginación así como la inteligencia y la memoria.
- Proveer experiencias que les permitan asociar la Liturgia con la catequesis y promover el aprecio por la celebración comunitaria de la Eucaristía.
- Estimular no sólo las actividades externas sino internas —una respuesta piadosa desde el corazón.
- Fomentar un sentido de comunidad que es una parte importante de la educación para la vida social.

Los catequistas de niños de más edad deben

- Ayudarles en la práctica de la observación, exploración, interpretación y evaluación de sus experiencias, en el aprendizaje para atribuir un mensaje cristiano a sus vidas y para aprender a actuar de acuerdo con las normas de la fe y el amor —la presencia en la sociedad actual de muchos valores conflictivos hace que sea aún más importante ayudar a los jóvenes a interiorizar valores auténticos
- Enfatizar que el crecimiento en la fe incluye el crecimiento en el deseo de un conocimiento más profundo y maduro de las verdades de la fe
- Presentar la oración privada como un medio "para la reflexión individual y la comunicación personal con Dios"[646]

---

646 *Directorio catequético nacional,* n. 181.

49. CATEQUESIS PARA PERSONAS CON DISCAPACIDADES

"Somos un rebaño único, bajo el cuidado de un único pastor. No puede haber una Iglesia separada para personas con discapacidades."[647] Las personas con discapacidades, en especial los niños, son particularmente amados por el Señor y son miembros integrales de la comunidad cristiana. Incluye a aquellos con discapacidades cognitivas, discapacidades de desarrollo, aquellos con discapacidades para el aprendizaje, los perturbados emocionalmente, las personas con discapacidades físicas, con dificultades de audición, personas sordas, los que tienen dificultades para ver, ciegos y muchos otros más. Todas las personas con discapacidades tienen la capacidad para proclamar el Evangelio y ser testigos vivientes de su verdad en la comunidad de fe y ofrecer dones valiosos. Su participación enriquece todos los aspectos de la vida de la Iglesia. No son sólo los receptores de la catequesis, también son sus agentes. Los obispos han invitado a personas calificadas con discapacidades a ordenarse sacerdotes, a la vida consagrada y al servicio profesional a tiempo completo en la Iglesia.[648]

Todas las personas con discapacidades o necesidades especiales deben ser bienvenidas en la Iglesia. Todas las personas, cualquiera que sea su limitación, son capaces de crecer en santidad. "El amor del Padre hacia sus hijos más débiles y la continua presencia de Jesús con su Espíritu dan fe de que toda persona, por limitada que sea, es capaz de crecer en santidad."[649] Algunas personas con discapacidades viven en condiciones aisladas y esto hace más difícil su participación en las experiencias catequísticas. "Dado que la provisión de accesos a las funciones religiosas es un deber pastoral,"[650] las parroquias deben adoptar todas las medidas posibles para incluir a aquellas personas que pueden sentirse excluidas.

Al igual que cada una de las creaciones humanas de Dios, cada persona con una discapacidad tiene necesidades catequísticas que la comunidad cristiana debe reconocer y satisfacer. Todas las personas bautizadas con discapacidades tienen el derecho de recibir una catequesis adecuada. Cada

---

647 *Welcome and Justice for Persons with Disabilities*, n. 1 [versión del traductor].
648 Cf. *Welcome and Justice for Persons with Disabilities*.
649 DGC, n. 189.
650 *Welcome and Justice for Persons with Disabilities*, n. 6 [versión del traductor].

persona es capaz de crecer en santidad y merece tener los medios para desarrollar una relación con Dios.

En la medida de lo posible, las personas con discapacidades deben ser integradas en programas catequísticos habituales. Deben fijarse metas y objetivos catequísticos para alumnos especiales que reciben catequesis en las parroquias. No se los debe segregar para recibir catequesis especial, a menos que sus discapacidades les imposibiliten participar en el programa catequístico básico. La catequesis para personas con discapacidades es más efectiva cuando se lleva a cabo dentro del cuidado pastoral general de la comunidad. En la medida de lo posible, las mismas personas con discapacidades deben guiar al personal catequístico para adaptar los contenidos curriculares según sus necesidades específicas. Las personas que los cuidan o trabajan con ellos también pueden resultar de considerable ayuda. Los maestros de las escuelas católicas, primarias y secundarias, también deben ser capacitados en su trabajo, para hacer más accesibles las escuelas y las clases a alumnos con discapacidades y para integrarlos en forma lo más efectiva a los programas de educación regular.[651] Toda la comunidad de fe necesita ser conciente de la presencia en su seno de personas con necesidades especiales y debe hacerlas participar en su catequesis.

Sin embargo, la catequesis para algunas personas con discapacidades requiere más personalización. En estos casos, la participación de sus familias resulta indispensable. "Nunca debe subestimarse la importancia central que tienen los miembros de la familia en la vida de todas las personas con discapacidades, independientemente de la edad. Fomentan con amor el desarrollo espiritual, mental y físico de la persona discapacitada, por eso son los maestros primarios de religión y de moral";[652] "ninguna familia está realmente preparada para el nacimiento de un niño discapacitado."[653] La respuesta pastoral de la Iglesia en tales casos es aprender sobre la discapacidad, respaldar a la familia y recibir con alegría al niño.[654] "Los ministros que trabajan en el apostolado de las personas discapacitadas deben tratarlas como un recurso excepcionalmente valioso para comprender las diversas necesidades de aquellos a quienes ellos sirven."[655] Sin embargo, las parroquias no deben suponer que los padres de un niño con discapacidad se

---

651 Cf. *Pastoral Statement of U.S. Catholic Bishops on Persons with Disabilities*, n. 30 [versión del traductor].
652 *Pastoral Statement of U.S. Catholic Bishops on Persons with Disabilities*, n. 16 [versión del traductor].
653 *Pastoral Statement of U.S. Catholic Bishops on Persons with Disabilities*, n. 15 [versión del traductor].
654 Cf. *Welcome and Justice for Persons with Disabilities*.
655 *Pastoral Statement of U.S. Catholic Bishops on Persons with Disabilities*, n. 16 [versión del traductor].

desempeñarán como catequistas primarios. El nivel de participación de los padres debe organizarse de tal modo que sirva para satisfacer las necesidades de los padres, del niño con la discapacidad y de otros alumnos. También se debe considerar el contexto.

A continuación se detallan los lineamientos para brindar catequesis a personas con necesidades especiales.

- El contenido y el método de la catequesis para personas con discapacidades debe ser adaptado a sus situaciones específicas.
- Los catequistas especializados deben ayudarles, en formas que puedan comprender y apreciar, a interpretar el significado de sus vidas y a dar testimonio de la presencia de Cristo en la comunidad local.
- "Se debe tener mucho cuidado para evitar el aislamiento aún mayor de las personas con discapacidades a través de estos programas que, en cuanto sea posible, deben ser integrados a las actividades catequísticas normales de la parroquia."[656]
- El personal de las diócesis y las comisiones parroquiales deben promover los esfuerzos catequísticos que incluyan a las personas con discapacidades.[657]

Pese a que la prestación de tales servicios es un desafío para las parroquias y diócesis, la Iglesia está obligada a hacer todo lo posible en beneficio de las personas con discapacidades, para que quede en claro que son capaces de escuchar el Evangelio de Cristo, recibir los sacramentos y crecer en la fe de la manera más plena y rica posible. Las diócesis y parroquias deben compartir recursos y personal y, además, colaborar en el auspicio de programas catequísticos para las personas con discapacidades. Necesitan proporcionar la financiación adecuada para la preparación y el auspicio de tales programas. "Los costos nunca deben ser el criterio que controle y limite la bienvenida que se ofrece a aquellos que están entre nosotros y poseen algunas discapacidades."[658]

656　*Pastoral Statement of U.S. Catholic Bishops on Persons with Disabilities*, n. 25 [versión del traductor].

657　Cf. *Welcome and Justice for Persons with Disabilities*, n. 2.

658　*Welcome and Justice for Persons with Disabilities*, n. 6 [versión del traductor].

50. CATEQUESIS EN SITUACIONES ESPECIALES

La comunidad de los bautizados incluye a muchos diferentes grupos de creyentes, cada uno de los cuales tiene derecho a recibir una catequesis sólida y adecuada. Algunos de los grupos de personas en situaciones especiales, para las cuales se pueden elaborar programas catequísticos en determinadas circunstancias, incluyen (pero no se limitan) a profesionales, trabajadores, artistas, científicos, personas marginadas (por ejemplo, inmigrantes, refugiados, emigrantes, enfermos crónicos, drogadictos, prisioneros, alumnos que no completaron sus estudios, analfabetos), personas carenciadas tanto en el aspecto social como económico, alumnos de colegios superiores, jóvenes, personal militar, padres solteros, parejas casadas (con hijos o sin ellos), parejas de matrimonios mixtos, divorciados, divorciados y casados nuevamente, viudos y viudas, personas homosexuales, etc. Los programas catequísticos para estos grupos pueden ser adaptados según las necesidades específicas de las personas que reciben la catequesis, usando un lenguaje que pueda ser comprendido con facilidad pero "manteniendo una plena fidelidad al mensaje que se quiere transmitir."[659]

La catequesis más efectiva para las personas en situaciones especiales forma parte de un ministerio pastoral integral por y para ellas. En la medida que sea posible, las diócesis y parroquias deben ofrecer catequesis adaptada a las necesidades especiales de cada grupo. Esta catequesis debe elaborarse conjuntamente con aquellas personas a la cual está orientada. La catequesis para personas en situaciones especiales presenta todo el contenido del mensaje cristiano y las exigencias del Evangelio. Está orientada a ayudarles a responder al amor exclusivamente personal de Dios para ellos en el contexto de su situación especial.

---

659   DGC, n. 191; cf. CT, n. 59.

51. CATEQUESIS EN EL CONTEXTO DEL DIÁLOGO ECUMÉNICO E INTERRELIGIOSO

A. La unidad de la Iglesia

La Iglesia es una. Es una porque el origen de su unidad es la Trinidad de las personas en un Dios único: Padre, Hijo y Espíritu Santo. Es una porque su fundador, Jesucristo, reconcilió a todas las personas con el Padre a través del sacrificio de la cruz. Es una porque el Espíritu Santo congrega a los creyentes en comunión y los une en el Cuerpo de Cristo. La caridad es el vínculo fundamental de la unidad de la Iglesia que se expresa en la profesión de una fe recibida de los apóstoles, la celebración común de los sacramentos y la sucesión apostólica. Esta Iglesia única se caracteriza por una enorme diversidad que proviene de la variedad de dones de Dios entregados a la Iglesia y a la diversidad de quienes los recibieron. Sin embargo, esta diversidad no resta valor a la unidad esencial de la Iglesia, más bien es una dimensión de su catolicidad. "En la unidad del Pueblo de Dios se reúnen los diferentes pueblos y culturas."[660]

Desde el comienzo, Cristo mismo concedió el don de la unidad a la Iglesia. San Pablo exhortó a los cristianos en Éfeso a "mantenerse unidos en el espíritu con el vínculo de la paz."[661] Sin embargo, a lo largo de los siglos la Iglesia ha sufrido graves heridas en su unidad. En esta época la Iglesia debe perseverar, "orar y trabajar siempre para mantener, reforzar y perfeccionar la unidad que Cristo quiere para ella."[662]

B. Los principios de la catequesis ecuménica

El Espíritu Santo está llamando a todas las comunidades cristianas a hacer todo lo posible para lograr la unidad entre todos los cristianos y a fomentar las iniciativas ecuménicas. "Por ello, la catequesis está llamada a asumir siempre y en todas partes una 'dimensión ecuménica'."[663] Es por eso que debe tender a formar una actitud genuinamente ecuménica en aquellas personas que se están catequizando, para fomentar el ecumenismo. La catequesis hace esto en una variedad de formas.

---

660   CCE, n. 814.
661   *Ef* 4, 3.
662   CCE, n. 820.
663   DGC, n. 197.

En primer lugar, la Iglesia Católica ofrece al movimiento ecuménico el don de su propia autocomprensión, con la verdad y los dones de gracia otorgados a ella por Cristo.[664] A fin de comprometerse a una auténtica labor ecuménica, los católicos deben conocer su propia Iglesia y ser capaces de explicar sus enseñanzas y su disciplina. Es esencial que sean conscientes de los principios católicos del ecumenismo.[665]

En segundo lugar, la catequesis en el contexto del diálogo ecuménico engendra y nutre un auténtico deseo de unidad. Debe inspirar esfuerzos serios, incluida la propia purificación y la propia renovación, a fin de remover los obstáculos que impiden llevar a cabo la unidad. También debe incluir diálogo y oración, tanto públicos como privados.

En tercer lugar, esta catequesis desea presentar la totalidad de la doctrina de la Iglesia en forma clara y sin ambigüedades, con la debida consideración a la jerarquía de verdades. Esto debe llevarse a cabo de manera considerada, de tal forma que presente honestamente las diferencias pero que evite los obstáculos para posteriores diálogos.

En cuarto lugar, la catequesis busca presentar en forma correcta y con franqueza las enseñanzas de otras Iglesias, de otras comunidades eclesiales y de otras religiones. Explica "las divisiones que existen [entre los cristianos] y los pasos que se están dando para superarlos."[666] Evita utilizar palabras, emitir juicios y realizar acciones que tergiversen el pensamiento de otros cristianos. Esto ayudará a los católicos a profundizar la comprensión de su propia fe y a desarrollar un genuino respeto por las enseñanzas de otras comunidades eclesiales al tiempo que también atestiguan el compromiso de la Iglesia para buscar la unidad de todos los cristianos.

Finalmente, la catequesis debe esforzarse a fin de "preparar a los niños y a los jóvenes, así como a los adultos católicos, a vivir en contacto con los no católicos, viviendo su identidad católica dentro de respeto a la fe de los otros."[667]

---

664   Cf. UR, n. 4.
665   Cf. *Directory for the Application of Principles and Norms on Ecumenism*, n. 24, en www.vatican.va/roman_curia/pontifical_councils/chrstuni/general-docs/rc_pc_chrstuni_doc_19930325_directory_en.html.
666   *Directory for the Application of Principles and Norms on Ecumenism*, n. 190 [versión del traductor].
667   CT, n. 32.

C. Formación ecuménica de los catequistas

Si bien la formación ecuménica es necesaria para todos los creyentes cristianos, los catequistas necesitan una capacitación especializada en ecumenismo. Los catequistas católicos deben tener una clara conciencia de los principios católicos básicos del ecumenismo: concretamente, que la Iglesia fundada por Jesucristo "subsiste [subsistit in] en la Iglesia católica"[668] y que la unidad que Cristo confirió a su Iglesia desde sus comienzos "subsiste indefectible en la Iglesia católica y esperamos crezca de día en día hasta la consumación de los siglos,"[669] si bien algunos componentes de la Iglesia pueden encontrarse en otras Iglesias y comunidades eclesiales, según lo que preservaron de la verdad revelada y de los dones de la gracia que Cristo otorgó a su Iglesia. Están constituidos "en alguna comunión, aunque no sea perfecta, con la Iglesia católica."[670] El mantener estos principios católicos básicos de ecumenismo puede ser un desafío muy grande en la situación actual, en la que "el perenne anuncio misionero de la Iglesia es puesto hoy en peligro por teorías de tipo relativista, que tratan de justificar el pluralismo religioso, no sólo *de facto* sino también *de iure* (o de principio)" y que resulta en una actitud popular en la cual "la revelación cristiana y el misterio de Jesucristo y de la Iglesia pierden su carácter de verdad absoluta y de universalidad salvífica."[671]

En el *Directory for the Application of Principles and Norms on Ecumenism [Directorio para la aplicación de principios y normas sobre el ecumenismo]* se incluyen, entre los medios primarios de la formación ecuménica, el escuchar y estudiar la palabra de Dios, la predicación, la catequesis, la oración, la Liturgia y la vida espiritual. En esa publicación se incluyen también bases fundamentales y un plan detallado para la formación ecuménica de aquellos que están comprometidos en la labor pastoral.[672] Algunos elementos claves en la formación ecuménica de los catequistas son los siguientes:

---

668   CCE, n. 816, que cita a LG, n. 8.
669   UR, n. 4.
670   UR, n. 3.
671   Congregación para la Doctrina de la Fe, Declaración *Dominus Iesus. Sobre la unicidad y la universalidad salvífica de Jesucristo y de la Iglesia* (DI) (Ciudad del Vaticano, 2000), n. 4, http://www.vatican.va/roman_curia/congregations/cfaith/documents/rc_con_cfaith_doc_20000806_dominus-iesus_sp.html.
672   Cf. *Directory for the Application of Principles and Norms on Ecumenism [Directorio para la aplicación de principios y normas sobre el ecumenismo]*, nn. 70-91.

- Estudio cuidadoso de la Sagrada Escritura y de la Tradición viva de la Iglesia
- Familiaridad con los fundamentos bíblicos del ecumenismo
- Familiaridad con los principios católicos del ecumenismo
- Conocimiento de la historia del ecumenismo
- Capacitación para la colaboración y el diálogo ecuménicos
- Participación en visitas a otras iglesias, intercambios informales, días de estudio conjuntos y oración en común
- Experiencia en la colaboración y el diálogo ecuménicos
- Familiaridad con los temas ecuménicos fundamentales[673]

D. Catequesis en relación con los judíos

Se debe prestar especial atención a la catequesis en relación con la religión judía. "Los judíos y el judaísmo no deben ocupar un lugar ocasional y marginal en la catequesis: su presencia en ella es esencial y ambos deben ser integrados en forma orgánica."[674] Debe descubrir el antiguo vínculo entre la Iglesia y el pueblo judío, el primero en escuchar la palabra de Dios. La catequesis que presenta las enseñanzas precisas, objetivas y exactas sobre los judíos y el judaísmo ayuda a los cristianos a apreciar y a amar a los judíos, quienes fueron elegidos por Dios para preparar la venida de Cristo. En particular, un objetivo de la catequesis debe ser la superación de todas las formas de antisemitismo.[675]

Desafortunadamente, muchos cristianos no poseen una comprensión fundamental de la historia y tradiciones del judaísmo. Entre muchos de ellos persiste la dolorosa ignorancia que sustituye la información exacta con caricaturas y estereotipos. "La enseñanza religiosa y la predicación deben ser una preparación no sólo para la objetividad, la justicia y la tolerancia, sino también para la comprensión y el diálogo. Nuestras dos tradiciones

---

673   Cf. USCCB, Secretariat for Ecumenical and Interreligious Affairs, *Ecumenical Formation of Pastoral Workers* [*Formación ecuménica de los colaboradores pastorales*] (Washington, D.C.: USCCB, 1998), 7-19.

674   Comisión para las Relaciones Religiosas con el Judaísmo, *Notes on the correct way to present the Jews and Judaism in preaching and catechesis in the Roman Catholic Church* [*Notas sobre la forma correcta para presentar a los judíos y al judaísmo en la predicación y en la catequesis de la Iglesia Católica romana*] (1985), n. I, 2, "Religious Teaching and Judaism", en http://www.vatican.va/roman_curia/pontifical_councils/chrstuni/relations-jews-docs/ [versión del traductor].

675   Cf. NA, n. 4.

están tan relacionadas que una no puede ignorar a la otra. Se debe alentar el conocimiento mutuo a todo nivel."[676]

La publicación *God's Mercy Endures Forever: Guidelines on the Presentation of Jews and Judaism in Catholic Preaching [La misericordia de Dios permanece para siempre: Lineamientos para la presentación de los judíos y del judaísmo en la predicación católica]* contiene los principios generales para la presentación de los judíos y del judaísmo en las homilías de los sacerdotes católicos. Muchos de estos principios pueden ser adaptados para los catequistas. Por ejemplo, se anima a los catequistas a

- Afirmar el valor de toda la Biblia, tanto del Antiguo como del Nuevo Testamento, y reconocer el significado especial del Antiguo Testamento para el pueblo judío, a quienes estaba dirigido originalmente
- Mostrar tanto la independencia como las interconexiones entre ambos Testamentos
- Enfatizar la condición judía de Jesús y de sus enseñanzas
- Respetar la existencia continua de la alianza de Dios con el pueblo judío y la respuesta fiel de ese pueblo, pese a los siglos de sufrimiento, a la llamada de Dios
- Mostrar que los cristianos y los judíos ven a los Diez Mandamientos como el fundamento de la moral[677]

E. Catequesis en relación con otras religiones no cristianas

La catequesis en relación con otras religiones no cristianas también tiene características especiales. Especialmente en una sociedad pluralista desde el punto de vista religioso, este tipo de catequesis debe profundizar y fortalecer la identidad de los católicos que se encuentran entre personas que adhieren a otras religiones y, al mismo tiempo, ayudarles a crecer en el respeto a esos creyentes y a sus religiones.[678]

---

676 *Notes on the correct way to present the Jews and Judaism in preaching and catechesis in the Roman Catholic Church*, "Conclusion" [versión del traductor].

677 Cf. USCCB Bishops' Committee on the Liturgy, *God's Mercy Endures Forever: Guidelines on the Presentation of Jews and Judaism in Catholic Preaching [La misericordia de Dios permanece para siempre: Lineamientos para la presentación de los judíos y del judaísmo en la predicación católica]* (Washington, D.C.: USCCB, 1988), n. 31.

678 Cf. DGC, n. 200.

Debido a que la sociedad es tan pluralista, es "necesario reiterar, ante todo, el carácter definitivo y completo de la revelación de Jesucristo."[679] Siempre se debe enseñar claramente que Jesucristo es el único y universal Salvador de la familia humana y que su Iglesia es el sacramento universal de la salvación. Es en Él "en quien los hombres encuentran la plenitud de la vida religiosa y en quien Dios reconcilió consigo todas las cosas."[680] La Iglesia considera todo lo bueno y verdadero que se encuentra en otras religiones como "preparación evangélica, y dado por quien ilumina a todos los hombres, para que al final tengan la vida."[681]

Los católicos deben estar familiarizados con la historia del Islam, especialmente en cuanto a los conflictos entre cristianos y musulmanes. La Iglesia urge tanto a católicos como a musulmanes a trabajar sinceramente para alcanzar el entendimiento mutuo y preservar y promover juntos los beneficios de la justicia social y del bienestar moral para toda la humanidad, al igual que la paz y la libertad para todos.[682] En los Estados Unidos, el número cada vez mayor de inmigrantes que prefieren la fe islámica obliga a hacer todos los esfuerzos posibles para tratar de comprender los elementos de su fe, así como el diálogo y la cooperación entre católicos y musulmanes.

A fin de promover las relaciones respetuosas con todas las religiones no cristianas, es indispensable contar con comunidades de católicos fervientes y catequistas bien formados. En estas situaciones, se alienta a los catequistas a

- Presentar, cuando sea necesario, una exposición precisa de los elementos esenciales de las creencias religiosas no cristianas tradicionales, tal como son percibidas por sus adeptos a la luz de su propia experiencia religiosa
- Desarrollar una valoración de las inspiraciones de los adeptos a otras religiones y sus contribuciones a la humanidad
- "Fomentar proyectos conjuntos a favor de la justicia y de la paz"[683]

---

679   DI, n. 5.
680   NA, n. 2.
681   LG, n. 16.
682   Cf. NA, n. 3.
683   *Directorio catequético nacional*, n. 79.

- Fomentar un espíritu misionero entre las personas que se están catequizando
- Motivarlas a ser testigos de la fe y a participar activamente en los esfuerzos de la Iglesia para evangelizar el mundo

En los Estados Unidos, el clima de desilusión y relativismo religioso ha generado la proliferación de nuevos movimientos religiosos y espirituales, sectas y cultos. Algunos derivan de tradiciones cristianas, otros de tradiciones no cristianas del lejano oriente, y otros tienen orígenes desconocidos u oscuros. Pese a que gran parte de su doctrina y muchas de sus prácticas contradicen la fe cristiana, estos movimientos tienen cierto atractivo. La catequesis en relación con estos movimientos *Nueva Era*[684] debe describir con exactitud las creencias y prácticas de los adeptos a estos movimientos y contrastarlas cuidadosamente con las creencias y prácticas católicas. Esto debe ayudar a los creyentes católicos a profundizar su conocimiento sobre la Sagrada Escritura, despertar en ellos una experiencia vibrante de oración, comprender completamente las enseñanzas de la Iglesia y articularlas claramente. La catequesis debe educarlos para aceptar la responsabilidad por la fe católica y defenderla vigorosamente contra el error y los malos entendidos.

La multiplicación de estos nuevos movimientos religiosos, sectas y cultos revela la sed que tienen muchas personas de encontrar alguna fuente de significado trascendente en sus vidas. Aquellas personas que se unen a estos movimientos forman un grupo especialmente importante para las actividades evangelizadoras de la Iglesia. Deben escuchar el Evangelio proclamado con valentía porque contiene las respuestas a las preguntas más profundas de las pretensiones humanas. "La Iglesia tiene un inmenso patrimonio espiritual para ofrecer a la humanidad: en Cristo, que se proclama 'el Camino, la Verdad y la Vida'."[685]

---

684   Cf. Consejo Pontificio de la Cultura, *Jesucristo, portador de agua viva. Una reflexión cristiana sobre la "nueva era"* (Ciudad del Vaticano, 2003), http://www.vatican.va/roman_curia/pontifical_councils/interelg/documents/rc_pc_interelg_doc_20030203_new-age_sp.html.
685   RM, n. 38.

52. CONCLUSIÓN

Multitudes de personas, de todas las ocupaciones y condiciones sociales se acercaron a la orilla a escuchar a Jesús proclamar la venida del Reino. El mensaje de salvación en Jesucristo está orientado a todas las personas, más allá de sus diferencias sociales, culturales, raciales, étnicas o económicas. La catequesis de la Iglesia presenta la verdad universal del Evangelio a cada estrato de la sociedad humana en una amplia variedad de contextos catequísticos, con la firme intención de transformar a toda la sociedad y renovar la faz de la tierra. Ella adapta la Buena Nueva a las circunstancias de todos aquellos que buscan a Cristo en cada parte del mundo al tiempo que mantiene la unidad de la fe entre todos. En esta catequesis, al anunciar el Reino de Dios, la Iglesia reconoce y celebra la diversidad dentro de la comunidad de fe, afirma la igualdad fundamental de cada persona y reconoce la necesidad de la caridad, el respeto mutuo y la justicia entre todos los grupos de una sociedad pluralista.

En este capítulo se describieron los principios, lineamientos y criterios para presentar el Evangelio en ambientes muy diversos. En el próximo capítulo se describen las funciones y responsabilidades de todos aquellos que transmiten la palabra de Dios de una generación a la siguiente.

CAPÍTULO 8

Los que catequizan

Yo planté, Apolo regó, pero fue Dios quien hizo crecer.
De modo que ni el que planta ni el que riega tienen
importancia, sino sólo Dios, que es quien hace crecer.
(*1 Co* 3, 6-7)

53. INTRODUCCIÓN

La fe es un don de Dios. En su providencia, Dios ha decidido emplear instrumentos humanos para asegurar el crecimiento de la fe recibida en el bautismo. Con la intercesión piadosa de la Virgen María, quien fue tanto discípula como catequista, los miembros de la comunidad de la Iglesia son llamados no sólo para crecer en el conocimiento de la fe sino, al mismo tiempo, para transmitir esa fe a otros. Como San Pablo, el evangelista y apóstol, los catequistas ejemplifican el modo en el que cooperamos con la gracia de Dios para asegurar el crecimiento de la fe y para recordarnos que es Dios quien causa el crecimiento.

Todos los miembros de la comunidad de creyentes en Jesucristo participan en la misión catequística de la Iglesia. Algunos son llamados a desempeñar funciones catequísticas más específicas. Padres, catequistas en las parroquias, profesores, directores de escuelas católicas, dirigentes catequísticos parroquiales para adultos y niños, dirigentes del ministerio para jóvenes, personas que trabajan en oficinas catequísticas diocesanas y nacionales, diáconos, religiosos consagrados, sacerdotes y obispos, todos ellos son catequistas con funciones específicas. Desde los primeros días de la Iglesia, inmediatamente después de la aceptación del mandato misionero de Cristo por parte de los apóstoles, los catequistas han prestado y continúan prestando "con grandes sacrificios una ayuda singular y enteramente necesaria para la propagación de la fe y de la Iglesia."[686] Como miembros estimados y apreciados del apostolado de la Iglesia, llevan a cabo "un servicio evangélico fundamental".[687]

En este capítulo se describen las funciones y responsabilidades de todas aquellas personas que participan en la misión catequística de la Iglesia. También se ofrecen los principios, lineamientos y criterios para su formación como catequistas.

54. DIFERENTES FUNCIONES DE LAS PERSONAS QUE CATEQUIZAN

A. El obispo y el personal de la diócesis: Una responsabilidad compartida

Dentro de la variedad de ministerios y servicios que lleva a cabo la Iglesia particular en sus esfuerzos para evangelizar, la catequesis ocupa un lugar de especial importancia. "La catequesis es una responsabilidad de toda la comunidad cristiana."[688] Todos los miembros de la comunidad comparten el deber de ser testigos de la fe. La catequesis es esfuerzo de colaboración dentro de la diócesis, bajo la dirección del apóstol local —el obispo—, quien es específicamente responsable por la transmisión de la fe en la Iglesia particular que le ha sido confiada. Los que asisten al obispo en su responsabilidad catequística son los sacerdotes, diáconos, religiosos y laicos. Cada uno de ellos exhibe una forma de colaborar que es acorde a las funciones que desempeñan en la Iglesia.

Dado que la proclamación y transmisión del Evangelio es central en el ministerio episcopal, el obispo tiene la responsabilidad primaria por la catequesis en la diócesis. La catequesis es una parte fundamental del ministerio profético del obispo. A través de su ministerio catequístico, los obispos transmiten la fe que debe ser profesada y vivida a aquellas personas que están en el seno de la Iglesia particular.

---

686   AG, n. 17.
687   Juan Pablo II, "Discurso a catequistas" (30 de abril de 1992) [versión del traductor].
688   DGC, n. 220.

Los obispos son "los primeros responsables de la catequesis, los catequistas por excelencia".[689] Como el primero de los catequistas en la diócesis, el obispo es responsable de la misión catequística total de la Iglesia local. La catequesis es una de las tareas fundamentales del ministerio del obispo. Ante todo, el obispo es él mismo catequista, "pregonero de la fe".[690] Por el poder del Espíritu Santo, "los obispos han sido constituidos verdaderos u auténticos maestros."[691] Esto deriva de la relación del obispo individual con toda la Iglesia, cuya fe él articula. En su diócesis, el obispo "tiene una función única y con autoridad al enseñar la fe de la Iglesia católica en la Iglesia particular que le es confiada para que la cuide."[692] En su propia predicación y enseñanza, el obispo transmite las enseñanzas de Cristo —las enseñanzas de la totalidad de la Iglesia. Por su profunda convicción de la importancia de la catequesis para la vida cristiana de la diócesis, el obispo debe llevar a cabo y mantener en su Iglesia "una verdadera mística de la catequesis."[693]

Además de dedicarse personalmente él mismo a la proclamación del Evangelio y al ministerio de la catequesis, el obispo también debe supervisar la misión catequística en la diócesis. Debe asegurarse de que el ministerio de la catequesis reciba el respaldo de personal competente, medios efectivos y recursos financieros adecuados. Debe estar seguro de que los textos y otros instrumentos utilizados en la catequesis transmiten la fe católica en forma completa y auténtica. Debe asegurarse de "que los catequistas se preparen debidamente para este menester, de suerte que conozcan totalmente la doctrina de la Iglesia y aprendan técnica y prácticamente las leyes psicológicas y las disciplinas pedagógicas."[694] También debe adoptar un plan catequístico integrado al plan pastoral diocesano general y coordinado con la *United States Conference of Catholic Bishops*.

Hablando a sus hermanos obispos, el Papa Juan Pablo II decía:

[…] que la solicitud por promover una catequesis activa y eficaz no ceda en nada a cualquier otra preocupación. Esta solicitud os llevará a transmitir personalmente a vuestros fieles la doctrina de

---

689   CT, n. 63.
690   LG, n. 25.
691   CD, n. 2.
692   USCCB, *The Teaching Ministry of the Diocesan Bishop: A Pastoral Reflection* [*El ministerio docente del obispo diocesano: Una reflexión pastoral*] (Washington, D.C.: USCCB, 1992), 6 [versión del traductor].
693   CT, n. 63.
694   CD, n. 14; cf. CIC, c. 780.

vida. Pero debe llevaros también a haceros cargo en vuestras diócesis, en conformidad con los planes de la Conferencia Episcopal a la que pertenecéis, de la alta dirección de la catequesis, rodeándoos de colaboradores competentes y dignos de confianza.[695]

De lo dicho se deduce que el obispo no trabaja solo, sino que lo hace con sus sacerdotes y a través de quienes designan para que lo asistan en el departamento catequístico de su diócesis. Debe designar a un director de catequesis diocesano altamente capacitado y profesional y, también, encomendar a tantas personas auténticamente competentes como sean necesarias de entre el personal catequético diocesano para asegurarse de que todos aquellos que tienen derecho a recibir catequesis en la diócesis tengan realmente oportunidad de recibirla. En su designación de otras personas como maestros y catequistas, el obispo debe asegurarse cautelosamente que proclaman el auténtico Evangelio de Jesucristo y que transmiten el depósito de la fe en forma completa y precisa.

B. Párrocos y dirigentes parroquiales

1. Párrocos

Los párrocos tienen responsabilidades específicas que derivan de sus funciones catequísticas particulares. "Todos los creyentes tienen derecho a la catequesis; todos los pastores tienen el deber de impartirla."[696] Los párrocos son los colaboradores más próximos del obispo para garantizar que se alcancen las metas de la misión catequística de la diócesis:

> Procure el párroco especialmente, teniendo en cuenta las normas dictadas por el obispo diocesano:
> 1° que se imparta una catequesis adecuada para la celebración de los sacramentos;
> 2° que los niños [y jóvenes] se preparen bien para recibir por primera vez los sacramentos de la penitencia, de la Santísima Eucaristía y de la confirmación, mediante una catequesis impartida durante el tiempo que sea conveniente;

---

695   CT, n. 63.
696   CT, n. 64.

3°   que los mismos, después de la primera Comunión [y de la confirmación], sean educados con una formación catequética más abundante y profunda;
4°   que, en la medida que lo permita su propia condición, se dé formación catequética también a los disminuidos físicos o psíquicos;
5°   que, por diversas formas y actividades, la fe de los jóvenes y de los adultos se fortalezca, ilustre y desarrolle.[697]

El párroco también debe asegurarse de que

• Se enfatice la catequesis de modo que ofrezca oportunidades apropiadas según la edad para adultos, jóvenes y niños
• Se desarrolle e implemente un plan general de catequesis parroquial en consulta con el consejo parroquial y los dirigentes catequísticos de la parroquia
• La catequesis de los adultos de todas las edades sea una prioridad —la formación de los adultos debe proporcionarse de modo tal que los feligreses la reconozcan como la misión catequística primaria de la parroquia
• La catequesis de los jóvenes y adultos jóvenes forme parte de un plan integral para el ministerio de los jóvenes en la parroquia
• Los catequistas en todos los niveles estén bien formados y capacitados para realizar esa tarea
• Se dispone de formación catequística para todos los grupos que hablan diferentes idiomas
• El catecumenado bautismal sea un componente vital en la organización de la catequesis en la parroquia
• El catecumenado sea un proceso esencial en la parroquia, un proceso que sirva de inspiración para toda la catequesis

Los párrocos también deben trabajar con los padres, el personal escolar y catequístico, así como con las juntas y las comisiones propias de la parroquia, para planificar y llevar a cabo la misión catequística en la parroquia local. El párroco tiene la responsabilidad primaria de asegurar que las necesidades, metas y prioridades catequísticas de la parroquia están identificadas,

---

697   CIC, c. 777; cf. CCEO, c. 619.

articuladas y alcanzadas. En aquellas parroquias donde no hay párrocos residentes, los administradores pastorales tienen las mismas obligaciones.

2. Sacerdotes

Los sacerdotes comparten el oficio docente de sus obispos y son sus colaboradores inmediatos en la proclamación del Evangelio. El oficio especial en la misión catequética diocesana que ejercen surge directamente del sacramento del orden sagrado, que constituye a los sacerdotes en educadores en la fe.[698] Dado que "el sacerdote debe ser el *catequista de los catequistas*, formando [...] una verdadera comunidad de discípulos del Señor,"[699] en su predicación y enseñanza y en el ministerio sacramental de la Iglesia el sacerdote transmite el Evangelio de Cristo, anima la conversión a Él, fomenta la vida de fe y la formación constante en la fe e inspira la oración de la comunidad de fe. Son guías que ofrecen respaldo a todas las personas que participan en la catequesis. En su parroquia, el sacerdote tiene la responsabilidad de formar la comunidad cristiana y asegurarse de que los creyentes están adecuadamente formados y alcancen la verdadera madurez cristiana.[700] Los sacerdotes ayudan a impulsar el ministerio de los catequistas y los asisten para que cumplan con sus responsabilidades, colaborando con los dirigentes catequísticos para ofrecer formación a los catequistas y respaldándolos, sobre todo con sus oraciones. El sacerdote párroco desempeña una función activa en los programas catequísticos y está disponible para celebrar los sacramentos con las clases o los grupos. Además, la Iglesia espera que los sacerdotes "no dejen nada por hacer con miras a una obra catequética bien estructurada y bien orientada."[701]

Los vicarios parroquiales, al prestar respaldo a las responsabilidades catequísticas del párroco, están llamados especialmente a

---

698   Cf. Concilio Vaticano II, Decreto *Presbyterorum ordinis. Sobre el ministerio y la vida de los presbíteros*, (PO), n. 6, http://www.vatican.va/archive/hist_councils/ii_vatican_council/documents/vat-ii_decree_19651207_presbyterorum-ordinis_sp.html.

699   Congregación para el Clero, *Directorio para el ministerio y la vida de los presbíteros*, n. 47, en www.vatican.va/roman_curia/congregations/cclergy/documents/rc_con_cclergy_doc_31011994_directory_sp.html.

700   Cf. CIC, n. 773; cf. CCEO, n. 617.

701   CT, n. 64.

- Fomentar un sentido de responsabilidad común para con la catequesis y un reconocimiento y aprecio por los catequistas y su misión
- Asegurarse de que los programas catequísticos sean sistemáticos y completos
- Animar a los creyentes que tienen las cualidades necesarias para que sean catequistas entre ellos
- Integrar la catequesis con la evangelización y fomentar el vínculo entre la catequesis, los sacramentos y la Liturgia
- Asegurar el enlace entre los esfuerzos catequísticos parroquiales y diocesanos[702]

Los sacerdotes contribuyen en forma absolutamente esencial a un programa catequístico efectivo. Su liderazgo apasionado es esencial para la catequesis parroquial. A fin de mantener y enriquecer su ministerio como catequistas, los sacerdotes deben prestar mucha atención a su propia formación catequística y continuar su capacitación y formación espiritual después de haber sido ordenados.

Con frecuencia, los aspirantes al sacerdocio reciben responsabilidades catequísticas en las parroquias donde se desempeñan como asistentes pastorales. Los seminaristas necesitan adquirir una clara comprensión de la naturaleza, las metas y los métodos de la catequesis así como de las funciones que deberán desempeñar en los programas catequísticos de la parroquia e instituciones a las que se los asignará cuando sean sacerdotes. Deben aprender los procesos del crecimiento y desarrollo humanos y la formación de la fe a fin de ser capaces de adaptar el mensaje del Evangelio según la edad y la capacidad de las personas que catequizarán. También deben poseer una comprensión clara del ministerio catequístico de la Iglesia y recibir capacitación para organizar y supervisar los programas catequísticos de la parroquia. Deben ser sensibles a la diversidad de culturas, y aquellos que no nacieron en este país deben tener la oportunidad de aprender la cultura de los Estados Unidos.

---

702   Cf. CIC, cc. 776-777; cf. CCEO, cc. 624 §1, 619.

3. Diáconos

"También a los diáconos corresponde servir al pueblo de Dios en el ministerio de la palabra, en comunión con el obispo y su *presbiterio*."[703] En este sentido, participan en el ministerio catequístico de la Iglesia como predicadores y maestros. El diácono está llamado a "leer la Sagrada Escritura a los fieles [y a] instruir y exhortar al pueblo."[704] La formación de los diáconos permanentes debe incluir estudios de teología, Liturgia, Sagrada Escritura, catequesis y capacitación en comunicación.[705] Con la debida capacitación catequética, que incluye experiencias catequísticas supervisadas, los diáconos pueden servir como dirigentes catequísticos especialmente efectivos en las parroquias y diócesis.

4. Mujeres y hombres en la vida consagrada

En virtud de su vocación, las personas que viven la vida consagrada catequizan por el testimonio de su consagración y por su labor apostólica. Los religiosos consagrados, mujeres y hombres, en su vida consagrada ofrecen un testimonio público de su compromiso singular en la misión de la Iglesia. Este testimonio fortalece en forma inconmensurable la misión catequística. La catequesis que ofrecen las personas consagradas se brinda en el contexto de una extraordinaria dedicación a la vida en comunidad y a un compromiso poco habitual con las Bienaventuranzas. Como resultado de ello, su catequesis tiene una característica inconfundible.

Si bien la Iglesia se ve bendecida al contar con muchas mujeres y hombres laicos que contribuyen efectivamente en la labor catequística, las contribuciones de las personas de vida consagrada son únicas y no pueden ser proporcionadas ni por sacerdotes ni por el laicado. Esas contribuciones provienen de su profesión de los consejos evangélicos y de los carismas especiales de sus comunidades particulares. Algunos institutos religiosos para hombres y mujeres fueron fundados con el propósito específico de brindar formación catequística a niños, jóvenes y personas adultas. A lo largo de toda la historia de la Iglesia, muchos hombres y mujeres de vida religiosa se han comprometido con el ministerio catequístico. La historia

---

703 CIC, c. 757.

704 LG, n. 29.

705 Cf. Congregación para la Educación Católica, *Normas básicas de la formación de los diáconos permanentes*, www.vatican.va/roman_curia/congregations/ccatheduc/documents/rc_con_ccatheduc_doc_31031998_directorium-diaconi_sp.html.

de la catequesis en los Estados Unidos es una crónica del liderazgo y la dedicación críticos de hombres y mujeres de vida religiosa en la misión catequística de la Iglesia. Para continuar con este liderazgo y dedicación, el Papa Juan Pablo II ha pedido "¡que las comunidades [religiosas] dediquen el máximo de sus capacidades y de sus posibilidades a la obra específica de la catequesis!"[706] Con una capacitación apropiada, las mujeres y los hombres en la vida consagrada están especialmente preparados para desempeñarse como dirigentes catequísticos de la parroquia o diócesis.

5. Dirigentes catequísticos de la parroquia

El factor más crítico en un programa catequístico parroquial efectivo es el liderazgo de un dirigente catequístico parroquial capacitado profesionalmente. Según la extensión y el alcance del programa catequístico parroquial, las parroquias deben asignar sus recursos de modo tal que sean capaces de contratar los servicios de un dirigente catequístico competente y calificado (o una persona que esté preparándose para ser competente y calificado) o bien, de compartir esos servicios con otra parroquia. Según el alcance de las responsabilidades, por lo general el cargo se denomina "director parroquial de catequesis o de educación religiosa", "coordinador parroquial de catequesis o de educación religiosa" o bien, "ministro de catequesis o de educación religiosa". Habitualmente, con la dirección de un párroco, las principales responsabilidades de quien ocupa este cargo son las siguientes:

- Dirección general de los programas catequísticos parroquiales para personas adultas, jóvenes y niños
- Planificación, implementación y evaluación del programa cate-quístico parroquial
- Contratación, formación, desarrollo continuo y evaluación de los catequistas
- Implementación de las políticas y directrices catequísticas de la diócesis y la parroquia, incluidas las áreas de certificación y supervisión de catequistas así como las políticas relacionadas con negligencia, abuso sexual, acoso sexual y la seguridad y protección de menores de edad[707]

---

706   CT, n. 65.
707   Cf. USCCB, *Promise to Protect, Pledge to Heal [Promesa de proteger, Compromiso de sanar]* (Washington, D.C.: USCCB, 2003).

- Colaboración con el párroco, con otros ministros parroquiales y con los comités, las juntas y los consejos apropiados
- Asistencia en la planificación litúrgica
- Atención a su propio desarrollo personal, espiritual y profesional

Las diócesis y parroquias deben dedicarse activamente a la identificación de posibles dirigentes catequísticos parroquiales y, con la ayuda de colegios superiores así como de universidades y organizaciones católicas, brindarles las oportunidades para desarrollar las competencias y las habilidades necesarias para un efectivo liderazgo y profundo conocimiento de la fe. Una vez totalmente iniciados, los católicos practicantes que adhieren plenamente a las enseñanzas de la Iglesia en cuestiones de fe y moral y que son modelos de virtud cristiana así como testigos valientes de la fe católica deben ser designados dirigentes catequísticos de la parroquia. La preparación para el servicio como dirigente catequístico de la parroquia debe incluir estudios avanzados de teología, Sagrada Escritura, Liturgia, catequesis y metodología catequística, psicología y teoría de la educación y administración, así como experiencia catequística práctica con personas adultas, jóvenes y niños. Es esencial poseer un conocimiento integral del *Directorio general para la catequesis* y del *Catecismo de la Iglesia Católica*. De acuerdo con las políticas de la diócesis, el párroco que emplea a dirigentes catequísticos parroquiales debe formular un acuerdo claro y específico con los mismos, en el que se enumeran las responsabilidades del cargo y los elementos de retribución equitativa. Los dirigentes catequísticos de la parroquia deben ser miembros plenos del personal pastoral de la parroquia y asistir a todas sus reuniones.

Las funciones de las personas que ocupan esos puestos varían de una parroquia a otra, pero los dirigentes catequísticos parroquiales no son meros administradores o ministros pastorales generales. La necesidad de capacitación y estudio sistemáticos no se debe minimizar. En primer lugar son catequistas. Deben continuar su desarrollo personal, espiritual y profesional y también participar en los programas diocesanos de capacitación y formación internos, de instituciones catequísticas, convenciones, ejercicios espirituales y programas acreditados.

6. Ministros de la juventud

Un programa integral para el ministerio de la juventud, ya sea que se base sobre una sola parroquia o represente los esfuerzos cooperativos de varias parroquias, incluye la dimensión de la catequesis estructurada o formal. Por lo tanto, los coordinadores del ministerio de la juventud deben tener formación teológica y, además, ser competentes y tener experiencia en catequesis. Deben ser capaces de conducir y guiar el crecimiento de los jóvenes en el conocimiento de la fe católica, en la práctica de esa fe a la luz de los principios de la moralidad cristiana y la justicia social, en la celebración de los sacramentos y en el desarrollo de sus vidas espirituales. Los coordinadores del ministerio de la juventud deben ser católicos practicantes que vivan el Evangelio en todos los aspectos de sus vidas. Deben ser modelos de vida cristiana para los jóvenes a los cuales sirven y deben tener la capacidad de hablar en forma creíble sobre su experiencia personal del don de la fe. Entre algunas de sus responsabilidades integrales, los coordinadores del ministerio de la juventud tienen responsabilidades catequísticas específicas[708] que deben ser satisfechas en colaboración con los pastores, párrocos y dirigentes catequísticos de la parroquia.

La capacitación para el ministerio de la juventud debe ser tan integral como lo son sus responsabilidades y se deben emplear para ello todos los principios de la recta formación en la fe de los adultos. La capacitación adecuada en la misión de evangelización y catequesis de la Iglesia en general y de la catequesis para jóvenes en particular debe ser un requisito mínimo para todos los ministros de la juventud. Con la ayuda de universidades y organizaciones católicas, las diócesis deben ofrecer capacitación para sus ministros de la juventud y, si es posible, desarrollar programas de certificación en los que puedan desarrollarse todas las dimensiones del ministerio de la juventud en un lapso determinado. Ya sea que los coordinadores del ministerio de la juventud trabajen a tiempo completo o a tiempo parcial, se les debe proveer una retribución y los beneficios apropiados a sus esfuerzos.

7. Ministros para la universidad

En virtud de su bautismo, todos los creyentes que residen en los *campus* universitarios comparten la proclamación del Evangelio en la comunidad académica y son llamados a vivir en forma cristianamente ejemplar. El cuerpo docente, el personal y los directivos católicos tienen una oportunidad y responsabilidad especiales para edificar la Iglesia en la universidad. Pero la Iglesia también tiene una presencia en la universidad que está

---

708   Ver el Capítulo 7 de este *Directorio*.

específicamente dedicada a ofrecer un vigoroso testimonio cristiano en el mundo académico y a preparar a los estudiantes para que lleven la luz del Evangelio a las situaciones cotidianas de la vida diaria. Los ministros para la universidad son quienes proporcionan ese servicio apostólico.

Los ministros para la universidad están capacitados profesionalmente, son designados debidamente por el obispo y se envían para "formar la comunidad de fe de tal modo que pueda ser un signo e instrumento genuinos del Reino."[709] A fin de representar a la Iglesia en la universidad, el ministerio para la universidad debe contar con la cantidad adecuada de personal. Podrán desempeñarse como ministros para la universidad los sacerdotes, las mujeres y los hombres de vida consagrada y las personas laicas, todos ellos teológicamente calificados y profesionalmente competentes. Entre sus tareas se encuentran las siguientes funciones:

- Formar una vibrante comunidad de fe en la universidad
- Ayudar a los estudiantes a discernir la vocación para la cual Dios los ha creado
- Asegurar que los estudiantes tengan disponibles los sacramentos
- Proveer oportunidades catequísticas, tales como grupos de estudio de la Biblia
- Educar para el llamado al servicio y crear o identificar oportunidades para tal servicio
- Identificar, convocar y coordinar los diversos dones del Espíritu Santo en la comunidad de fe en la universidad
- Educar a todos los bautizados a apreciar su propio llamado al servicio
- Responder, en la medida que sea posible, a las necesidades individuales de los estudiantes, incluidas sus situaciones religiosas, étnicas y culturales
- Contratar personal directivo, cuerpo docente, personal y estudiantes católicos para asistirlos en la edificación de una comunidad de fe en la universidad
- Crear un ambiente en el que se estimule la iniciativa y la participación
- Atender al propio desarrollo personal, profesional y espiritual

---

709   USCCB, *Empowered by the Spirit: Campus Ministry Faces the Future [Investidos por el Espíritu: el ministerio universitario afronta el futuro]*, (Washington, D.C.: USCCB, 1986), n. 24 [versión del traductor].

- Mantener relaciones estrechas con las parroquias vecinas y la diócesis[710]

El ámbito universitario ofrece a los ministros para la universidad una oportunidad ideal para la catequesis. En la actualidad, algunos estudiantes de colegios superiores, así como otros adultos jóvenes, tienen con frecuencia una comprensión limitada de las verdades básicas de la doctrina católica. Los años de educación universitaria constituyen un período de desafíos y oportunidades. Muchas personas desean profundizar su conocimiento y práctica de la fe y ansían desarrollar una fe adulta, mientras que otras adoptan una noción impropia de la libertad que las lleva a descuidar o rechazar las normas morales cristianas. Los estudiantes que viven la fe católica pueden ser desafiados por profesores o compañeros que profesan otras religiones. La función del ministro para la universidad es fortalecer su conocimiento de la fe, especialmente a través de la apologética.

Muchos estudiantes son, ellos mismos, candidatos aptos para desempeñarse como catequistas para la Iglesia. Quieren conocer la fe y capacitarse para transmitirla a otras personas. Mientras se encuentran en el ambiente académico, deben iniciar cursos de estudio para el ministerio para la vida universitaria a fin de recibir educación teológica, formación espiritual y experiencia práctica, y así estar preparados para prestar servicios en las parroquias como catequistas cuando se gradúen.

Los programas para el ministerio en las universidades también deben prestar servicios al personal administrativo de los colegios superiores y de las universidades en los que cumplen funciones. En colaboración con el resto de los miembros de la comunidad de la fe en la universidad, los ministros para la universidad deben trabajar para lograr un gobierno responsable y evaluar los programas, las políticas y la investigación de la institución a la luz de la doctrina social de la Iglesia Católica.

8. Catequistas

La labor apostólica del catequista brota del sacramento del bautismo, a través del cual todos los creyentes comparten el ministerio profético de Cristo y la misión evangelizadora de la Iglesia. Esa labor se fortalece con el sacramento de la confirmación. La llamada para el ministerio de

---

710 Cf. *Empowered by the Spirit*, nn. 24-32.

catequista es una vocación, una llamada interior,[711] la voz del Espíritu Santo. Los catequistas deben ser católicos practicantes que participan plenamente en el culto comunitario y en la vida de la Iglesia y que han sido preparados para su apostolado mediante una apropiada capacitación catequística. El mandato que la Iglesia les ha otorgado es la participación en el llamado divino para enseñar como lo hizo Jesús. Su relación personal con Jesucristo fortalece su servicio a la Iglesia y proporciona la motivación, vitalidad y fortaleza continuas de su actividad catequística. Cristo invita a todos los catequistas a seguirlo como maestro de la fe y a dar testimonio de la verdad de la fe.

Al igual que todos los creyentes, los catequistas son llamados a la santidad. Sin embargo, debido a su ministerio y misión, el llamado a la santidad tiene una urgencia particular. La vida espiritual del catequista debe caracterizarse por

- El amor a Dios —Padre, Hijo y Espíritu Santo— y a la Iglesia de Cristo, al Santo Padre y al pueblo santo de Dios
- Una coherencia y autenticidad de vida caracterizadas por su práctica fiel de la fe en un espíritu de fe, caridad, esperanza, valentía y júbilo
- La oración y dedicación personales a la misión evangelizadora de la Iglesia
- El celo misionero por el cual estén plenamente convencidos de la verdad de la fe católica y la proclamen con entusiasmo
- La participación activa en su comunidad parroquial particular, especialmente asistiendo a la Eucaristía dominical
- La devoción a María —la primera discípula y el modelo de los catequistas— y a la Santísima Eucaristía, la fuente del alimento de todos los catequistas[712]

Los catequistas laicos tienen una solidaridad especial con aquellas personas a quienes catequizan y una sensibilidad especial con sus necesidades. Viven en el mismo mundo que las personas que catequizan y comparten las mismas exigencias de la vida en el mundo que sufren aquellos

---

711 Cf. DGC, nn. 224, 225, 231, 233.
712 Cf. Congregación para la Evangelización de los Pueblos, *Guía para los catequistas*, nn. 7-10, http://www.vatican.va/roman_curia/congregations/cevang/documents/rc_con_cevang_doc_19971203_cath_sp.html.

a quienes enseñan. Su proclamación del Evangelio, su testimonio personal y su testimonio viviente de los valores trascendentes de la vida cristiana pueden ser particularmente efectivos porque ellos conocen muy bien las experiencias ordinarias de la vida cotidiana y son capaces de encarnar el Evangelio en esas circunstancias ordinarias.

Los catequistas deben estar atentos para adaptar su método de catequesis a las necesidades de los grupos particulares a los que brindan catequesis. Los catequistas sirven a una gran variedad de personas, y el mensaje del Evangelio debe ser proclamado en modo tal que esas personas puedan comprenderlo y que se aplique a sus situaciones de vida. Algunas de las personas que necesitan catequesis incluyen a aquellas que no tienen la presencia constante de un sacerdote; a familias; a personas adultas, jóvenes, niños y adolescentes; a aquellas personas que se están preparando para recibir los sacramentos; a personas con necesidades especiales; a inmigrantes, emigrantes, refugiados y personas itinerantes; a personas que participan en programas del ministerio para la universidad; a niños que asisten a escuelas católicas; a miembros de movimientos y asociaciones; a personas en hospitales y las fuerzas armadas; a prisioneros. La Iglesia tiene la seria responsabilidad de identificar a los grupos que necesitan recibir catequesis especializada y proveer capacitación y formación a las personas que responden al llamado del Espíritu Santo para ser catequistas de estos grupos.

Los catequistas deben identificar y crear "las condiciones más adecuadas para que el mensaje cristiano sea pedido, acogido y profundizado"[713] por cada una de aquellas personas que pertenecen a los diversos grupos con los que trabajan. Resulta claro que, a fin de presentar la fe católica en su plenitud y de modo que resulte atractivo a cada grupo, las personas que catequizan necesitan preparación y formación permanente específicas, acordes a las condiciones de las personas a quienes proclaman el mensaje del Evangelio. Para ello, los programas de formación de catequistas desarrollados en forma cooperativa por parroquias y diócesis deben asegurar que los catequistas reciban asistencia para desarrollar su propio conocimiento de la fe y el mensaje del Evangelio, así como "la dimensión del *saber hacer,* de saber cómo transmitir el Evangelio, ya que la catequesis es un acto de comunicación."[714] La fe es el resultado de la

---

713 *Directorio catequístico general,* n. 71.
714 DGC, n. 238.

iniciativa de la gracia de Dios y la cooperación de la libertad humana. Los catequistas deben reconocer con humildad, junto con San Pablo, "yo planté, Apolo regó, pero fue Dios quien hizo crecer."[715]

9. Escuelas católicas

"La Escuela Católica entra de lleno en la misión salvífica de la Iglesia y particularmente en la exigencia de la educación a la fe."[716] No se trata "simplemente de una institución que ofrece instrucción académica de gran calidad, sino que más importante aún, se trata de un vehículo efectivo para la formación cristiana integral."[717]

9a. Directores

Bajo la dirección del párroco o el consejo escolar debidamente elegido o designado, el director o la directora de la escuela católica desempeña un rol crucial en el logro de los objetivos catequísticos de la parroquia. La escuela católica es un centro para la evangelización, por lo tanto, su programa catequístico es fundamental para su identidad y carácter perfectamente católicos. Es un "verdadero apostolado".[718] Por lo tanto, el director o la directora de una escuela católica debe ser una persona católica practicante, apreciada por la comunidad, que comprenda y acepte las enseñanzas de la Iglesia y las exigencias morales del Evangelio. Como dirigente catequístico en la escuela católica, el director o la directora están llamados a

- Reconocer que todos los miembros del cuerpo docente y el personal "son una parte integral del proceso de educación religiosa"[719]
- Contratar profesores que sean católicos practicantes, que puedan comprender y aceptar las enseñanzas de la Iglesia Católica y las

---

715   *1 Co* 3, 6.
716   Sagrada Congregación para la Educación Católica, *La escuela católica* (1977), n. 9, http://www.vatican.va/roman_curia/congregations/ccatheduc/documents/rc_con_ccatheduc_doc_19770319_catholic-school_sp.html.
717   USCCB, *Teach Them [Enseñarles]* (Washington, D.C.: USCCB, 1976), 5 [versión del traductor].
718   Concilio Vaticano II, Declaración *Gravissimum educationis. Sobre la educación cristiana de la juventud* (GE), n. 8, www.vatican.va/archive/hist_councils/ii_vatican_council/documents/.
719   *Teach Them*, 7 [versión del traductor].

exigencias morales del Evangelio y contribuir al logro de la identidad católica y las metas apostólicas de la escuela

- Supervisar, a través de la observación y evaluación, el desempeño
de cada profesor o profesora de religión
- Brindar oportunidades a los miembros del cuerpo docente para la
catequesis continua
- Diseñar contenidos curriculares que respalden las metas catequísticas de la escuela y, si la escuela está asociada con una parroquia, con las metas catequísticas de la parroquia
- Desarrollar metas para la realización de un plan catequístico general
para la escuela y evaluar periódicamente el progreso realizado
respecto a las metas
- Fomentar una comunidad particularmente cristiana entre el
cuerpo docente, los alumnos y los padres
- Proveer, junto con el párroco, todo lo que sea necesario para el
desarrollo espiritual del cuerpo docente
- Colaborar con el personal parroquial o diocesano en la planificación
e implementación de programas de catequesis parroquial integral[720]

9b. Catequesis en la escuela católica

La instrucción catequística en la escuela católica debe estar basada en el
Catecismo de la Iglesia Católica e integrada profundamente a los contenidos
curriculares y objetivos de la escuela. Debe tener su lugar apropiado en el
orden de cada día junto con otras lecciones. Debe estar coordinada con el
plan catequístico de la parroquia o parroquias a las que está asociada, para
que la escuela católica "pueda y deba cumplir su aportación específica a la
catequesis. Con su proyecto de formación orientado globalmente, toda la
escuela se inserta en la función evangelizadora, favoreciendo y promoviendo una educación en la fe."[721]

---

720 Cf. *Directorio catequético nacional*, n. 215.
721 Congregación para la Educación Católica, *Dimensión religiosa de la educación en la escuela católica*, n. 69,
http://www.vatican.va/roman_curia/congregations/ccatheduc/documents/rc_con_ccatheduc_doc_
19880407_catholic-school_sp.html.

9c. Docentes de religión

La efectividad de la escuela católica como comunidad de fe y centro para la evangelización y catequesis depende en gran medida de sus docentes de religión. Quiénes son, qué dicen y qué hacen deben ser factores que se integren armoniosamente si es que ellos deben ser genuinos educadores en la fe. "La función del profesor de religión resulta, ciertamente, incomparable."[722] Los docentes de religión en las escuelas católicas no sólo enseñan la fe católica como una asignatura académica, sino que también dan testimonio de la verdad de aquello que enseñan, porque cada uno de ellos

> […] es persona-clave, agente esencial en la realización del proyecto educativo. La incidencia de su enseñanza está, sin embargo, vinculada a su testimonio de vida, que actualiza eficazmente a los ojos de los alumnos la enseñanza misma. Se espera, por tanto, que sea una persona rica en dones naturales y de gracia, capaz de manifestarlos en la vida; preparada adecuadamente para la enseñanza, con amplia base cultural y profesional, pedagógica y didáctica, y abierta al diálogo.[723]

Los docentes de religión en las escuelas católicas tienen las mismas responsabilidades y cumplen muchas funciones que son iguales a las de los catequistas parroquiales. Por lo tanto, deben ser católicos practicantes con un profundo conocimiento del mensaje cristiano y capacidad para comunicarlo en forma completa, fiel y con entusiasmo; también deben cumplir con las normas de la diócesis con respecto a la certificación como catequistas.

9d. Todos los docentes

La identidad y misión católicas que distinguen a la escuela católica también dependen de los esfuerzos y del ejemplo de la totalidad del cuerpo docente. "La síntesis entre cultura y fe se realiza gracias a la armonía orgánica de fe y vida en la persona de los educadores. La nobleza de la

---

722 Sagrada Congregación para la Educación Católica, *El laico católico, testigo de fe en la escuela* (1982), n. 59, http://www.vatican.va/roman_curia/congregations/ccatheduc/documents/rc_con_ccatheduc_doc_ 19821015_lay-catholics_sp.html.

723 *Dimensión religiosa de la educación en la escuela católica*, n. 96.

tarea a la que han sido llamados reclama que, a imitación del único Maestro Cristo, ellos revelen el misterio cristiano no sólo con la palabra sino también con sus mismas actitudes y comportamiento."[724] Todos los docentes en las escuelas católicas comparten el ministerio de la cateque-sis. "Todos los miembros del cuerpo docente, al menos con el ejemplo, son parte integral del proceso de educación religiosa... El estilo de vida y el carácter de los docentes son tan importantes como sus credenciales pro-fesionales."[725] Su testimonio cotidiano del sentido y significado de la fe madura y de la vida cristiana tiene un efecto profundo sobre la educación y formación de sus alumnos.[726] Si bien algunas situaciones pueden propor-cionar razones apremiantes por las que los miembros de otra tradición de fe enseñen en una escuela católica, en la medida que sea posible todos los docentes en una escuela católica deben ser católicos practicantes.

La escuela católica ofrece un ambiente especialmente favorable para la catequesis ya que brinda una oportunidad diaria para proclamar y vivir el mensaje del Evangelio; para aprender y valorar las enseñanzas de nuestra Iglesia; para adquirir una comprensión profunda de la Liturgia y así reve-renciarla y amarla; para edificar la comunidad; para la oración; para la for-mación apropiada de la conciencia; para el desarrollo de la virtud y para participar en las tareas del servicio cristiano. Además, las escuelas católicas hacen todo lo posible para relacionar todas las ciencias con la salvación y la santificación. Se muestra a los estudiantes de qué modo Jesús ilumina toda la vida —las ciencias, las matemáticas, la historia, los negocios, la biología, etc. Por estas razones, siempre que sea posible, los padres deben enviar a sus hijos a una escuela católica.

10. Otras personas que catequizan

En una diócesis o en una parroquia hay muchas otras personas cuya princi-pal responsabilidad no es específicamente catequística por naturaleza, pero que no obstante ello catequizan como parte de su esfuerzo general. De hecho, una importante dimensión catequística es inherente a la mayoría de los aspectos de la misión de la Iglesia. Además de las múltiples funciones

---

724 *La escuela católica*, n. 43.
725 *Teach Them*, 7 [versión del traductor].
726 Cf. *Teach Them*, 3.

en la Iglesia que son predominantemente catequéticas, aquellas personas que son responsables —ya sea a nivel diocesano o parroquial— de la evangelización, de la misión, de obras de caridad, corresponsabilidad; de paz y justicia, de la Liturgia, del ministerio para jóvenes y del ministerio para adultos jóvenes; del catecumenado, del ministerio para la educación superior, educación en seminarios, comunicaciones; del ministerio para las personas con discapacidades, del ministerio para la familia, ministerio para prisiones, capellanías y de la salvaguardia y del respeto a la vida, transmiten el mensaje del Evangelio y contribuyen considerablemente al éxito de las labores catequísticas de la diócesis o parroquia. Las comunicaciones frecuentes, así como la cooperación y la colaboración entre todas las personas que se dedican a la misión central de la evangelización y de la catequesis de la Iglesia deben caracterizar las labores que realizan todas aquellas personas comprometidas en la proclamación del mensaje del Evangelio.

C. Los padres y las familias

Los padres son los agentes que más influyen en la catequesis de sus hijos.[727] Tienen una responsabilidad incomparable respecto a la educación de sus hijos, ya que son los primeros educadores o catequistas. Catequizan principalmente por el testimonio de sus vidas cristianas y por su amor por la fe. Una forma en que los padres comunican los valores y las actitudes cristianas a sus hijos es amándose mutuamente en el contexto de un matrimonio cristiano y por su amor a Cristo y su Iglesia. Su participación en la vida de la parroquia —por sobre todo, en la Eucaristía dominical— su voluntad de evangelizar y servir a los demás y su dedicación a la oración diaria demuestran la autenticidad de su profesión de fe.

Si bien una cierta cantidad de padres adoptan la decisión de educar y catequizar a sus hijos en el hogar, por lo general los padres o tutores son catequistas de sus hijos precisamente porque son padres o tutores, no porque han desarrollado algún tipo de habilidad especial. La catequesis que brindan los padres con la familia "precede, pues, acompaña y enriquece toda otra forma de catequesis".[728] Cuando los hijos son bautizados, los

---

727   Cf. CCE, nn. 2222-2226.
728   CT, n. 68.

padres aceptan la responsabilidad de llevar a sus hijos a practicar la fe y de hacer que la vida divina que Dios les da se mantenga a resguardo del veneno del pecado, para crecer cada vez con más fuerza en sus corazones.[729] Al mismo tiempo, la Iglesia promete ayudar a los padres a vigorizar la fe de sus hijos y los auxilia específicamente en su función de catequistas de sus hijos, ya sea que asuman toda la responsabilidad ellos mismos o que busquen ayuda y respaldo en la escuela parroquial o en un programa de educación religiosa.

La vida de la parroquia en sí misma constituye una ayuda para los padres, porque es allí, en el banquete de la Eucaristía, que Cristo mismo los alimenta. La vitalidad de la comunidad parroquial, la belleza del culto y el ejemplo de amor y servicio generosos de los feligreses fortalece a los padres en la fe.

La catequesis de adultos, diseñada especialmente para los padres, también los ayuda a alimentar su propia fe, así como la de sus hijos. Este tipo de programas ayudan a los padres a comprender temas importantes en sus propias vidas y en las vidas de sus hijos, por ejemplo, la preparación para recibir los sacramentos o las preguntas que surgen por preocupaciones morales específicas a la luz de la fe católica. Esto les permite practicar la fe en su vida cotidiana. Estos programas que preparan a los padres cuyos hijos recibirán los sacramentos deben animar a los padres a asegurarse de que sus hijos reciben instrucción catequística formal a través de programas respaldados por la parroquia.

55. PREPARACIÓN Y FORMACIÓN PERMANENTE DE CATEQUISTAS

A. Ministerio de la catequesis

Hombres y mujeres de muy diferentes ascendencias culturales son llamados a compartir la misión catequística de la Iglesia. Muchos de ellos son voluntarios. Contribuyen con una gran diversidad de talentos y habilidades en sus tareas. Tienen niveles altamente divergentes con respecto a experiencia y competencia en la catequesis. Es necesario diseñar programas

---

729 Cf. *Ritual para el bautismo de niños*, "Observaciones generales", n. 3.

de formación, para ayudarlos a adquirir los conocimientos y las habilidades que necesitan a fin de transmitir la fe a las personas confiadas a su cuidado, y para socorrerlas viviendo como discípulos en Cristo.

B. El discernimiento del llamado a catequizar

La Iglesia confía el ministerio de la catequesis a seguidores ejemplares de Cristo cuya integridad personal y carácter moral son incuestionables:

> En sentido positivo, los criterios deberán contemplar: la fe del candidato, que se manifiesta en su piedad y en el estilo de vida diaria; su amor a la Iglesia y la comunión con los Pastores; el espíritu apostólico y la apertura misionera; su amor a los hermanos, con propensión al servicio generoso; su preparación intelectual básica; buena reputación en la comunidad, y que tenga todas las potencialidades humanas, morales y técnicas relacionadas con las funciones peculiares de un catequista, como el dinamismo, la capacidad de buenas relaciones, etc.[730]

El candidato debe surgir en el interior de la comunidad de fe, ser invitado a considerar la posibilidad de convertirse en catequista, ser una persona conocida del párroco y analizar en oración la posibilidad de ser catequista. La sugerencia de que cualquier persona puede ser catequista debe evitarse escrupulosamente en todas las comunicaciones relativas a la incorporación de catequistas. Después de deliberar con el líder catequístico parroquial, el párroco, en su función de pastor, debe asistir al candidato para discernir si realmente tiene la vocación de ser catequista. Sólo después de que el candidato ha analizado con cuidado y en espíritu de oración las responsabilidades asociadas con las funciones de catequista, deberá el párroco formular la invitación formal a esa persona para comenzar su formación inicial como catequista. Cuando esto ocurra, se deberá planificar alguna forma de ceremonia de comisión que exprese el llamado de la Iglesia, reconozca la respuesta generosa del catequista y envíe confiadamente al catequista a proclamar el Evangelio de Jesucristo. Cada año todos los catequistas, tanto los veteranos como los invitados recientemente, deben ser

---

730 *Guía para los Catequistas*, n. 18.

comisionados en forma ideal el *Domingo catequístico* (tercer domingo de septiembre) a fin de renovar sus funciones y estimular el respaldo de la comunidad de fe al ministerio catequístico.

C. Necesidad de la formación

Al igual que todos los cristianos, los catequistas son llamados a la conversión y el crecimiento continuos de su fe y, por esta razón, son llamados a la formación espiritual continua. Los catequistas deben continuar su propia formación espiritual mediante la recepción frecuente de los sacramentos, en especial, el sacramento de la Santa Eucaristía, así como la penitencia y la reconciliación; mediante la orientación espiritual y mediante el estudio continuo de la fe. También se deben brindar oportunidades a los catequistas para su crecimiento espiritual, por ejemplo, a través de retiros (ejercicios espirituales), conferencias, etc. Además de la formación espiritual, los catequistas también necesitan formación pedagógica, especialmente en la medida que se producen cambios en la sociedad, en los métodos de enseñanza y en la cultura.

D. Formación inicial de los catequistas

La formación inicial de los catequistas más beneficiosa es anterior al comienzo de su ministerio y para ello se pueden adoptar diferentes metodologías. La capacitación se puede realizar ya sea en un centro catequístico diocesano o en la parroquia, pero debe adaptarse tanto como sea posible a las necesidades específicas del catequista mismo. Dado que el catequista fue invitado por el párroco para comenzar la formación inicial, se supone que la persona es conocida del párroco y del personal parroquial, especialmente del dirigente catequístico de la parroquia. La formación inicial de los nuevos catequistas debe "evitar, absolutamente, toda improvisación en la preparación de los catequistas, o dejarla a su exclusiva iniciativa."[731] La formación inicial de los nuevos catequistas debe

- Ayudarlos a desarrollar la comprensión de la naturaleza y de las metas de la catequesis

---

731 *Guía para los Catequistas*, n. 28.

- Familiarizarlos con los recursos que tienen a su disposición
- Disponer que el catequista debe ser una persona católica, mode-lo de virtud cristiana y un testigo valiente de la fe católica
- Proveer a través de la formación en el conocimiento y la compren-sión de nuestra fe y prácticas católicas, a fin de que el catequista sea consciente de las circunstancias sociales, culturales, étnicas, demográficas y religiosas de las personas a las que servirá, de modo que el catequista pueda hacerles llegar el mensaje del Evangelio
- Estimular y fomentar entre los nuevos catequistas la importan-cia del estudio continuo, especialmente de la Sagrada Escritura y del *Catecismo*
- Guiar a los nuevos catequistas en la práctica diaria más profunda de la oración
- Respetar las limitaciones de tiempo del nuevo catequista sin comprometer la formación total que es necesaria
- Desarrollar las cualidades humanas, espirituales y apostólicas del nuevo catequista
- Promover un diálogo continuo de oración entre el nuevo catequi-sta y Dios, así como entablar la comunicación entre el catequista, las personas que proveen la formación y la Iglesia local
- Animar a los nuevos catequistas a considerar la posibilidad de encontrar un director espiritual como forma ideal de crecimiento en el ministerio
- Mantenerse dentro del marco de la comunidad de la fe donde tiene lugar toda auténtica educación apostólica[732]

Los programas de formación de catequistas también deben incluir una presentación básica de las ciencias sociales, dado que proporcionan un nivel de conciencia de los contextos socioculturales en los que viven las personas que reciben la catequesis y por los cuales son fuertemente influenciadas. La formación de los catequistas debe incluir el estudio de las ciencias humanas, especialmente psicología, educación y comuni-cación. En este estudio debe respetarse la autonomía de las ciencias sociales y se deben discernir sus valores y limitaciones. Sin embargo, las

---

732 Cf. *Guía para los Catequistas*, n. 28.

ciencias sociales no se deben considerar como fin en sí mismas. En la formación de los catequistas, las ciencias sociales están siempre al servicio de la evangelización.

E. Formación permanente de los catequistas

Dado que la catequesis efectiva depende de catequistas virtuosos y competentes, su formación permanente debe mejorar las cualidades humanas, espirituales y apostólicas, al igual que las habilidades catequísticas que aportan a su ministerio. El cuidado pastoral de los catequistas es un aspecto esencial del plan catequístico general de la diócesis. La "pastoral catequética diocesana debe dar absoluta prioridad a la *formación de los catequistas laicos.*"[733] Estimular el ministerio de la catequesis, proporcionar directores y coordinadores de catequesis competentes y profesionales, incorporar catequistas, distribuir los catequistas en forma equilibrada, brindar capacitación tanto en la diócesis como en la parroquia, dar formación adecuada a los catequistas, prestar atención a las necesidades personales y espirituales de los catequistas, coordinar los esfuerzos catequísticos con la financiación adecuada[734] son todas responsabilidades de las oficinas diocesanas. Con la debida consideración a la vida de los catequistas y a su capacidad de respuesta, se debe dar mucha importancia a los siguientes objetivos.

La formación permanente de los catequistas debe incluir todos los aspectos de la vida del catequista. En el plano humano, la formación debe

- Ayudarlos a desarrollar virtudes naturales y el conocimiento necesario: honestidad; integridad; entusiasmo; perseverancia; conocimiento de las condiciones sociales, culturales y étnicas; capacidad para comunicar; voluntad para trabajar con otras personas; capacidad para dialogar con personas que pertenecen a otras comunidades cristianas o a otras religiones; capacidad de liderazgo; sentido común; apertura mental; flexibilidad; sensibilidad y optimismo

---

733   DGC, n. 234.
734   Cf. DGC, n. 233.

- Incluir reflexiones sobre situaciones humanas de la vida real, de modo que los catequistas sean capaces de relacionar los diversos aspectos del mensaje cristiano a las experiencias concretas de sus vidas

En el plano espiritual, la formación permanente de los catequistas debe

- Ayudarles a desarrollar sus vidas espirituales —su comunión de fe y amor con la persona de Jesucristo— promoviendo, tanto como sea posible, una vida sacramental y de oración intensa, especialmente a través de la frecuente recepción de la Eucaristía y de los sacramentos de la penitencia y la reconciliación, el recitado de las oraciones de Laudes y Vísperas en unión con toda la Iglesia, la meditación diaria, la devoción mariana, la participación en grupos de oración, días de renovación y ejercicios espirituales
- Alentarles a contar con un director espiritual
- Ayudarles a que vean el desarrollo de sus vidas espirituales como vinculadas esencialmente con la vida de la Iglesia

En el plano intelectual, su formación permanente debe

- Ayudarles a desarrollar su comprensión de la doctrina de la Iglesia y estar firmemente enraizados en la Sagrada Escritura y en la Tradición
- Presentar los diversos elementos de la fe cristiana como "una formación de carácter sintético, que corresponda al anuncio que se ha de transmitir, y donde los diferentes elementos de la fe cristiana aparezcan, trabados y unidos, en una visión orgánica que respete la 'jerarquía de verdades'"[735]
- Reflexionar sobre la naturaleza centrada en Cristo y eclesial de la catequesis y equiparlos para guiar a las personas que son catequizadas al misterio de Cristo, su vida, su función en la historia de la salvación y su presencia transformadora en los sacramentos
- Equiparlos para transmitir la fe auténtica de la Iglesia adaptando el mensaje de Cristo "a todas las culturas, edades y situaciones"[736]

---

735   DGC, n. 241.
736   DGC, n. 236.

- Depender del *Directorio general para la catequesis* y el *Catecismo de la Iglesia Católica* como las normas seguras para la enseñanza de la fe
- Ayudarles a madurar su propia fe y permitirles ofrecer una explicación convincente de su fe y esperanza

Dado que los catequistas son testigos de Jesucristo en la Iglesia y en el mundo, su formación permanente debe

- Ayudarles a desarrollar un celo apostólico
- Alentarles a convertirse en evangelizadores
- Equiparles para proclamar la verdad de Jesucristo con valentía y entusiasmo
- Ayudarles a introducir a las personas que están catequizando al misterio de la salvación y a la vida religiosa, litúrgica, moral y comunitaria del Cuerpo de Cristo
- Mostrarles cómo se edifica una comunidad de fe
- Alentarles a dedicarse al apostolado misionero
- Animarles a llevar adelante su actividad apostólica en comunión con la Iglesia particular y universal

A fin de integrar estas dimensiones de su función, la formación permanente de los catequistas debe

- Ayudarles a armonizar las dimensiones humanas, espirituales, doctrinales y apostólicas de su apostolado
- Mantenerlos al día sobre la vida de la Iglesia —sus necesidades, nuevos documentos, etc.— y de las cambiantes circunstancias sociales, culturales, étnicas y religiosas
- Ayudarles a superar el desaliento y el agotamiento

Dado que los catequistas alimentan la fe que fue implantada por el Espíritu Santo en las personas que se están catequizando, su formación también debe incluir capacitación en metodología catequística. Los catequistas no instruyen meramente a sus alumnos sobre Cristo, sino que los guían a Él. Es por eso que su formación debe estar inspirada por la original metodología de la fe del propio Dios: su revelación gradual de la verdad que es Cristo. Su formación debe ayudarles a desarrollarse en su capacidad como maestros genuinos de esa verdad, profundamente concientes tanto del mensaje auténtico del Evangelio como de las circunstancias de las personas a las cuales se dirige el mensaje. Debe ayudarles a desarrollar su propio estilo de transmitir la fe "acomodando a su propia personalidad los principios generales de la pedagogía catequética."[737]

En términos concretos, la formación de los catequistas debe ayudarles a organizar y dirigir las actividades educativas. Debe brindarles asistencia en la planificación catequística, en la fijación de metas, en la presentación de las lecciones catequísticas y en la evaluación de esas lecciones. Además, debe ayudarles a decidir qué técnicas de dinámica de grupo emplear y cuándo hacerlo. Su capacitación debe ayudarles a utilizar con efectividad los recursos disponibles para la catequesis —en especial la utilización de los medios— y a adaptar los materiales de acuerdo con la edad, capacidad y cultura de aquellas personas a las que se intenta llegar. La pedagogía para la formación del catequista debe modelar la pedagogía propia del proceso catequético.[738] La formación de los catequistas debe brindar capacitación especializada a los catequistas de las personas con discapacidades. En toda formación de catequistas, "el fin y la meta ideal es procurar que los catequistas se conviertan en protagonistas de su propio aprendizaje, situando la formación bajo el signo de la creatividad y no de una mera asimilación de pautas externas."[739]

F. Ámbitos posibles para la formación de catequistas

La formación de catequistas se lleva a cabo con más efectividad en la comunidad de fe con la dirección del párroco local. La parroquia es donde el catequista "experimenta su vocación y donde alimenta constantemente su sentido apostólico."[740] Los programas para catequistas centrados en la parroquia recuerdan a los catequistas que su llamado proviene de la Iglesia, que son enviados por la Iglesia y que transmiten la fe de la Iglesia. Este tipo

---

737 DGC, n. 244.
738 Cf. DGC, n. 237.
739 DGC, n. 245.
740 DGC, n. 246.

de programas se ocupan del crecimiento progresivo de los catequistas como creyentes y testigos en el curso normal de la vida educativa y litúrgica de la parroquia, así como también a través de programas especializados de desarrollo de los catequistas. Ofrecen oportunidades para reunirse con otros catequistas a fin de preparar y evaluar las lecciones. Ofrecen a los catequistas cursos de catequesis y las oportunidades para realizar ejercicios espirituales, experiencias litúrgicas especiales y estudios doctrinales sistemáticos basados sobre el *Catecismo de la Iglesia Católica*.

Algunas oportunidades para la formación de catequistas se brindan más apropiadamente en las diócesis. Los institutos, talleres y seminarios para las personas que tienen a su cargo la catequesis en parroquias, escuelas, agrupaciones de parroquias, decanatos o vicarías deben ser provistos en el nivel diocesano o interdiocesano. Se aconseja a las diócesis desarrollar programas integrales de formación de catequistas orientados a la obtención de una certificación más formal. Algunas diócesis han trabajado en comunión íntima con colegios superiores y universidades católicos para establecer programas de capacitación y certificación para catequistas y dirigentes catequísticos. La disponibilidad de un cuerpo docente experto, el acceso a las más recientes investigaciones y el respaldo a la escolaridad son simplemente algunas de las formas en que la colaboración entre las diócesis y los institutos de enseñanza superior puede ser fructífera. Por lo general, estas oportunidades para el desarrollo profesional posterior ofrecen más que formación catequística básica y comprometen a los dirigentes catequísticos de la parroquia con el estudio y la investigación de temas especializados, importantes para aquellas personas que ejercen el liderazgo en la catequesis.

La mayoría de los colegios superiores y las universidades católicos en el país cuentan con Departamentos de Teología; algunos ofrecen títulos en varias disciplinas de la teología católica. Sin embargo, sólo unos pocos tienen Departamentos de Catequesis y menos todavía son los que ofrecen títulos en catequesis. Se estimula a las diócesis, a los colegios superiores y a las universidades católicos a colaborar para establecer institutos para el estudio avanzado de catequesis pastoral, a fin de brindar capacitación y formación integrales para sacerdotes, religiosos y laicos que en el nivel diocesano o nacional son responsables de la catequesis. Asimismo, los seminarios pueden ser socios valiosos de las diócesis para brindar oportunidades para la formación permanente de dirigentes catequísticos.

Especialmente en las diócesis que no tienen un colegio superior o una universidad católicos en las cercanías, con frecuencia los programas de certificación utilizan provechosamente los modelos de enseñanza a distancia. Este tipo de programas tiene la ventaja de ofrecer formación sistemática y orgánica durante un lapso de varios años. En ellos, los especialistas preparados son capaces de presentar la totalidad del mensaje cristiano, un conocimiento profundo de la situación sociocultural y una metodología catequística sólida a catequistas de todas partes de la diócesis. A través de su Comité de Certificación y Acreditación *(Commission on Certification and Accreditation)*, la *United States Conference of Catholic Bishops* afirma y verifica la calidad y la validez de este tipo de programas.

56. CONCLUSIÓN

Esta presentación de las diferentes funciones catequísticas en la Iglesia expone tanto las cualidades personales de los catequistas como la capacitación y las habilidades que necesitan. El fundamento de estas cualidades y habilidades para la catequesis debe ser una vida espiritual sólida arraigada en los sacramentos. La vida espiritual del catequista le permite saber que él o ella es el instrumento de Dios en la misión de "enseñar a todas las naciones".[741] Los catequistas riegan la planta sembrada por los evangelistas, pero es Dios quien la hace crecer. Su vida en el Espíritu Santo los renueva constantemente como miembros de la comunidad de creyentes y en su identidad específica como catequistas. Esta vida en el Espíritu Santo —alimentada por la oración, la celebración de la Eucaristía y la edificación de la comunidad— hace reales sus actividades catequísticas en los corazones y la mente de aquellas personas a quienes son enviados. Independientemente de la cantidad de atractivas cualidades personales, cualquiera que sea la habilidad y la capacitación y cualquiera que sea el nivel de experiencia o erudición, nada puede reemplazar el poder de la palabra de Dios comunicada a través de una vida vivida en el Espíritu Santo.

Debido a que la catequesis es siempre una actividad de la Iglesia, ésta se lleva a cabo en los numerosos ámbitos que constituyen la vida de la

---

741 Mt 28, 19.

Iglesia en todos los niveles: familia, parroquia, diócesis y nación. En el siguiente capítulo ofrecemos una guía para organizar el ministerio catequístico en estos diversos niveles y ámbitos.

CAPÍTULO 9

Organización del ministerio catequético

Él fue quien concedió a unos ser apóstoles; a otros, ser
profetas; a otros, ser evangelizadores; a otros, ser pastores y
maestros. Y esto, para capacitar a los fieles, a fin de que,
desempeñando debidamente su tarea, construyan el cuerpo
de Cristo, hasta que todos lleguemos a estar unidos en la fe
y en el conocimiento del Hijo de Dios y lleguemos a ser
hombres perfectos, que alcancemos en todas sus
dimensiones la plenitud de Cristo. (*Ef* 4, 11-13)

57. INTRODUCCIÓN

Al encomendar a los apóstoles que fueran, hicieran discípulos y
enseñaran,[742] Cristo los envió a crear una nueva civilización del amor, un
modo nuevo y completo de ser y vivir. Esta nueva vida en Cristo se ejem-
plifica mediante la unidad de la Iglesia, en la que los numerosos dones de
Cristo se expresan en diferentes ministerios, a fin de hacer que la comunidad se asemeje más a Él. Estos ministerios proporcionan a la Iglesia el
equipamiento necesario para su misión y contribuyen al crecimiento del
Cuerpo de Cristo. Pero todavía es más importante el hecho de que estos
diferentes ministerios se estructuran y configuran en orden a la unidad de
la fe, al conocimiento de Cristo y a una madurez plenamente desarrollada,
cuyo modelo es el primogénito de la nueva creación: Jesucristo.

---

742 Cf. Mt 28, 19-20.

Ni la catequesis ni la evangelización son posibles sin la acción de Dios que obra a través de su Espíritu.[743] Pero la Iglesia también depende de estructuras organizativas eficaces para lograr las metas establecidas para la catequesis en este *Directorio*. El objetivo de estas estructuras es proporcionar oportunidades prácticas para que la totalidad de la comunidad cristiana crezca en la fe. Las estructuras organizativas sólidas permiten tener la certeza de que el Evangelio se proclamará en toda su integridad y en forma fiel. El testimonio de fe que brindan las personas que viven conforme a las creencias y virtudes cristianas proclama el Evangelio de Cristo de manera clara y persuasiva ante un mundo necesitado de transformación y esperanza.

En este capítulo se describe la diversidad y complementariedad de las responsabilidades, así como la necesidad de coordinación entre todos aquellos que participan en el ministerio catequético. Ofrece principios y orientación para la organización de la catequesis.

58. PRINCIPIOS GENERALES Y ORIENTACIÓN

Existen diversos principios organizativos importantes para la organización de la catequesis.

- La organización de la catequesis en los niveles parroquial, diocesano o nacional debe ser parte de un plan pastoral general que surge de la misión integral de la Iglesia. Cada uno de los niveles organizativos debe respetar la competencia de los otros. Las demandas urgentes de recursos que son limitados requieren una estrecha colaboración y aprecio mutuo por parte de la autoridad apropiada.
- La organización de la catequesis está centrada en la persona. Además, respalda y respeta a la familia cristiana como la comunidad básica en la que se nutre la fe. Estimula a aquellos que son catequizados para que participen en la determinación de las estructuras organizativas.
- La responsabilidad por la catequesis es compartida por cada miembro de la Iglesia. Cada uno de los fieles tiene el deber de

---

743   Cf. EN, n. 75.

vivir y fomentar la fe de acuerdo al rol particular que cumple y a su capacidad individual.

- Aquéllos que participan en la organización de la catequesis deben desarrollar una exposición clara que explique los principios y metas de la catequesis, los criterios para determinar las responsabilidades y las disposiciones que regulan la comunicación de la información.
- La organización de la catequesis debe asegurar una distribución equitativa de servicios, recursos y oportunidades. Las parroquias con necesidades deben contar con oportunidades equivalentes a las de las parroquias más prósperas.
- Las estructuras organizativas de la catequesis deben surgir directamente de las necesidades catequéticas, ya que éstas cambian en el transcurso del tiempo, y deben tender a lograr las metas catequéticas establecidas.[744]

La planificación es una parte esencial de la organización catequética. La planificación catequética debe incluir

- Una clara comprensión de la misión fundamental de la Iglesia y de los principales objetivos establecidos para cumplir con esa misión
- Análisis de la situación social, cultural, étnica y religiosa en la diócesis
- Explicitación de las necesidades catequéticas y los recursos disponibles
- Identificación de las metas a corto y largo plazo
- Identificación y ordenamiento prioritario de las estrategias completas para alcanzar esas metas
- Establecimiento de un presupuesto basado en los principios de corresponsabilidad que asegure que las prioridades se establecen como parte del proceso de asignación de recursos
- Preparación de un instrumento o plan de trabajo primario para la misión catequética de la diócesis
- Instauración de condiciones favorables para aplicar las estrategias
- Revisión y evaluación periódica
- Ratificación de las metas y estrategias según sea necesario[745]

---

744 Cf. *Directorio catequético nacional*, n. 221.
745 Cf. *Directorio catequético nacional*, n. 222.

La evaluación es también una parte esencial de la organización catequética. Los programas catequísticos se deben evaluar en forma regular a la luz de las metas y de los objetivos establecidos en el programa. Las metas y los objetivos del programa se deben asimismo evaluar en forma regular, teniendo en cuenta las necesidades catequéticas y los recursos disponibles. Las normas y directrices estipuladas en este *Directorio*[746] proporcionan criterios para la evaluación de los programas catequísticos.

Los rápidos cambios en la sociedad y en la cultura, los nuevos descubrimientos de las ciencias sociales, los adelantos tecnológicos y el crecimiento continuo de la Iglesia requieren el estudio continuo para considerar estos cambios desde una perspectiva catequética. Por medio de sus departamentos y oficinas, la *United States Conference of Catholic Bishops* desea trabajar en estrecha colaboración con las universidades, los colegios superiores, las sociedades de estudiosos y los centros de investigación católicos del país para desarrollar instrumentos de investigación y divulgar los resultados de la investigación catequética a las oficinas de las diócesis y de otros grupos interesados. Las repercusiones de esta investigación se deben compartir con los dirigentes de catequesis y los catequistas, para que puedan proclamar el mensaje de Jesucristo en forma realista y con confianza, de acuerdo con las exigencias de nuestro cambiante mundo.

59. ESTRUCTURAS DIOCESANAS

"Por el Evangelio y la Eucaristía, [la diócesis] constituye una Iglesia particular, en la que verdaderamente está y obra la Iglesia de Cristo, que es una, santa, católica y apostólica."[747] "En el conjunto de ministerios y servicios, con los que la Iglesia particular realiza su misión evangelizadora, ocupa un lugar destacado el ministerio de la catequesis."[748] "La organización de la pastoral catequética tiene como punto de referencia el obispo y la diócesis."[749]

---

746   Véase especialmente el Capítulo 10 de este *Directorio*.
747   CD, n. 11.
748   DGC, n. 219.
749   DGC, n. 265.

A. El obispo

En su condición de apóstol local y maestro principal de la fe en su diócesis, el obispo tiene encomendada la "alta dirección de la catequesis"[750] en su Iglesia particular. Él debe

- "Asegurar en su Iglesia la *prioridad efectiva* de una catequesis activa y eficaz"[751]
- Recurrir a "las personas, los medios e instrumentos, así como [a] los recursos necesarios"[752]
- Establecer en la diócesis un "proyecto *global* de catequesis, *articulado y coherente* […] que esté convenientemente situado en los planes pastorales diocesanos"[753]
- "Asegurarse que las metas y prioridades catequísticas estén establecidas por la comunidad cristiana, que existan las estructuras necesarias y que los programas adecuados sean planeados, realizados y evaluados"[754]
- "Dictar normas sobre la catequesis y procurar que se disponga de instrumentos adecuados para la misma, incluso elaborando un catecismo, si parece oportuno; así como fomentar y coordinar las iniciativas catequéticas"[755]
- Tener "la responsabilidad de escoger personal calificado para el ministerio catequístico […]; y de controlar que todos los que están dedicados a este ministerio reciben una formación catequística constante"[756]

---

750   CT, n. 63.
751   DGC, n. 223.
752   CT, n. 63.
753   DGC, n. 223.
754   *Directorio catequético nacional*, n. 218.
755   CIC, c. 775 §1; cf. CCEO, c. 621 §1.
756   *Directorio catequético nacional*, n. 218.

B. La diócesis

Para cumplir con sus deberes como pastor y catequista principal de la diócesis, el obispo puede consultar con diversos consejos, en particular con los consejos diocesanos del presbiterio, de pastoral y de finanzas.[757] Estos consejos asisten al obispo para establecer el plan pastoral diocesano. El plan catequético diocesano es un componente clave del plan pastoral diocesano. Estos consejos y dirigentes de catequesis diocesanos trabajan con el obispo para identificar las metas educativas y catequísticas para la Iglesia diocesana y para determinar el plan de catequesis de la diócesis destinado a cumplir con dichas metas.

La Comisión, Comité o Junta de Catequesis de la Diócesis "es responsable del desarrollo de políticas de acción y de unificar el liderazgo de los diferentes intereses representados en la totalidad del ministerio catequístico."[758] Debe ser ampliamente representativo de todas las personas que integran la diócesis e incluir a miembros de los diversos grupos culturales, raciales y étnicos, así como también de las diversas regiones geográficas de la diócesis. Sus miembros deben ser católicos practicantes que participen activamente en catequesis, educación o campos relacionados con la pastoral o que posean una experiencia que resulte beneficiosa para la Comisión de Catequesis, tal como padres, jóvenes o personas con discapacidades. Las tareas de la Comisión, Comité o Junta de Catequesis de la Diócesis son las siguientes:

- Colaborar estrechamente con la Oficina Catequística Diocesana
- Identificar, definir y establecer prioridades entre los objetivos catequísticos relacionados con las metas especificadas por el consejo pastoral diocesano
- Sugerir programas y actividades para alcanzar dichas metas
- Consultar con los restantes organismos consultivos acerca de estrategias para la implementación de esos programas y actividades
- Evaluarse a sí mismo y su desempeño en forma regular[759]

---

757 Cf. USCCB, *United in Service: Reflections on the Presbyteral Council [Unidad en el servicio: reflexiones sobre el Consejo Presbiteral]* (Washington, D.C.: USCCB, 1992), Capítulo tres [versión del traductor].

758 *Directorio catequético nacional*, n. 238.

759 Cf. *Directorio catequético nacional*, n. 238.

C. El Secretariado Diocesano de Catequesis

El obispo dirige la catequesis a través de las oficinas diocesanas responsables de las actividades catequísticas. "El Secretariado Diocesano de Catequesis (*Officium Catechisticum*) es 'un instrumento que emplea el obispo, cabeza de la comunidad y maestro de la doctrina, para dirigir y orientar todas las actividades catequéticas de la diócesis'."[760] Por lo general, varias oficinas y organismos diocesanos comparten la responsabilidad por la misión catequística diocesana. Entre éstos, el Secretariado Diocesano de Catequesis [también conocido como *la Oficina Catequística Diocesana* o, en forma más amplia, el *Oficio Catequístico*] es el principal.

La catequesis es tan fundamental en la vida de cada iglesia diocesana que "ninguna diócesis puede carecer del Oficio Catequístico [Secretariado de Catequesis] propio."[761] El Secretariado Diocesano de Catequesis fue instituido en todas las diócesis por el Decreto *Provido sane* en 1935.[762] En 1971, el *Directorio catequístico general* afirmó que el Oficio Catequístico "forma parte de la Curia, es por tanto el órgano por medio del cual el obispo, cabeza de la comunidad y maestro de la doctrina, dirige y modera todas las actividades catequísticas."[763] El *Directorio catequético nacional* de 1979 reafirmó esta enunciación y ofreció varios modelos de estructuras administrativas diocesanas.[764] El *Directorio general para la catequesis* de 1997 confirmó lo que se ha convertido en una práctica común[765] y se refirió a la responsabilidad del obispo para fomentar y coordinar las iniciativas catequísticas, tal como lo dispone el *Código de derecho canónico*.[766]

El tamaño, las necesidades, la estructura administrativa y los recursos de una diócesis determinarán los medios más eficaces para dirigir su misión catequística.[767] Si bien las necesidades y prioridades catequísticas

---

760 DGC, n. 265, citando el *Directorio catequístico general*, n. 126.

761 *Directorio catequístico general*, n. 126.

762 Cf. Sagrada Congregación del Concilio, Decreto *Provido sane*, en *Acta Apostolicae Sedis* (A.A.S.), XXVII (1935), 151.

763 *Directorio catequístico general*, n. 126.

764 Cf. *Directorio catequético nacional*, n. 238.

765 Cf. DGC, n. 265.

766 Cf. CIC, c. 775 §1; cf. CCEO, c. 621 §1.

767 Para información adicional sobre estructuras eficaces para los secretariados de educación y catequesis y para la identificación, contratación, selección y retención de dirigentes de educación y catequesis diocesanos, véase *Those Who Hear You Hear Me: A Resource for Bishops and Diocesan Educational/Catechetical Leaders* [*Quien los escucha, me escucha a mí: un recurso para los obispos y los dirigentes catequísticos y educativos diocesanos*] (Washington, D.C.: USCCB, 1995).

varían en las diferentes diócesis, las oficinas de catequesis de las diócesis deben desarrollar las siguientes funciones específicas:

- Recordar permanentemente a la Iglesia diocesana de su misión de evangelizar
- Analizar las necesidades catequéticas de la diócesis
- Integrar la catequesis en las escuelas y parroquias con el plan general de la diócesis para la educación católica y preparar al personal catequístico de las parroquias para que haga lo mismo
- Colaborar con las personas, grupos, oficinas y organismos apropiados para desarrollar el plan catequístico de la diócesis
- Desarrollar políticas diocesanas sobre la catequesis, en consulta con los restantes responsables de la misión catequística de la diócesis
- Colaborar con la oficina para la liturgia especialmente en lo que concierne a la iniciación y al catecumenado
- Desarrollar una guía de currículos diocesanos sobre la base del *Directorio general para la catequesis*, el *Directorio catequético nacional* y el *Catecismo de la Iglesia Católica*
- Proporcionar lineamientos para la catequesis permanente de la parroquia, del catecumenado bautismal y de otros programas de preparación sacramental
- Evaluar y recomendar libros de texto, materiales y otros recursos catequísticos
- Proporcionar asistencia para la evaluación de los programas catequísticos parroquiales, utilizando instrumentos que midan los objetivos cognitivos, afectivos y conductuales
- Proporcionar acceso a los recursos catequísticos, incluidos los libros de texto y ayudas educativas que el Comité Ad Hoc para Supervisar el Uso del *Catecismo de la Iglesia Católica [Ad Hoc Committee to Oversee the Use of the Catechism of the Catholic Church]* haya determinado que guardan conformidad con el *Catecismo de la Iglesia Católica*
- Proporcionar asesoramiento a las parroquias sobre cuestiones catequísticas, especialmente por medio de visitas
- Investigar y proponer modelos catequísticos que se puedan adaptar a las necesidades de zonas, parroquias o escuelas específicas
- Proporcionar personal y recursos para satisfacer las necesidades de las personas con discapacidades

- Trabajar con las universidades y colegios superiores católicos para establecer programas sólidos desde el punto de vista teológico y académico, para la preparación de los dirigentes de catequesis parroquiales
- Desarrollar procesos para la selección, aprobación, orientación, ubicación, formación continua, evaluación y retención de dirigentes de catequesis parroquiales
- Establecer normas para la acreditación de los dirigentes de catequesis parroquiales, incluidos los directores o coordinadores parroquiales de institutos educativos religiosos y los directores de escuelas católicas
- Realizar estudios regulares para determinar la cantidad de adultos, jóvenes, niños, preescolares, personas con discapacidades y demás que reciben instrucción catequética formal; la disponibilidad de capacitación y formación continua para el personal; las clases de programas en uso y su eficacia; la cantidad de horas de instrucción impartidas; los componentes de servicio y culto de los programas y los costos
- Desarrollar un plan de compensación para los dirigentes de catequesis parroquiales
- Brindar asistencia a las parroquias para la selección, formación inicial, formación continua y retención de catequistas
- Establecer centros permanentes de formación catequética o cooperar con las universidades o colegios superiores católicos para instituir dichos programas
- Estimular y motivar a los catequistas por medio de ritos de nombramiento diocesanos y parroquiales, ceremonias de reconocimiento, distinciones catequéticas y afirmación continua
- Mantener informado al personal diocesano respecto de documentos y recomendaciones importantes de la Iglesia relacionados con la catequesis

"La Oficina Catequística Diocesana deberá tener suficiente personal profesional que pueda prestar servicios a las parroquias, zonas, o regiones, en todos los aspectos relacionados con la catequesis."[768] Dado que el director de

---

768   *Directorio catequético nacional*, n. 238.

catequesis diocesano es el delegado oficial del obispo para los asuntos catequéticos, el obispo debe designar a un director competente que lo represente fielmente. El director de catequesis diocesano debe ser un católico ejemplar con formación académica avanzada en teología, en catequética o en un campo relacionado; con probada experiencia en la catequesis parroquial; con habilidades de comunicación y de liderazgo excelentes; y con la capacidad para colaborar de manera eficaz. El director de catequesis diocesano se reunirá regularmente con el obispo para tratar asuntos catequísticos.

El resto del personal diocesano de catequesis también debe estar integrado por católicos ejemplares con preparación académica apropiada y competencia demostrada en teología, catequesis o en campos relacionados. Deben tener experiencia previa como dirigentes de catequesis en parroquias o escuelas. Deben recibir una compensación que refleje de manera adecuada su educación y experiencia. También se les debe proveer oportunidades para el desarrollo profesional y formación espiritual adecuados a su nivel de responsabilidad. El personal de catequesis de la diócesis debe reunirse frecuentemente para orar y participar regularmente en la Eucaristía a fin de expresar su solidaridad en Jesucristo, fomentar la comunidad de fe entre ellos, crecer en su ministerio de proclamación del mensaje del Evangelio y para renovar su dedicación al servicio de Dios y de su pueblo santo.

D. Coordinación de la catequesis

La catequesis es el eje central de las actividades de evangelización de una diócesis y se vincula íntimamente con todas las restantes formas de educación en la fe. La coordinación eficaz de la catequesis dentro de una diócesis asegura una presentación unificada y coherente de la fe.

Dado que la catequesis es una parte integral de tantos esfuerzos diocesanos para proclamar el Evangelio, la Oficina Catequística Diocesana [el Secretariado Diocesano de Catequesis] debe colaborar con otras oficinas y organismos de la diócesis que tienen una dimensión catequética, y muy especialmente con la oficina de escuelas católicas. Un componente crítico del ministerio de la oficina de escuelas católicas es el servicio que brinda al personal de las escuelas católicas responsable de la catequesis. El superintendente de escuelas católicas es un dirigente de catequesis diocesano que debe contar con "la capacidad de articular el rol de la escuela católica y sus programas de manera que funcione eficazmente en el marco de la declaración de la misión [diocesana], la planificación y el proceso de toma de decisiones de la diócesis."[769] El superintendente debe brindar liderazgo, apoyo y respaldo para la dimensión catequética de la misión general de la oficina diocesana de escuelas católicas. Dado que "la instrucción en las verdades y valores religiosos es una parte integral del programa escolar,"[770] el personal de la oficina de escuelas católicas debe asegurar que se proporcionen capacitación en el servicio, servicios de consultoría y oportunidades de capacitación continua a los maestros de las escuelas católicas, especialmente de aquellos que tienen responsabilidades catequísticas.

Entre otras oficinas y organismos con los que la Oficina Catequística Diocesana debe colaborar en forma regular se incluyen la oficina de evangelización diocesana, la oficina de liturgia, la oficina de educación religiosa para personas con discapacidades, la oficina del ministerio juvenil, el programa para formación de presbíteros, la oficina para la formación continua del clero, la oficina para las misiones católicas, la oficina de asuntos ecuménicos y de relación con otras confesiones, la oficina para la vida familiar, la oficina de justicia social, el ministerio en educación superior, las Caridades Católicas y la oficina de comunicaciones. Esta necesidad de colaboración no es sólo una inquietud práctica que asegura que la catequesis esté bien coordinada, sino también una inquietud profundamente teológica, dado que la catequesis se propone comunicar la unidad de la fe.

Una diócesis debe dar especial consideración a la recopilación de recursos para ofrecer un "proceso de iniciación cristiana, unitario y coherente, para *niños, adolescentes y jóvenes*" que esté íntimamente conectado con los sacramentos de iniciación.[771] En este sentido, la colaboración entre las oficinas catequísticas, litúrgicas, de jóvenes y adultos jóvenes es indispensable. La diócesis debe ofrecer también un proceso para cristianos adultos "que necesiten fundamentar su fe, realizando o completando la iniciación cristiana inaugurada o a inaugurar con el bautismo."[772] Éste y

---

769 *Those Who Hear You Hear Me*, 22 [versión del traductor].
770 USCCB, *To Teach as Jesus Did [Enseñar como lo hizo Jesús]* (Washington, D.C.: USCCB, 1973), n. 103 [versión del traductor].
771 DGC, n. 274.
772 DGC, n. 274.

todos los restantes esfuerzos catequéticos de colaboración no deben estar organizados como si fuesen "compartimientos estancos e incomunicados" sin ninguna comunicación entre sí.[773]

60. LA COMUNIDAD PARROQUIAL

Una parroquia es una comunidad de fieles cristianos establecida dentro de una diócesis. El cuidado pastoral de una parroquia se confía a un párroco que depende de la autoridad del obispo diocesano. La parroquia es "la primera experiencia de la Iglesia"[774] para la mayoría de los católicos, ya que es allí donde se reúnen los fieles para celebrar los sacramentos y oír la proclamación de la palabra de Dios, y es allí donde están en condiciones de vivir en forma manifiesta vidas cristianas de caridad y servicio en su situación familiar, económica y cívica. Es el "ambiente vital y permanente del crecimiento de la fe".[775] La parroquia energiza a los fieles para llevar a cabo la misión de Cristo, proporcionando apoyo espiritual, moral y material para el desarrollo catequético regular y continuo de los feligreses.

La parroquia es el lugar preeminente para la catequesis de adultos, jóvenes y niños. "El conocimiento de la fe, la vida litúrgica, el seguimiento de Cristo son, cada uno de ellos, un don del Espíritu que se acoge en la oración y, al mismo tiempo, un compromiso de estudio, espiritual, moral, testimonial. Ambas facetas deben ser cultivadas."[776] Los párrocos tienen el deber de proporcionar catequesis; los fieles tienen el deber mutuo de participar en las actividades catequéticas de la parroquia y respaldarlas. Los esfuerzos catequéticos de la parroquia deben estar en armonía con las metas y objetivos catequísticos de la diócesis.

---

773   CT, n. 45.
774   SANC, n. 114.
775   DGC, n. 158.
776   DGC, n. 87.

A. Plan catequético parroquial

Al igual que la diócesis, cada parroquia necesita desarrollar un plan catequético coherente que integre los diversos componentes del programa general y proporcione oportunidades para que todos los fieles oigan el mensaje del Evangelio, lo celebren en oración y en la liturgia y lo vivan en su vida diaria. Dicho plan debe reflejar la prioridad de la catequesis de adultos,[777] tomar en cuenta las necesidades de todos los integrantes de la parroquia y proporcionar modificaciones especiales para grupos culturales, raciales y étnicos, para personas con discapacidades, los desamparados y aquellos que no pueden representar sus propios derechos e intereses. Debe desarrollar metas y objetivos específicos de la comunidad parroquial e incluir una evaluación regular de los progresos realizados para alcanzar dichas metas y objetivos. Debe diseñar un cronograma de actividades catequísticas que anime a los adultos a participar, pero que no esté en conflicto con los calendarios de las escuelas públicas y parroquiales locales. El plan catequético parroquial debe financiarse de manera adecuada y con el personal apropiado, compuesto por dirigentes de catequesis capacitados profesionalmente, de manera que las enseñanzas de la Iglesia resulten accesibles a todos los fieles cristianos de la parroquia. "Cualquier actividad pastoral que no cuente para su realización con personas verdaderamente formadas y preparadas, pone en peligro su calidad."[778]

B. Comisión o comité de Catequesis de la Parroquia

Si decide hacerlo, el párroco puede establecer una comisión que le brinde asistencia con sus responsabilidades catequéticas. Sin embargo, ningún modelo específico de una comisión representativa se adapta a todas las parroquias. Las diferentes circunstancias de las parroquias requieren diferentes formas de organización. En las parroquias que han establecido Consejos Pastorales Parroquiales, la Comisión de Catequesis puede ser un comité del Consejo Pastoral Parroquial, o bien puede adoptar la forma de un comité independiente o algún otro tipo de entidad. Independientemente de la forma de organización elegida, los diversos componentes

---

777   Cf. SANC, n. 13.
778   DGC, n. 234.

educativos y catequéticos de un programa parroquial de evangelización y atención pastoral deben desarrollarse en armonía tanto entre sí como con el programa general de atención pastoral planificado por la parroquia. Los miembros de la Comisión o Comité de Catequesis de la Parroquia, ya sean electos o designados, deben representar la diversidad de edades y capacidades y las condiciones culturales, raciales, étnicas, sociales y económicas presentes en la parroquia. Deben recibir capacitación y formación pastoral apropiadas que les ayude a comprender la misión universal de la Iglesia, las metas generales de la parroquia y las prioridades catequéticas dentro del plan pastoral.

Los esfuerzos catequéticos parroquiales deben coordinarse con los de las parroquias vecinas, grupos [agrupamientos] de parroquias, decanatos y regiones vecinos. En la medida en que resulte posible, las parroquias deben compartir recursos y evitar la duplicación de servicios catequísticos, especialmente en una forma que permita satisfacer las necesidades catequéticas de los pobres o de los grupos que padecen otros perjuicios.

61. ALGUNOS ESFUERZOS PASTORALES

Las iniciativas catequéticas más eficaces arraigan en la apasionante vida cristiana de una comunidad parroquial. La parroquia organiza sus prioridades catequísticas de manera de asegurar que todos los segmentos de la parroquia cuenten con una oportunidad realista para crecer en la comprensión y práctica de su fe católica. La catequesis abarcadora basada en la parroquia armoniza la catequesis de adultos, familias, padres, jóvenes y niños que participan en el programa catequético de la parroquia y de escuelas católicas, los niños del catecumenado bautismal de la parroquia y las pequeñas comunidades cristianas.

Al mismo tiempo, la organización abarcadora de la catequesis debe incluir esfuerzos extraparroquiales o interparroquiales. Más allá de la parroquia individual o como un emprendimiento de colaboración entre las parroquias vecinas, se debe ofrecer la catequesis a los niños y jóvenes de las escuelas primarias y secundarias católicas que no están conectadas con una parroquia individual. Los programas catequísticos organizados para personas con discapacidades se deben ofrecer en el nivel más eficaz, ya sea parroquial, regional o diocesano. En el nivel diocesano, los seminaristas, los estudiantes universitarios y aquellos que participan en el ministerio de la educación superior deben contar con oportunidades de recibir capacitación y formación catequística básica y continua. Además, se debe incorporar a la organización diocesana, regional o parroquial de la catequesis a personas de otros ámbitos, tales como guarderías, hogares de cuidados de enfermería y organizaciones profesionales.

También se deben considerar cuidadosamente las posibilidades de combinar los programas catequísticos de las parroquias más pequeñas, especialmente si comparten el mismo párroco o tienen previsto compartirlo en el futuro. Se anima a las parroquias más pequeñas a compartir los servicios de un dirigente de catequesis competente y calificado, a fin de asegurar que los programas catequísticos de dichas parroquias se beneficien por igual con una planificación, organización y dirección catequísticas afianzadas.

A. Organización para la catequesis basada en las parroquias

1. Programas de catequesis de adultos

La organización eficaz de la catequesis de adultos depende en gran medida de la calidad y la estructura de la vida parroquial. Los párrocos son responsables de asegurar que haya disponibles oportunidades catequísticas realistas al alcance de los adultos de todas las edades como parte del plan catequístico general de la parroquia. El párroco debe demostrar claramente su compromiso personal con el aprendizaje y el crecimiento permanentes en la fe cristiana. Debe ser un modelo de fe adulta y madura para sus feligreses y priorizar la catequesis para adultos en su parroquia. Si la parroquia cuenta con personal pastoral, debe asegurarse de que todos los miembros del personal compartan este compromiso con la catequesis de adultos. Junto con los restantes dirigentes pastorales de la parroquia, el párroco debe establecer políticas y procedimientos para la parroquia que den prioridad a la catequesis de adultos, proporcionen los recursos financieros adecuados, provean espacio y tiempo para la catequesis de adultos y animen a los adultos a participar en los programas catequísticos que se ofrecen.[779] Los obispos y párrocos deben combinar la argumentación de la Iglesia universal, de la Iglesia de los Estados Unidos y de nuestras iglesias diocesanas con el personal y el presupuesto para esta tarea.

---

779   Cf. SANC, nn. 127-134.

Si bien el párroco no puede renunciar nunca a su responsabilidad, puede optar por designar a un dirigente para catequesis de adultos en la parroquia, cuya responsabilidad primaria es la de implementar las políticas y los procedimientos de la parroquia para la catequesis de adultos. Esta persona puede ser el director parroquial de educación religiosa, otro miembro del personal parroquial u otra persona preparada para ser dirigente para la catequesis de adultos. Aun cuando el dirigente para la catequesis de adultos de la parroquia sea un empleado o un voluntario, él o ella debe estar calificado y ser competente, familiarizado con los principales documentos catequísticos de la Iglesia, disponer de tiempo y energía, y comprometido con la dirección de la catequesis de adultos. El puesto del dirigente para catequesis de adultos debe ser claramente visible en la estructura de organización de la parroquia. A fin de asegurar que se ofrezca un programa catequístico unificado, el dirigente para la catequesis de adultos debe colaborar en estrecha relación con el director parroquial de educación religiosa y responder a la persona que es más directamente responsable de la catequesis general de la parroquia.[780]

Además del dirigente para catequesis de adultos, la parroquia debe contar con un equipo de feligreses comprometidos y responsables de la catequesis de adultos. Este equipo para catequesis de adultos podría tomar la forma de una comisión o comité para catequesis de adultos, y debe estar integrado por representantes de todos los principales grupos demográficos y culturales de la parroquia. La función del equipo para catequesis de adultos es planificar, implementar y evaluar la catequesis de adultos que ofrece la parroquia. El equipo funciona bajo la dirección del párroco, el dirigente de formación en la fe de adultos y la supervisión del director parroquial de educación religiosa, y en armonía con las personas, las comisiones parroquiales o los comités responsables de otros aspectos de la catequesis de la parroquia.[781]

Las parroquias deben proveer catequistas específicamente capacitados para transmitir la fe a los adultos, haciéndoles participar en el diálogo y la reflexión sobre el Evangelio y las enseñanzas de la Iglesia. "Los catequistas de adultos necesitan ser personas de fe con un espíritu evangelizador, celo

---

780   Cf. SANC, nn. 135-141.
781   Cf. SANC, nn. 142-148.

por el reino de Dios, y compromiso con una formación permanente."[782] Deben ser capaces de acompañar a otros adultos en su peregrinación de fe, de atraerlos hacia una vida cristiana más profunda, de guiarlos en la oración cristiana y de ayudarlos a relacionar las verdades de la fe católica con las circunstancias de su vida diaria.[783] "Existe una necesidad primordial de contar con catequistas que sepan cómo trabajar con familias, personas o grupos con necesidades específicas", tales como aquellos que se están preparando para el matrimonio, las personas discapacitadas, los pobres y los marginados, y "aquellos en situaciones irregulares".[784]

En el Capítulo 7 se pueden encontrar lineamientos específicos para la catequesis de adultos.

2. Programas de catequesis centrados en las familias

Muchas parroquias ofrecen programas de catequesis centrados en las familias dentro del plan catequístico general de la parroquia. Todas las formas de catequesis familiar organizada deben surgir de la parroquia y conducir nuevamente a ella. Se debe prestar atención a las necesidades catequéticas de las familias intereclesiales.[785] La catequesis puede ayudar a fortalecer el vínculo familiar de las familias intereclesiales mediante la hospitalidad, incluyendo a todos en las actividades y animándoles a celebrar lo que tienen en común.

Los programas de catequesis centrados en la familia ofrecen a los padres la oportunidad de catequizar directamente a sus hijos, a los esposos de catequizarse mutuamente, y a los hijos la oportunidad de catequizarse entre sí y de catequizar a sus padres. La catequesis familiar debe incluir una celebración de oración en la familia que esté estrechamente vinculada a la celebración litúrgica de la parroquia. Debe incluir oportunidades para el servicio cristiano dentro de la familia y el vecindario, lo que al mismo tiempo dispone a los miembros de las familias a servir en el nombre de Cristo a toda la familia humana.

---

782 SANC, n. 150.
783 Cf. SANC, nn. 149-153.
784 *Adult Catechesis in the Christian Community*, n. 74 [versión del traductor].
785 Cf. *Directorio para la aplicación de los principios y de las normas sobre el ecumenismo*, n. 151.

3. Catequesis basada en el hogar

En su calidad de primeros educadores de sus hijos, los padres tienen el derecho y el deber de elegir la clase de ambiente educacional que estiman que es el más adecuado para las necesidades educativas de sus hijos. Por lo tanto, la enseñanza en el hogar es una opción viable para la educación de los hijos.

Si los padres católicos optan por proporcionar catequesis a sus hijos en su hogar, la misma debe ser tanto completa como auténtica. El obispo de la diócesis, el párroco de la parroquia, los padres y los hijos tienen todos responsabilidades dadas por Dios que se deben respetar cuando se considera la catequesis basada en el hogar. La catequesis de niños basada en el hogar es un esfuerzo de colaboración entre los niños, sus padres, los dirigentes de la parroquia y el obispo diocesano. Los padres que eligen ser no sólo los educadores primarios sino también los catequistas de sus hijos deben adherir a todas las directrices para los catequistas indicadas por el obispo diocesano.

Los padres que eligen catequizar a sus hijos en el hogar no tienen por qué sentirse aislados en esta tarea. Son parte del esfuerzo catequístico general de la parroquia y se les debe acoger en todas las actividades del programa catequístico de la parroquia. Los párrocos, en colaboración con los dirigentes de catequesis parroquial, deben proporcionar el apoyo, el estímulo y la dirección que los padres necesiten, a fin de garantizar que enseñen a sus hijos lo que la Iglesia desea que se enseñe, proporcionando a los padres copias de las secciones apropiadas del currículo de la diócesis. Los padres que deseen proporcionar catequesis en el hogar deben hacérselo saber al párroco, así como consultar con él o con su delegado, a fin de garantizar que la catequesis que se imparte en el hogar sea la catequesis de la Iglesia. El diálogo entre el párroco y los padres es esencial para que la catequesis de los niños en el hogar resulte completa y auténtica.

Todos los padres tienen la obligación de hacer participar a sus hijos en la vida y la misión de la Iglesia. Dado que se está iniciando a sus hijos en la vida de la Iglesia, la cual transcurre fundamentalmente en la parroquia local, los padres que proporcionan catequesis a sus hijos en el hogar deben participar plenamente en la vida de la parroquia local. Deben celebrar la Eucaristía dominical en la parroquia local, participar en sus obras de caridad y asistir a las sesiones adecuadas de capacitación y formación que ofrece la parroquia o la diócesis. Puesto que la celebración de los sacramentos integra continuamente a los niños en el Cuerpo de Cristo, la preparación de los niños para recibir los sacramentos se debe realizar siempre en colaboración con el párroco local y el dirigente de catequesis. Se debe animar a estos niños a participar en otras actividades preparatorias no relacionadas con la instrucción del grupo parroquial de niños que se prepara para recibir el sacramento. Los padres que proporcionan catequesis a sus hijos en el hogar pueden usar los materiales catequísticos que han sido aprobados por el obispo diocesano.

4. Programas catequísticos para niños

Todas las parroquias deben proporcionar catequesis para niños de todas las edades, tanto a aquellos que asisten a escuelas católicas o públicas como a aquellos que reciben educación en el hogar. Para los niños que asisten a escuelas públicas, la parroquia debe proporcionar un programa abarcador y sistemático de instrucción y formación en las diferentes dimensiones de la fe cristiana. Para los niños que asisten a una escuela católica, dicho programa abarcador y sistemático de instrucción y formación en la fe cristiana debe ser claramente visible y al mismo tiempo debe estar bien integrado en el currículo general de la escuela. El objetivo de estos programas no es reemplazar la función de los padres como educadores primarios de sus hijos, sino por el contrario respaldarla y realzarla. De hecho, es esencial la participación de los padres en todos los programas catequísticos para niños de la parroquia. En el Capítulo 7 se pueden encontrar lineamientos generales para la catequesis de niños.

La catequesis debe incluir educación y formación en la dignidad inherente a toda persona, en la misión *ad gentes* de la Iglesia y en el desarrollo de una conciencia social. Debe proporcionar oportunidades para recibir los sacramentos y para participar en los proyectos de servicio y las actividades misioneras de la Iglesia. Debe fomentar en los alumnos el deseo de conocer las diversas vocaciones de la Iglesia y de familiarizarse con ellas, y animarlos a orar para conocer y abrazar la vocación a la que Dios les ha llamado: el sacerdocio, la vida consagrada, la vida célibe dedicada o la vida matrimonial.

Todos los que participan en el ministerio catequético de la parroquia deben fomentar el desarrollo de una comunidad cristiana, entre ellos y los catequizandos. Deben comprender la situación de cambio continuo en la que viven los niños, a lo que están expuestos, sus diferentes niveles de creencia o increencia, y su búsqueda, cuestionamientos y dudas.[786] Deben celebrar juntos y en forma frecuente la Eucaristía, el sacramento de la penitencia y la reconciliación y otras experiencias sacramentales a fin de expresar y fortalecer su fe católica.

4a. Programas de catequesis parroquiales

Los programas catequísticos para niños que se asisten a escuelas públicas se deben ofrecer tanto a alumnos preescolares como a alumnos de los niveles primario, intermedio, secundario y superior. Estos programas deben estar coordinados entre sí e integrados en el plan catequístico general de la parroquia. Deben contar con personal adecuado, integrado por un director parroquial de catequesis aprobado por la diócesis, otros dirigentes de catequesis calificados y competentes y catequistas con la formación apropiada. Dado que los programas de catequesis para niños son una de las principales prioridades de cada parroquia católica, se debe asignar a estos programas una cantidad suficiente de fondos parroquiales para cumplir con sus metas. La Iglesia "es invitada a consagrar a la catequesis sus mejores recursos en hombres y en energías, sin ahorrar esfuerzos, fatigas y medios materiales, para organizarla mejor y formar personal capacitado."[787]

La organización eficaz de los programas parroquiales de catequesis para niños también deben incluir una evangelización entusiasta y esfuerzos para sumar nuevos miembros, a fin de llegar a las familias cuyos hijos no participan en los programas catequísticos de la parroquia. Aquellos responsables de dichos programas para niños deben usar todos los medios disponibles para recordar a los padres la importancia de proporcionar catequesis a sus hijos e invitarlos a ubicarlos en programas parroquiales diseñados para brindarles asistencia para cumplir con su responsabilidad. Pueden utilizarse anuncios de servicio público en radio, televisión e Internet, pósters en supermercados y gasolineras e invitaciones personales cálidas para llegar a aquellos padres que pueden estar al margen de la Iglesia y que desconocen o no comprenden su deber de proporcionar una catequesis adecuada a sus hijos, o la capacidad de la Iglesia para ayudarles. En el Capítulo 7 se pueden encontrar lineamientos específicos para la catequesis de niños.

---

786   Cf. DGC, n. 75.
787   CT, n. 15.

4b. Escuelas católicas

Las escuelas católicas son vitales para la misión de evangelización y cate-quesis de la Iglesia. Existen con el fin de educar a la persona en forma integral: mente, cuerpo y alma. Presentan la totalidad de la fe católica. Sean las escuelas católicas parte de una estructura parroquial o sean las mismas regionales, diocesanas o privadas, el crecimiento en la fe católica de los niños y jóvenes que asisten a ellas es esencial para su identidad y propósito.

Una escuela parroquial es una parte integral del plan catequístico general de la parroquia. Es una comunidad evangelizadora dentro de la comunidad evangelizadora más amplia que es la parroquia. Una escuela parroquial depende de la parroquia que integra para proporcionar la visión eclesial por su participación particular en la misión de la Iglesia. En su calidad de componente del esfuerzo general de catequesis de la parroquia, la escuela parroquial debe estar en armonía con los restantes programas catequísticos que ofrece la parroquia y complementarlos. Del mismo modo, las escuelas católicas regionales, diocesanas y privadas que no dependen de una parroquia específica deben trabajar en estrecha colaboración con las parroquias vecinas.

La escuela católica debe esforzarse por integrar la fe católica en todos los aspectos de su vida. Busca referir toda la cultura humana al mensaje de salvación, de tal modo que la vida de fe ilumine el conocimiento que los alumnos gradualmente van adquiriendo del mundo, de la vida y del hombre.[788] En las escuelas católicas, los niños y jóvenes pueden "experimentar el aprendizaje y la vida plenamente integrados a la luz de la fe."[789]

La escuela católica debe contar con un currículo sobre religión claramente definido con metas y objetivos específicos que guarden relación con el plan catequístico parroquial y con las prioridades catequísticas de la diócesis. El director y los maestros deben asegurarse de que se dedique una parte específica de cada día a la instrucción religiosa. La comunidad escolar completa, tanto padres como profesores, personal, alumnos y feligreses, debe saber con claridad que la enseñanza de las verdades de la fe ocupa un lugar sumamente prioritario en la escuela. Además del tiempo dedicado a las clases y a las experiencias litúrgicas y de oración en el grado y en toda la escuela, se debe asignar una generosa cantidad de tiempo a la instrucción religiosa. La integración de la verdad y los valores religiosos con el resto de

---

788 Cf. GE, n. 8.
789 *To Teach as Jesus Did*, n. 103 [versión del traductor].

la vida es uno de los sellos distintivos de la educación ofrecida por las escuelas católicas. Este proceso también debe contar con lapsos adecuados en el currículo y con la guía apropiada de maestros capacitados. La escuela católica "ha de presentar el mensaje y acontecimiento cristiano con la misma seriedad y profundidad con que las demás disciplinas presentan sus saberes."[790]

En muchas diócesis de los Estados Unidos, las escuelas católicas han sido faros de esperanza para aquellos que están privados de los bienes de este mundo. La Iglesia ha comprometido enormes recursos humanos y financieros para que las escuelas católicas resulten, y continúen resultando, accesibles y asequibles para las familias y los niños con desventajas, especialmente en las zonas empobrecidas de muchos centros urbanos. Los padres y las familias de estos niños también han hecho sacrificios heroicos para enviar a sus niños a escuelas católicas y mantenerlos en las escuelas tanto tiempo como sea posible. Muchos de estos niños y sus familias no son católicos; sin embargo, la Iglesia está decidida a atender las necesidades humanas y sociales de los pobres y a proporcionales una educación distintivamente católica, lo que incluye una catequesis completa y fiel. Muchas de estas escuelas católicas son genuinos centros de evangelización que proclaman eficazmente el Evangelio a aquellos que nunca antes lo han oído, así como entre aquellos que lo han oído pero no se han sentido motivados para transformar sus vidas. Lamentablemente, demasiadas escuelas católicas han tenido que cerrar debido a la falta de fondos e inscripciones suficientes. Las diócesis deben continuar haciendo todos los esfuerzos posibles para mantener abiertas las escuelas católicas, y para que continúen resultando accesibles y asequibles, especialmente para los pobres.

5. Catequesis de jóvenes

Entre todas las etapas del desarrollo humano, la adolescencia resulta la más difícil de definir. Los diferentes factores culturales, raciales y étnicos determinan que algunos niños ingresen en la adolescencia más temprano que otros, algunos períodos de la adolescencia son más prolongados que otros, y algunos adolescentes maduran antes que otros. En general, la

---

790   DGC, n. 73.

catequesis de jóvenes está dirigida a adolescentes desde once o doce años de edad hasta alrededor de dieciocho o diecinueve años. Sin embargo, en cada una de estas situaciones la catequesis de adolescentes es más eficaz cuando forma parte de un programa abarcador del ministerio juvenil que incluya componentes sociales, litúrgicos y catequéticos, así como también oportunidades para el servicio. "Para tener éxito tenemos que ofrecer a los jóvenes *una visión* que los *rete espiritualmente e ilumine su mundo* de manera que aumente su deseo de *participar en una aventura que valga la pena.*"[791] Si los jóvenes asisten a escuelas secundarias católicas o públicas, deben ser acogidos en el programa parroquial del ministerio juvenil.

La organización de la catequesis para jóvenes debe guiarse por su necesidad de oír la proclamación del Evangelio, de orar y celebrar la Santa Misa, de formar una comunidad cristiana, de vivir cristianamente y de prestar servicio para atender las necesidades de los demás. Necesita "tener ideas concretas sobre cómo las demandas, emociones y aventuras de ser un discípulo de Jesucristo, pueden ser vividas personalmente por los adolescentes."[792] La catequesis para jóvenes debe hablar a sus mentes, sus corazones y sus almas para despertar la fe en Jesucristo, el celo por su Evangelio y el entusiasmo por la vida cristiana. Los que planifican los programas catequísticos para jóvenes deben esforzarse especialmente por llegar a aquellos alumnos de las escuelas intermedias y secundarias de la parroquia que no participan regularmente en la vida de la parroquia. En el Capítulo 7 se pueden encontrar lineamientos para la catequesis de jóvenes.

El párroco debe participar personalmente en la catequesis de jóvenes de su parroquia, y brindar respaldo y aliento a los que están más directamente comprometidos en la transmisión de la fe. Debe demostrar la prioridad que ocupa la catequesis de jóvenes en la parroquia seleccionando y remunerando de manera adecuada a una persona calificada y competente que coordine la catequesis parroquial para jóvenes. Para que el programa catequístico para jóvenes de la parroquia resulte eficaz es esencial contar con un número adecuado de catequistas especialmente capacitados para trabajar con jóvenes y con un presupuesto suficiente para brindar un programa exhaustivo, sistemático y atractivo.

---

791   *Renovemos la visión*, 10.
792   *Renovemos la visión*, 10-11.

6. El catecumenado bautismal

El catecumenado bautismal es un componente vital de la organización de la catequesis en la parroquia. Dado que ofrece un proceso gradual para iniciar a los nuevos miembros en la vida y la práctica de la fe católica, debe ser la piedra angular del plan de catequesis de la parroquia. El catecumenado bautismal está especialmente adaptado a la peregrinación espiritual de los adultos, ya que éstos eligen libremente cooperar con la gracia de Dios y con la acción de la Iglesia a medida que avanzan en su período de indagación y maduración. El catecumenado bautismal es "un lugar típico de catequización, institucionalizado por la Iglesia para preparar a los adultos que desean ser cristianos a recibir los sacramentos de la iniciación."[793] En el Capítulo 5 se puede encontrar información y lineamientos más específicos respecto del catecumenado bautismal.

En el período de catecumenado, los fieles deben hacer conocer el mensaje de Cristo participando activamente, especialmente en la vida litúrgica de la parroquia, y recibiendo a los catecúmenos en la comunidad parroquial en forma amable, conversando personalmente con ellos y visitándolos en sus propios hogares. Durante las celebraciones litúrgicas que marcan las etapas de la iniciación cristiana, el fiel creyente debe hacer todos los esfuerzos posibles para estar presente y participar activamente en dichas celebraciones. El día de la elección los fieles deben estar dispuestos a dar testimonio respecto a los catecúmenos. Durante el período de purificación e iluminación, los fieles deben participar en los ritos del escrutinio y de la entrega y dar al fiel electo el buen ejemplo de su propia y continua conversión a Cristo. El día de la Vigilia pascual los fieles deben renovar en forma entusiasta y pública sus propias promesas bautismales. Y durante el período inmediatamente posterior al bautismo del electo los fieles deben asistir a las Misas dominicales del tiempo pascual, especialmente preparadas para los neófitos y hacerlos sentir que en la comunidad de los bautizados están como en su casa.[794]

Algunos fieles cristianos desempeñan funciones particulares en el catecumenado bautismal. Los tutores o acompañantes [o "esponsores", de acuerdo con la terminología del RICA publicado por la USCCB en 1991] presentan a los candidatos para su aceptación como catecúmenos. Los

---

793   DGC, n. 256.
794   Cf. RICA, n. 9.

padrinos acompañan a los candidatos el día de la elección, en la celebración de los sacramentos de iniciación y durante el período de catequesis posbautismal o mistagogia. Conforme a sus necesidades y capacidades específicas, los catequistas proporcionan a los catecúmenos instrucción y formación en la fe y en las obligaciones de la vida cristiana.

Ya sea personalmente o por intermedio de su delegado, el obispo diocesano establece, reglamenta y promueve el programa de formación pastoral de todos aquellos que participan en el catecumenado bautismal. También admite formalmente a los candidatos a su elección y a los sacramentos de iniciación.

Los sacerdotes deben proporcionar un ambiente acogedor, para que todos los que buscan a Cristo encuentren un hogar en la parroquia. Deben ofrecer atención pastoral y personal para los catecúmenos. En la medida de lo posible, se aseguran de que el catecumenado bautismal sea una prioridad pastoral dentro del plan de catequesis de la parroquia. "A los presbíteros toca [...] atender al cuidado pastoral y personal de los catecúmenos [...], proporcionándoles la catequesis adecuada con ayuda de los diáconos y catequistas; aprobar la elección de los padrinos, y oírlos y ayudarlos gustosamentè; y finalmente, velar con diligencia para que se sigan perfectamente los ritos aptos en el curso de todo el Ritual de la iniciación."[795] Los diáconos deben estar dispuestos a brindar asistencia en todas las etapas del catecumenado bautismal.

El plan de catequesis de la parroquia también debe incluir el proceso de iniciación para los candidatos a la comunión plena de quienes ya están bautizados. El contenido y los ritos de dicho proceso deben tomar en cuenta las circunstancias, la experiencia, los conocimientos y la práctica de la fe cristiana particulares de cada persona.[796]

7. Pequeñas comunidades cristianas

Muchas parroquias incluyen pequeñas comunidades cristianas, que surgen porque los fieles desean "vivir todavía con más intensidad la vida de la Iglesia; o del deseo y de la búsqueda de una dimensión más humana que difícilmente pueden ofrecer las comunidades eclesiales más grandes."[797] Las

---

795   RICA, n. 13.
796   Cf. *Directorio para la aplicación de los principios y de las normas sobre el ecumenismo*, nn. 99-100.
797   EN, n. 58.

pequeñas comunidades cristianas son centros importantes, tanto para cultivar las virtudes cristianas como los valores humanos. A menudo proporcionan oportunidades para que los fieles experimenten una comunión más intensa. No obstante, para ser auténtica, "cada comunidad debe vivir unida a la Iglesia particular y universal, en sincera comunión con los Pastores y el Magisterio, comprometida en la irradiación misionera y evitando toda forma de cerrazón y de instrumentalización ideológica."[798]

Dado que las pequeñas comunidades cristianas proporcionan un clima especialmente fructífero para la catequesis de adultos, la catequesis que se ofrece en ellas debe estar integrada con los restantes elementos del plan catequístico de la parroquia, debe ser supervisada por el párroco de la parroquia y debe estar en armonía con la catequesis de la Iglesia universal. Los dirigentes de catequesis y catequistas de las pequeñas comunidades cristianas deben cumplir con las mismas normas para sus respectivas responsabilidades, tal como están establecidas por la diócesis para los demás dirigentes de catequesis y catequistas de la parroquia. Los materiales catequísticos usados en las pequeñas comunidades cristianas deben ser aprobados por la diócesis. La meta de toda la actividad evangelizadora y catequética de la Iglesia es profundizar la experiencia de la vida cristiana por parte de aquellos a quienes se proclama el Evangelio. Esto debe ser especialmente valedero respecto de la catequesis que se imparte en el seno de las pequeñas comunidades cristianas.

B. Organización para la catequesis fuera de la parroquia

Si bien la parroquia continúa siendo el ámbito primario de la catequesis, la organización de la misión catequética de la Iglesia abarca diversas estructuras que están más allá de los límites de una única parroquia. Por ejemplo, algunas escuelas católicas no están vinculadas a una parroquia. Sean interparroquiales, regionales, diocesanas o privadas, la educación en la fe es el elemento central de la misión de las escuelas católicas. En todas estas situaciones, cada una de las escuelas católicas debe trabajar en estrecha colaboración con las parroquias de donde provienen sus alumnos. En todos los casos, la instrucción y formación catequética de los

---

798   RM, n. 51.

alumnos y profesores debe impartirse en colaboración con los párrocos locales y bajo la supervisión del obispo diocesano. Los recursos y materiales catequísticos que se usan en los ámbitos no parroquiales deben ser aprobados por la diócesis.

Además de estos ejemplos de programas de catequesis estructurados, la organización de la Iglesia para la catequesis incluye programas catequísticos para personas con discapacidades y programas catequísticos en seminarios, en universidades y colegios superiores, en el ministerio universitario y en diversas estructuras especiales, tal como se detalla más adelante en esta sección.

1. Catequesis para personas con discapacidades

La organización de la catequesis para personas con discapacidades debe comenzar con (1) una cuidadosa determinación de la cantidad de personas católicas con discapacidades de la comunidad y (2) una exhaustiva evaluación de sus necesidades catequéticas. A menudo, en todas las parroquias hay más personas católicas con discapacidades que lo que se conoce generalmente. Todas las parroquias deben considerar a sus feligreses con discapacidades cognitivas, emocionales y físicas, respaldarlos con amor y afecto, y asegurar que cuenten con acceso disponible a un programa catequístico adecuado para sus necesidades y capacidades. Muchas personas con discapacidades son autosuficientes; otras viven con sus familias, y otras viven en instituciones y hogares grupales de la parroquia y no pueden acudir a la iglesia parroquial para participar en las actividades parroquiales. Se deben hacer esfuerzos especiales para acoger a todas las personas con discapacidades en la vida de la parroquia, especialmente en su vida sacramental. Algunas de las pocas formas que aseguran su inclusión son: llevar la santa Comunión a las personas con discapacidades, hacer visitas pastorales y usar diversos medios de comunicación para mantenerlas informadas acerca de la vida parroquial.[799]

El párroco o los presbíteros de la parroquia en la que se ofrecen los programas de catequesis para personas con discapacidades deben designar a una persona delegada, para que coordine los programas individuales para cada categoría de personas con discapacidades. Deben compartir sus

---

[799] Cf. *Guidelines for the Celebration of the Sacraments with Persons with Disabilities*, 4 [versión del traductor].

recursos para brindar respaldo a los programas y aumentar al máximo su eficacia y eficiencia. Aquellos que participan en programas catequísticos para personas con discapacidades deben recibir capacitación apropiada para sus responsabilidades específicas y contar con oportunidades para la formación y el desarrollo espiritual continuos. Todos aquellos que proveen programas catequísticos para personas con discapacidades deben tener mucho cuidado para evitar aislarlos por medio de estos programas que —en la medida de lo posible— deben integrarse con las restantes actividades catequísticas de la parroquia, la región o la diócesis. Los familiares de algunas personas con discapacidades son sus catequistas primarios y, por lo tanto, también deben recibir consideración y orientación pastoral especial, de manera que puedan cooperar en el programa de catequesis con confianza y destreza. En el Capítulo 7 se pueden encontrar otros lineamientos específicos para la catequesis de personas con discapacidades.

2. Preparación catequética en seminarios

Los sacerdotes son dirigentes de catequesis vitales en virtud de su ordenación. Ejercen funciones fundamentales en los programas de catequesis de las parroquias e instituciones a las que están asignados. Además, a menudo se les convoca para proporcionar capacitación y formación a los catequistas. Se deduce de ello que los seminaristas requieren una exhaustiva comprensión de la naturaleza, la misión, las metas y la extensión de la catequesis así como de las múltiples responsabilidades catequéticas que recaerán sobre ellos como presbíteros.

El Decreto *Sobre la formación sacerdotal* del Concilio Vaticano II subraya la importancia de la formación catequética de los seminaristas. "La ciencia de un ministro sagrado debe ser sagrada, porque emana de una fuente sagrada y a un fin sagrado se dirige."[800] En consonancia con el documento antedicho, el documento *Program of Priestly Formation [Programa para la formación sacerdotal]* indica que "además de los principios de la interpretación bíblica, de la catequesis y de la teoría de las comunicaciones, los seminaristas también deben aprender las técnicas prácticas necesarias para comunicar el Evangelio de manera eficaz y apropiada."[801]

---

800 PO, n. 19.

801 USCCB, *Program of Priestly Formation [Programa para la Formación Sacerdotal]*, 4th ed. (Washington, D.C.: USCCB, 1993), n. 377 [versión del traductor].

La preparación catequética de los seminaristas debe realizarse en colaboración con el personal de las oficinas de la diócesis, responsables de la catequesis, y debe recomendar o requerir a los seminaristas que hagan algún curso o cursos sobre catequesis, que participen en un internado supervisado de formación catequética y que tengan experiencia pastoral personal como catequistas. Se estimula a los seminaristas a asistir a talleres, conferencias y congresos sobre catequesis.

3. Preparación catequética en universidades y colegios superiores

Es de una importancia vital que las instituciones católicas de educación superior inicien y mantengan sólidos programas tanto de teología como de catequética. Los católicos que enseñan teología católica en las universidades y colegios superiores católicos son responsables de obtener el *mandatum* del obispo diocesano.[802] En su calidad de centros de auténtica teología católica, los colegios universitarios y las universidades católicas deben proporcionar, en la medida de lo posible, programas para alumnos no graduados y para graduados en teología católica, catequesis y campos conexos para aquellos que se preparan para carreras profesionales en el ministerio catequético.

Los programas para alumnos no graduados de las universidades católicas deben proporcionar programas de especialización en catequesis, Sagrada Escritura y teología sistemática, y "los requisitos para estos grados deben ser tan estrictos, como los de cualquier otra disciplina académica."[803] En la medida de lo posible, los miembros del cuerpo de profesores de los cursos para alumnos no graduados deben estar a disposición de las parroquias e instituciones de la diócesis como valiosas fuentes de información sobre teología y catequética.

---

802   Cf. Juan Pablo II, Constitución apostólica *Ex corde Ecclesiae. Sobre las universidades católicas* (ECE), en http://www.vatican.va/holy_father/john_paul_ii/apost_constitutions/ ; USCCB, *The Application of Ex corde Ecclesiae for the United States [La aplicación de Ex corde Ecclesiae para los Estados Unidos* (Washington, D.C.: USCCB, 1999); y USCCB, *Guidelines Concerning the Academic* Mandatum *in Catholic Universities [Lineamientos respecto al Mandatum académico en las universidades católicas]* (Washington, D.C.: USCCB, 2001).

803   *Directorio catequético nacional*, n. 242.

Los programas de postgrado deben incluir programas de estudios avanzados y experiencias posteriores a la graduación para los dirigentes de catequesis que se preparan para carreras profesionales en el ministerio catequético. Deben actuar como centros de investigación catequética y colaborar con el personal diocesano para establecer calificaciones académicas para el liderazgo profesional. "Deberán ser interdisciplinarios y ofrecer cursos avanzados en teología, las escrituras, liturgia, catequesis, comunicaciones, administración de parroquias, y todas las ciencias afines humanas y sagradas."[804] No se deberán dejar de lado en estos programas las teologías, liturgias y formas de espiritualidad de las Iglesias Orientales en estos programas, ya que el conocerlas enriquece la comprensión del alumno sobre la Iglesia universal.

Las universidades católicas también deben proporcionar oportunidades para que se ofrezcan cursos individuales, programas certificados, institutos, talleres, seminarios y conferencias sobre catequética. El cuerpo de profesores y el personal administrativo de las carreras de licenciatura y de grado debe colaborar estrechamente con el personal de catequesis de la diócesis, no sólo en la diócesis en la que se encuentra la universidad o colegio superior católico, sino también con el personal de las diócesis vecinas. Juntos pueden acordar un currículo central para aquellos que desean prepararse para el servicio como dirigentes de catequesis, cate-quistas, directores de escuelas católicas o profesores de religión. Pueden trabajar en forma conjunta para proporcionar fondos de becas destinados a alentar y facilitar los estudios de teología de aquellos económicamente perjudicados, de los que provienen de culturas diferentes y de los que tienen intención de trabajar con personas con discapacidades. También pueden colaborar proporcionando programas para la formación continua en la fe para adultos.

4. Organización para el ministerio catequético en la educación superior

La universidad católica es el lugar primario donde se entrecruzan la fe, la cultura y la razón. Como parte integral de su misión educativa, la Iglesia ha fomentado el desarrollo de la vida académica y ha reafirmado a la universidad como lugar de aprendizaje en el que se busca la verdad. La Iglesia

---

804 *Directorio catequético nacional*, n. 242.

respeta la autonomía legítima de la comunidad académica y considera a la universidad como compañera para edificar una sociedad mejor en la que todas las personas tengan oportunidad de realizar todo su potencial. La cooperación fructífera entre la Iglesia y la universidad continúa siendo una piedra angular de una sociedad civil que busca el bien común.

El respaldo que brinda la Iglesia a la educación superior se ha patentizado no sólo en la creación de universidades y colegios superiores católicos sino también en el desarrollo y permanencia de una presencia dinámica en instituciones tanto seculares como privadas. Dicha presencia es el ministerio universitario. "El ministerio universitario puede definirse como la presencia y el servicio público a través del cual personas bautizadas y correctamente formadas son fortalecidas por el poder del Espíritu para usar sus talentos y dones en nombre de la Iglesia, a fin de constituirse en signo e instrumento del reino en los ámbitos académicos."[805]

Cualquiera que sea la forma que adopte, el ministerio universitario une a los católicos que conforman la comunidad universitaria para la oración, el culto, estudio y las oportunidades de servicio, de manera que puedan crecer en la fe católica y vivirla plenamente. Las metas del ministerio universitario en las instituciones universitarias incluyen las siguientes:

- Formar a los estudiantes para que sean teológicamente educados y, por lo tanto, prepararlos para servir como catequistas, personal litúrgico, defensores de la justicia social y profesores en las escuelas católicas
- Promover los estudios teológicos y la reflexión sobre la naturaleza religiosa de la persona humana, de manera que el crecimiento intelectual, moral y espiritual avance en forma conjunta
- Sostener una comunidad cristiana en el ámbito universitario, con el cuidado pastoral y el culto litúrgico que requiere
- Integrar el ministerio apostólico con otros ministerios de la comunidad local y la diócesis
- Preparar a los alumnos para que sean evangelizadores capaces de llevar la luz del Evangelio a la cultura, a través de su testimonio cristiano y su moralidad personal

---

805 *Empowered by the Spirit*, n. 21 [versión del traductor].

- Ayudar a los alumnos a distinguir su vocación dentro de la vida de la Iglesia[806]

A nivel de la diócesis, el ministerio universitario requiere el respaldo y la guía de un director diocesano del ministerio universitario, designado por el obispo. "El director puede ayudar a facilitar su crecimiento personal, el llamado a la responsabilidad adecuada y un posible programa para toda la diócesis. Como representante del obispo diocesano, el director estimula la interacción entre los ministros universitarios de la diócesis que prestan servicio en instituciones universitarias públicas, católicas y otras privadas."[807]

El ministerio universitario es un componente vital de la misión evangelizadora y catequética de la diócesis. Por este motivo es que debe estar integrado en el plan y organización de la diócesis y se lo debe ejercitar en estrecha relación con las parroquias de donde provienen los estudiantes y con los programas del ministerio de jóvenes en los que han participado. El obispo diocesano debe asegurarse de que se brinde cuidado pastoral en las universidades y colegios superiores no católicos y, en la medida de lo posible, debe designar como ministros universitarios a personal calificado. Debe tratar de proporcionar financiación adecuada para su desempeño y garantizar que se paguen sueldos justos a fin de atraer y retener a ministros universitarios con experiencia y calificaciones académicas. Puede resultar útil trabajar junto con los benefactores y administradores para financiar sitios de pensamiento católico en las instituciones seculares. En el caso de que no sea posible, puede considerar la contratación de ministros universitarios con títulos doctorales que ocasionalmente pueden dar cursos sobre filosofía, ética o estudios religiosos en el campus universitario secular.

En términos generales, el ministerio universitario en su conjunto se caracteriza por su programación innovadora y por la diversidad en cuanto a organización, estilo y enfoque. Nuestra declaración *Empowered by the Spirit [Investidos por el Espíritu]* incluye excelentes recomendaciones específicas respecto de los diferentes aspectos del ministerio universitario, como así también estrategias para abordar dichos aspectos.[808]

---

806   Cf. *To Teach as Jesus Did*, n. 67.
807   *Empowered by the Spirit*, n. 32 [versión del traductor].
808   Cf. *Empowered by the Spirit*, nn. 34-102.

5. Otras estructuras catequéticas

Dado que todos los bautizados tienen derecho a recibir catequesis, las parroquias, diócesis y otras estructuras de la Iglesia deben proporcionar oportunidades realistas para que aquellos que se encuentran en grupos y ambientes especiales reciban instrucción y formación en la fe. Los programas de educación para la primera infancia, para guarderías y extraescolares que ofrece la Iglesia, tanto en escuelas católicas como en otros ámbitos, deben incluir una dimensión catequética. Los hogares para personas convalecientes y asilos, las residencias para personas con discapacidades físicas, mentales o emocionales y las escuelas para personas sordas o ciegas deben incluir programas de catequesis especializados para sus residentes. Los capellanes católicos asignados por el obispo a estos centros e instalaciones deben asegurarse de que haya disponibles catequistas capacitados para llevar la Buena Nueva de la salvación en Jesucristo a los grupos especiales en formas que sean adecuadas a sus necesidades y capacidades. Dichos catequistas deben trabajar en estrecha colaboración con los capellanes para diseñar un programa de catequesis que integre el contenido del mensaje cristiano con la vida litúrgica, moral y suplicante de la Iglesia. El personal diocesano y parroquial debe brindar tanta ayuda como resulte posible a estos catequistas y capellanes, y proporcionar el vínculo vital entre el plan de catequesis de la residencia o centro y el plan de catequesis diocesano.

Diversos movimientos y asociaciones de los Estados Unidos enfatizan una gracia especial, un carisma o labor apostólica en la Iglesia. Reúnen a hombres y mujeres que desean orar, rendir culto, trabajar en pro de la justicia social y crecer en la fe. Usualmente, tienen como finalidad "ayudar a los discípulos de Jesucristo a realizar su misión laical en el mundo y en la misma Iglesia."[809] Con frecuencia presentan oportunidades para la devoción religiosa y el servicio apostólico. La formación de los fieles que participan en estas asociaciones y movimientos debe desarrollar los aspectos fundamentales de la vida cristiana e incluir siempre la catequesis. Dicha catequesis debe ser fiel a la naturaleza propia de la catequesis y presentar la doctrina católica fundamental, celebrar el culto católico y animar el testimonio católico. Dicha catequesis permitirá

---

809   DGC, n. 261.

alcanzar los objetivos de las diversas asociaciones y movimientos. "La educación en la espiritualidad particular de una asociación o movimiento, de una gran riqueza para la Iglesia, siempre será más propia de un momento posterior al de la formación básica cristiana, que inicia en común a todo cristiano."[810]

Dado que la participación en asociaciones y movimientos no es una alternativa a la vida parroquial, los dirigentes de estos movimientos y asociaciones deben alentar a sus adherentes y miembros a participar activamente en sus parroquias. Los dirigentes de movimientos, asociaciones, grupos y sociedades deben hacer conocer siempre al obispo su presencia en la diócesis. Los párrocos locales deben comunicarse activamente con ellos, así como el personal de catequesis de la diócesis debe brindarles tanta ayuda como sea posible para asegurar que el mensaje cristiano se presente en forma completa y auténtica en la catequesis de los miembros de asociaciones y movimientos.

Los hospitales, los grupos profesionales, los departamentos de policía y bomberos, las fraternidades y hermandades y las prisiones proporcionan ambientes propicios especialmente para la catequesis de adultos. En la medida de lo posible, el obispo debe asignar capellanes a dichos grupos, de manera que se puedan desarrollar y supervisar las oportunidades de catequesis. El personal de catequesis de la diócesis debe mantenerse en contacto con los capellanes a fin de que la catequesis ofrecida en estas situaciones se pueda integrar en el plan de catequesis de la diócesis.

62. COOPERACIÓN REGIONAL Y ASOCIACIONES NACIONALES

La cooperación regional e interdiocesana en relación con la catequesis ofrece diversos beneficios importantes. Une a regiones geográficas cercanas de la Iglesia que a menudo comparten inquietudes pastorales comunes. Brinda la oportunidad de desarrollar y coordinar respuestas regionales a dichas inquietudes. Provee un foro en el que las diócesis pueden combinar recursos catequísticos y asistirse mutuamente. Ayuda a ampliar y profundizar la visión de aquellos que participan en las consultas regionales. Y cuando es necesario, ofrece a la Iglesia la ventaja de hablar con una voz común a través de las fronteras diocesanas.

---

810   DGC, n. 262.

Los obispos deben determinar si esto resulta aconsejable y establecer los parámetros de dicha cooperación regional, y deben participar tanto el personal de catequesis de la diócesis como los dirigentes de catequesis parroquiales, los catequistas y los padres de familia. Dicha coordinación planificada promueve la asistencia mutua y fomenta el desarrollo de organizaciones y asociaciones regionales que pueden proporcionar servicios catequéticos y divulgar información por medio de conferencias, congresos e institutos de catequesis regionales, o mediante sociedades catequéticas que no están disponibles en una única diócesis. Considerando la importancia de las decisiones de política pública para la cooperación eficaz entre los planes educativos y catequísticos de la diócesis, debe haber una estrecha relación entre el personal de educación y de catequesis de la diócesis y su respectiva conferencia católica de su estado.

Además, diversas organizaciones y asociaciones nacionales independientes proporcionan a sus miembros servicios e información sobre catequesis. El personal de catequesis de la diócesis y la parroquia debe estar familiarizado con estas asociaciones y organizaciones y los servicios ofrecidos, de manera que hagan uso de los recursos y la asistencia que ofrecen según sea necesario.

63. EL SERVICIO DE LA *UNITED STATES CONFERENCE OF CATHOLIC BISHOPS*

El *Código de derecho canónico* indica que "en la Conferencia Episcopal puede constituirse un departamento catequético, cuya tarea principal será la de ayudar a cada diócesis en materia de catequesis."[811] El *Directorio general para la catequesis* afirma que una conferencia episcopal debe contar con una estructura permanente para promover la catequesis a nivel nacional. La *United States Conference of Catholic Bishops* ha instituido un Comité Permanente de Catequesis en el seno de su estructura permanente y ha proporcionado personal y recursos adecuados para su desempeño eficaz. El Comité de Catequesis y su personal tienen una doble tarea:

---

811   CIC, c. 775 §3; cf. CCEO, c. 622.

- "Estar al servicio de las necesidades catequísticas de orden nacional. Caen, por tanto, dentro de sus atribuciones las publicaciones que revisten importancia para toda la nación, los congresos nacionales, las relaciones con los 'mass media', y en general todas aquellas actividades e iniciativas que superan la capacidad de las diócesis o regiones en particular
- "Estar al servicio de las diócesis y de las regiones para hacer circular noticias e iniciativas catequísticas, coordinar la acción, ayudar a las diócesis catequísticamente menos evolucionadas"[812]

Además, la Oficina Episcopal de Catequesis nacional puede coordinar sus esfuerzos con otras instituciones catequísticas o cooperar con actividades catequísticas en el nivel nacional si la conferencia episcopal así lo determina.

64. EL SERVICIO DE LA SANTA SEDE

El Sucesor de Pedro tiene la responsabilidad primaria de proclamar y transmitir el Evangelio de Jesucristo hasta los confines de la tierra. El Papa ejerce este ministerio principalmente por medio de su oficio docente. "Actúa en lo que concierne a la catequesis, de modo directo y particular por medio de la Congregación para el Clero, la cual 'ayuda al Romano Pontífice en el ejercicio de su suprema misión pastoral'."[813]

La Congregación para el Clero desempeña diversas funciones catequéticas:

- Se ocupa de promover la educación religiosa de los fieles cristianos de todas las edades y condiciones
- Da las normas oportunas para que la enseñanza de la catequesis se imparta de acuerdo con un programa apropiado
- Mantiene una atención prudente para que la instrucción catequética se realice correctamente
- Con el acuerdo de la Congregación para la Doctrina de la Fe, concede la aprobación de la Santa Sede prescrita para los Catecismos y los otros escritos relativos a la instrucción catequética

812   *Directorio catequístico general*, n. 128.
813   DGC, n. 270.

- Aconseja a las Oficinas (Departamentos) de catequesis y sigue las iniciativas internacionales que se llevan a cabo sobre formación religiosa, coordina sus actividades y, donde sea necesario, les brinda asistencia[814]

65. CONCLUSIÓN

La Iglesia es fiel a su identidad más profunda cuando dedica todos sus considerables recursos a proclamar el mensaje cristiano de manera completa y auténtica a todos los pueblos y naciones. La presentación del Evangelio requiere los mejores esfuerzos de la Iglesia en todos los niveles y la infatigable dedicación de toda la comunidad de fieles. Apóstoles, profetas, evangelizadores, párrocos y maestros preparan a los bautizados para la labor del ministerio, para la edificación del Cuerpo de Cristo, de tal modo que la Iglesia alcance la unidad de la fe, el conocimiento del Hijo de Dios y la perfección adulta y madura en la plenitud de Jesucristo.[815]

Las estructuras catequísticas nacionales, regionales, diocesanas y parroquiales encarnan la misión apostólica encomendada por Cristo de ir y hacer discípulos, bautizar y enseñar por medio de formas, funciones, organizaciones, políticas y procedimientos prácticos. Todas esas estructuras son esenciales para que la Iglesia sea fiel a su misión en el mundo.

En este capítulo se han descrito las responsabilidades compartidas, pero a la vez diferenciadas, que forman parte de la misión catequética de la Iglesia. En él se han presentado los principios fundamentales para la organización del ministerio de catequesis. El capítulo siguiente se ocupa de los recursos catequísticos.

---

814   Cf. DGC, n. 271.
815   Cf. Ef 4, 11-14.

CAPÍTULO 10

Recursos para la catequesis

Todo escriba instruido en las cosas del Reino de los Cielos
es semejante al padre de familia, que va sacando de su
tesoro cosas nuevas y cosas antiguas. (*Mt* 13, 52)

66. INTRODUCCIÓN

Llamados por el Espíritu Santo, inspirados por el dinamismo de la misión
imperiosa de Cristo y enviados por la Iglesia, los catequistas hacen que
los discípulos fieles, y quienes todavía no le conocen, amen y sigan a
Cristo y a su Iglesia. Llevan la palabra de Dios a los adultos, a los jóvenes
y a los niños en una variedad de ambientes, en miles de parroquias e
instituciones a lo largo y a lo ancho de los Estados Unidos. Por la gracia
de Dios, encarnan el Evangelio en las culturas por intermedio de sus personas e introducen las diferentes culturas en la comunidad de los fieles.
Facilitan el encuentro que Dios inicia con cada persona. El corazón del
catequista comunica la palabra de Dios al corazón de los catequizandos.
Por el poder del Espíritu Santo, el Padre y el Hijo vendrán a edificar su
morada en sus corazones.[816]

El servicio de los catequistas a Dios y a la Iglesia es verdaderamente
irremplazable. Ningún material, recurso o herramienta catequístico, por
excelente que sea, puede reemplazar al catequista. Las diócesis y las parroquias deben proporcionar programas de formación de catequistas que
sean de superior calidad y que presenten la fe de una manera abarcadora,
sistemática y secuencial. Pero los recursos catequísticos sólidos, tanto
"nuevos como viejos", en las manos de catequistas fieles y capacitados
pueden ser poderosos instrumentos para proclamar el Evangelio y fomentar

---

816   Cf. Jn 14, 23.

el crecimiento en la fe. Los recursos catequísticos son muchos y variados: incluyen la Sagrada Escritura, los documentos y catecismos oficiales de la Iglesia, los libros de texto catequísticos y otros materiales de instrucción, recursos de multimedios y los diversos medios de la tecnología de telecomunicaciones.

Este capítulo presenta principios, lineamentos y criterios para aquellos que desarrollan y producen recursos catequísticos, como también para aquellos que están a cargo de seleccionarlos, evaluarlos y usarlos en diferentes ambientes catequísticos.

67. RECURSOS EN GENERAL

A. Sagradas Escrituras

La Sagrada Escritura —la palabra de Dios escrita bajo la inspiración del Espíritu Santo— ocupa una posición preeminente en la vida de la Iglesia, especialmente en el ministerio de la evangelización y la catequesis. Las formas más primitivas de catequesis cristiana usaban regularmente el Antiguo Testamento y el testimonio personal de los apóstoles y discípulos que luego se convertiría en el Nuevo Testamento. Gran parte de la catequesis del período patrístico tomó la forma de comentario sobre la palabra de Dios contenida en la Sagrada Escritura. A través de todas las épocas de la Iglesia, el estudio de la Sagrada Escritura ha sido la piedra angular de la catequesis. El Concilio Vaticano II aconsejó que la catequesis, como una de las formas del ministerio de la palabra, debe nutrirse y fortalecerse en la santidad por intermedio de la palabra de la Escritura.[817] La catequesis debe encontrar en las Escrituras su inspiración, su contenido fundamental y su fin, porque fortalece la fe, nutre el alma y alimenta la vida espiritual. "La Sagrada Escritura […] proporciona el punto de partida, el fundamento y la norma de la enseñanza catequética."[818]

La catequesis debe hacer suyos los pensamientos y la perspectiva de la Sagrada Escritura y hacer un uso frecuente y directo de los textos bíblicos mismos. "La presentación de los evangelios se debe hacer de modo que

---

817 Cf. DV, n. 10.
818 *La interpretación de la Biblia en la Iglesia*, n. 39.

provoque un encuentro con Cristo, que da la clave de toda la revelación bíblica y trasmite la llamada de Dios, a la cual cada uno debe responder."[819]

La Sagrada Escritura es también la fuente primaria para la explicación de la Palabra de Dios, explicación que es una función central de la catequesis. La catequesis basada en la Sagrada Escritura debe

- "Introducir a cada persona en una correcta comprensión y en una fructuosa lectura de la Biblia"[820]
- Ser "una auténtica introducción a la lectio divina, es decir, a la lectura de la Sagrada Escritura, efectuada en forma acorde con el Espíritu que mora en la Iglesia"[821]
- Permitir "descubrir la verdad divina que contiene, y que suscita una respuesta, la más generosa posible, al mensaje que Dios dirige por su palabra a la humanidad"[822]
- Partir "del contexto histórico de la revelación divina, para presentar personajes y acontecimientos del Antiguo y del Nuevo Testamento a la luz del designio de Dios"[823]
- Saber "utilizar sobre todo los relatos, tanto del Nuevo como del Antiguo Testamento"[824]
- Esforzarse por "insistir sobre el Decálogo"[825]
- Tratar de "emplear igualmente los oráculos de los profetas, la enseñanza sapiencial, y los grandes discursos evangélicos, como el Sermón de la montaña"[826]

B. Catecismo de la Iglesia Católica

El *Catecismo de la Iglesia Católica* es la expresión contemporánea normativa de la Tradición viva de la Iglesia y una fuente básica de sabiduría para toda la actividad catequética. Es una re-presentación del depósito de fe en el mundo actual a la luz de los más de dos mil años de experiencia cristiana

---

819 *La interpretación de la Biblia en la Iglesia*, n. 39.
820 *Mensaje al pueblo de Dios* (27 de octubre de 1977) [versión del traductor].
821 *Mensaje al pueblo de Dios* (27 de octubre de 1977) [versión del traductor].
822 *La interpretación de la Biblia en la Iglesia*, n. 39.
823 *La interpretación de la Biblia en la Iglesia*, n. 39.
824 *La interpretación de la Biblia en la Iglesia*, n. 39.
825 *La interpretación de la Biblia en la Iglesia*, n. 39.
826 *La interpretación de la Biblia en la Iglesia*, n. 39.

vivida. Los dirigentes de catequesis y los catequistas pueden encontrar en el *Catecismo* un importante resumen de las enseñanzas de la Iglesia. Es normativa para la composición de todos los materiales y recursos catequéticos usados en la catequesis. Todos los que son responsables de la instrucción en la fe cristiana y en la formación en la vida cristiana pueden hallar en el *Catecismo* una guía confiable para sus esfuerzos. Pueden recurrir a él para obtener una presentación sistemática y auténtica de la enseñanza de la Iglesia.[827] En resumen, el *Catecismo de la Iglesia Católica* es un recurso básico para toda la actividad catequística, tanto la que ofrecen informalmente los padres en sus hogares como la que ofrecen formalmente los catequistas profesionales en el marco de programas catequísticos organizados.

C. Catecismos locales

"Dentro del conjunto de instrumentos para la catequesis sobresalen los Catecismos."[828] Se alienta a las Conferencias Episcopales a preparar catecismos locales que sean fieles al contenido esencial de la revelación, utilicen metodologías catequísticas sólidas y se adapten a la situación social, cultural, étnica y religiosa de aquellos a quienes están destinados.[829] Una de las metas primeras del *Catecismo de la Iglesia Católica* es brindar asistencia a los obispos y a los fieles cristianos para la preparación de los catecismos locales.[830]

El *Catecismo de la Iglesia Católica* "no se propone dar una respuesta adaptada, tanto en el contenido cuanto en el método, a las exigencias que dimanan de las diferentes culturas, de edades, de la vida espiritual, de situaciones sociales y eclesiales de aquellos a quienes se dirige la catequesis."[831] Estas "indispensables adaptaciones"[832] son precisamente responsabilidad de los catecismos locales, los que deben tener en cuenta "las diversas situaciones y culturas, pero [guardando] cuidadosamente la unidad de la fe y la fidelidad a la doctrina católica."[833] Los catecismos locales son

---

827   *La interpretación de la Biblia en la Iglesia*, n. 39.
828   DGC, n. 284.
829   Cf. CT, n. 50.
830   Cf. FD, n. 3.
831   CCE, n. 24.
832   CCE, n. 24.
833   FD, n. 3.

preparados o aprobados por los obispos diocesanos para su uso en las respectivas diócesis o por la *United States Conference of Catholic Bishops* para su utilización en las diócesis de los Estados Unidos. En consecuencia, los catecismos locales, junto con el *Catecismo de la Iglesia Católica,* son los recursos catequísticos más confiables y deben ser las referencias primarias indispensables para el desarrollo de otros recursos catequísticos.

Además, los catecismos locales son instrumentos invalorables para la catequesis, ya que comunican las verdades universales de la fe en formas que se refieren a la persona humana individual inmersa en un contexto cultural específico. Presentan la síntesis de fe con referencia a la cultura específica del pueblo al que se dirige el catecismo. "Esta adaptación de la predicación de la palabra revelada debe mantenerse como ley de toda evangelización."[834]

Un catecismo local puede ser preparado por un obispo en particular para su uso en el seno de su diócesis, y puede ser publicado por él de acuerdo con las normas de la Iglesia.[835] Los catecismos publicados por la conferencia de obispos para su territorio requieren la aprobación previa de la Santa Sede.[836]

68. LIBROS DE TEXTO Y OTROS MATERIALES DE INSTRUCCIÓN CATEQUÍSTICOS

A. Libros de texto catequísticos

Entre los instrumentos de aprendizaje que se ponen directamente en manos de los catecúmenos y los catequizandos están los libros de texto catequísticos. En los Estados Unidos, los libros de texto catequísticos para niños y jóvenes son generalmente parte de una serie integrada preparada para diversos niveles de grados escolares, usualmente desde preescolar o jardín de infantes hasta sexto u octavo grado. Además, los textos para la escuela secundaria abordan los componentes centrales de la fe con diversos formatos. Los materiales catequísticos para adultos generalmente se presentan en la forma de catecismos para adultos o de recursos para el

---

834 GS, n. 44.
835 Cf. CIC, c. 775 §1; DGC, n. 266d.
836 Cf. CIC, c. 775 §2; DGC, nn. 270, 271, 284, 285.

catecumenato bautismal, para la renovación parroquial y para pequeñas comunidades cristianas. Todos los libros de texto catequísticos deben

- Presentar el mensaje auténtico de Cristo y su Iglesia, adaptado a la capacidad de los alumnos y con una forma de expresión que les resulte comprensible
- Ser fieles a la Sagrada Escritura
- Resaltar las verdades esenciales de la fe, enfatizando adecuadamente las verdades particulares según su importancia en la escala jerárquica de las verdades
- Guardar conformidad con el *Catecismo de la Iglesia Católica*
- Ser aprobados por el obispo local
- Brindar a aquellos que los usan un mejor conocimiento de los misterios de Cristo
- Promover una verdadera conversión a Jesucristo
- Inspirar y alentar a aquellos que los usan a vivir la vida cristiana con mayor fidelidad
- Ser culturalmente apropiados y un fiel reflejo de las situaciones de la vida real de aquellos que los usan
- Fomentar la caridad, el aprecio y el respeto por las personas de las más diferentes condiciones raciales, étnicas, sociales y religiosas
- Presentar en forma exacta y precisa a las otras comunidades eclesiásticas y religiones
- Emplear una variedad de metodologías catequísticas sólidas, sobre la base de los resultados de una investigación catequística responsable
- Incluir ejemplos apropiados de oración cristiana y oportunidades de experiencias litúrgicas, e incorporar el uso de la Sagrada Escritura como texto de estudio junto con otros libros de texto catequísticos
- Ofrecer fragmentos breves de la Sagrada Escritura que se puedan aprender fácilmente de memoria
- Contener oportunidades para examinar y medir los progresos en el aprendizaje
- Ser visualmente atractivos, atraer a los alumnos e incorporar diversos ejemplos de arte cristiano
- Incluir gráficos que representen las diversas características regionales, culturales, económicas y religiosas de las personas que los utilizarán
- Recurrir al intelecto, las emociones, la imaginación y la creatividad de los alumnos

Un número cada vez mayor de católicos necesitan materiales catequísticos en idiomas diferentes del inglés. Resulta más eficaz que estos materiales sean desarrollados por hablantes nativos de esos idiomas, que conozcan sus respectivas culturas y que también tengan experiencia catequística. Por lo general, no resulta suficiente traducir los materiales catequísticos preparados para angloparlantes a los idiomas de los catequizandos.

Siempre que sea apropiado, se desarrollarán materiales especiales para su utilización en la catequesis de las personas con discapacidades, desarrollo que estará a cargo de profesionales de los respectivos campos de educación especial, en colaboración con aquellos familiarizados con los idiomas y culturas de las personas con las discapacidades específicas.

Los manuales para el catequista y el maestro son componentes esenciales de todas las series de libros de textos catequísticos bien preparados. Fundamentalmente, deben comunicar a los catequistas y maestros qué es lo que se espera que ellos comuniquen a los alumnos. Los manuales para los catequistas y los maestros deberían incluir "la explicación del mensaje de la salvación (con constantes referencias a las fuentes y con la precisa indicación de lo que forma parte de la fe y de la doctrina segura y de lo que sólo es opinión de los teólogos); consejos psicológicos y pedagógicos y sugerencias metodológicas."[837]

B. Otros materiales de instrucción

Otros materiales de instrucción incluyen las guías catequísticas para líderes responsables de programas y catequistas, materiales educativos para padres, recursos para el catecumenato bautismal y el matrimonio y otros materiales de preparación sacramental.

Los recursos educativos complementarios para los dirigentes responsables de programas proporcionan una útil reseña del plan catequístico y sugerencias prácticas para alcanzar sus objetivos. Los materiales complementarios para catequistas deben enriquecer su conocimiento de los contenidos curriculares y fortalecer su capacidad para adaptar los objetivos del programa particular a la capacidad de los alumnos.

Las series de libros de texto catequístico deben incluir también materiales específicamente diseñados para brindar asistencia a los padres en su función como catequistas primarios de sus hijos. Dichos materiales deben

---

837 *Directorio catequístico general*, n. 121.

estar preparados directamente para los padres y proporcionarles tanto la información como los instrumentos prácticos para reforzar los objetivos de la catequesis que reciben sus hijos.

Es importante que los recursos preparados específicamente para la preparación sacramental estén bien integrados en series básicas de libros de texto catequísticos e incluyan materiales para alumnos, catequistas y padres. Los libros de texto deben preparar a los alumnos para la confesión y deben incluir la directiva de que este sacramento se reciba antes de la primera santa Comunión. Deben presentar los sacramentos como signos eficaces de la gracia de Dios que incorporan al cristiano al Misterio pascual de Jesucristo tal como se conmemora y celebra en su Iglesia. El contenido de estos textos debe incluir lo que se ha articulado previamente en el Capítulo 5, "La catequesis en una comunidad que rinde culto."[838] Se deben incluir sugerencias prácticas para los padres, para que hagan participar a sus hijos en su preparación para recibir los sacramentos y para que participen continuamente en la vida sacramental de la Iglesia. Lo mismo es cierto también para los materiales de antecedentes que ponen de relieve los principios de la Iglesia para la formación ecuménica y los resultados de diálogos específicos entre las Iglesia y otras comunidades eclesiales.

Los materiales catequísticos, diseñados para que lo utilicen quienes están en el catecumenado bautismal y quienes se preparan para la plena comunión con la Iglesia Católica, deben presentar la estructura de la iniciación de adultos, sus oficios y ministerios, el tiempo y lugar de la iniciación y las posibles adaptaciones del ritual romano tal como están estipuladas en el *Rito de la iniciación cristiana de adultos.*

Todos estos materiales de instrucción deben estar en evidente armonía con el *Catecismo de la Iglesia Católica,* y deben ser artísticamente sensibles, técnicamente actualizados, teológicamente auténticos, ecuménicamente exactos y metodológicamente consistentes.

---

838 Cf. Sección 35-C de este *Directorio,* "Directrices catequéticas para la celebración de los sacramentos".

69. TECNOLOGÍA DE COMUNICACIONES Y CATEQUESIS

A. El impacto de los medios de comunicación en la catequesis

La televisión tiene un impacto tan dominante en la educación y formación de los niños que a veces ha sido llamada "el otro padre". También los adultos pasan ahora más tiempo viendo televisión que en ningún otro momento de la historia. En consecuencia, "la utilización de los medios de comunicaciones se ha hecho esencial para la evangelización y la catequesis."[839]

Si bien los avances de la tecnología de las comunicaciones plantean retos y potenciales problemas para los dirigentes de catequesis y los catequistas, también presentan muchas prometedoras oportunidades para la proclamación del mensaje de Jesucristo, al incluir nuevas formas, a un vasto número de personas que de otro modo nunca podrán oírlo. Proporcionan un foro nuevo y más eficaz para proclamar el Evangelio a todas las naciones y todos los pueblos. Por ejemplo, con los subtítulos en tiempo real para personas sordas, así como la descripción en audio, las letras grandes y el Braille para los ciegos, el Evangelio resulta ahora más accesible que nunca antes para las personas con esas discapacidades.

Los medios de comunicaciones son útiles instrumentos catequísticos, pero quienes los usan deben saber que tienen el poder de dar forma al ambiente y que son, por lo tanto, recursos catequísticos multidimensionales. Los medios crean una nueva cultura con nuevos idiomas, costumbres, leyes y técnicas, y proceden de nuevos supuestos fundamentales que a menudo confrontan o contradicen las premisas básicas más convencionales de la antropología, la psicología y la ética. Plantean profundas cuestiones acerca de la distinción entre el medio y el mensaje: el "cómo" y el "qué" de las comunicaciones. De hecho, los medios de comunicaciones son en sí mismos una materia de estudio adecuada para la catequesis.

Entre los medios de comunicaciones contemporáneos se encuentran los medios electrónicos (televisión, radio, películas, casetes de audio y de video, DVD, discos compactos y una serie completa de otras ayudas audiovisuales), los medios impresos (periódicos, revistas, libros, panfletos

---

839   AN, n. 11.

y boletines parroquiales) y los medios relacionados con las computadoras (Internet, CD-ROM, materiales de aprendizaje a distancias y programas de software interactivos).

En algunas instancias, la tecnología de las comunicaciones cambia tan rápidamente que un medio individual puede ya ser obsoleto antes de que se comprendan adecuadamente sus consecuencias inherentes. Esto puede confundir a los catequistas y hacerles dudar acerca del uso de los medios contemporáneos en la catequesis. Será útil para el personal de catequesis y de comunicaciones de la diócesis explorar el potencial cate-quístico de cada uno de los medios de comunicaciones, de manera que puedan brindar una mejor asistencia a los catequistas para desarrollar las técnicas necesarias para el uso eficaz de estos medios en la proclamación del Evangelio.

Los medios de comunicaciones contemporáneos no sólo transmiten información, sino que generan experiencias visuales, sonoras, emo-cionales y, en algunos casos, puramente virtuales para las personas y las comunidades. La catequesis bien planificada debe emplear estos medios de manera que el mensaje de Jesucristo se pueda comunicar eficazmente en las circunstancias y la cultura reales de aquellos que lo buscan.

B. Instrumentos de la catequesis

Aquellos que cuentan con la capacitación y la formación para hacerlo, pueden y deben emplear cada uno de los medios de comunicaciones como un instrumento de formación catequética.[840] El *Código de derecho canónico* insta a los obispos a que "procuren utilizar"[841] los medios de comunica-ciones contemporáneos.

1. Medios electrónicos

Los medios electrónicos, tales como la radio y la televisión, pueden ser instrumentos catequísticos muy eficaces, ya que se pueden usar para pre-sentar la enseñanza de Cristo y la Iglesia directamente al oyente o televi-dente. Los medios de difusión pueden ser especialmente útiles para comu-nicar el mensaje del Evangelio a los ancianos, los enfermos y los recluidos,

---

840   EA, n. 72.
841   CIC, c. 822 §1; cf. CCEO, c. 651.

así como a personas en zonas aisladas o rurales. Los medios de difusión ofrecen asimismo fructíferas oportunidades de cooperación ecuménica y con otros credos religiosos.

Los dirigentes de la catequesis diocesanos y parroquiales deben tener en cuenta las obligaciones de los medios de difusión —especialmente las estaciones de televisión por cable— de proporcionar tiempo de aire de servicio público sin cargo a determinados grupos admisibles. Deben trabajar con el personal de comunicaciones diocesano para investigar la posibilidad de solicitar tiempo de aire para presentar programas catequísticos o hacer anuncios. En algunos casos, las diócesis deben compartir sus recursos para mejorar la calidad y la frecuencia de la programación catequística en los medios de difusión. El Comité de Comunicaciones de la USCCB y su Departamento de Comunicaciones puede facilitar dicha colaboración y son valiosas fuentes de información acerca de los medios electrónicos y su uso como instrumentos de catequesis.

La *United States Conference of Catholic Bishops* ha establecido normas para aquellos que hacen presentaciones sobre la doctrina cristiana en programas de radio y televisión:[842]

Para que las expresiones de fe y la enseñanza moral sean auténticas, deben estar en armonía con la doctrina y la práctica de la Iglesia Católica. Los obispos, que enseñan con autoridad única y que son los custodios de la enseñanza y la práctica de la Iglesia, están obligados a supervisar que estas expresiones sean realmente fieles a la enseñanza de la Iglesia.[843]

Hoy en día, la mayoría de las personas, especialmente los jóvenes, esperan aprender a través de recursos de medios audiovisuales sofisticados. Los programas catequísticos deben incorporar el uso de estos recursos de medios en sus planes catequísticos generales. Si bien no se espera que los catequistas sean especialistas en medios, resulta esencial que reciban algún tipo de capacitación en el uso de los medios y que desarrollen una comprensión de la repercusión de los medios en la catequesis. Se deben

---

842 Cf. USCCB, *Protocol for Catholic Media Programming and Media Outlets [Protocolo para la programación de los medios de comunicación y para las difusiones de los medios de comunicación católicos]* (Washington, D.C.: USCCB, 2000), en http://www.usccb.org/comm/protocol.shtml.

843 *Protocol for Catholic Media Programming and Media Outlets*, 1 [versión del traductor].

proporcionar a los catequistas los criterios y las habilidades con los cuales pueden evaluar los medios y aumentar su conciencia respecto de la cultura que éstos crean. Dicha capacitación debe incluir las características específicas de los diferentes medios, la capacidad para distinguir entre la realidad y la realidad virtual, formas de identificar los mensajes primarios y secundarios comunicados por los medios y oportunidades para aprender a utilizar los equipos. Las diócesis o regiones deben establecer centros de medios para brindar asistencia a los dirigentes de catequesis y los catequistas a fin de que desarrollen las destrezas necesarias para usar los recursos de multimedios de la manera más eficaz. Estos centros de medios deben incorporar los más recientes avances tecnológicos en la creación de redes de comunicaciones, núcleos de información, centros de recursos y bibliotecas de materiales de medios que se puedan distribuir en forma sencilla y económica en toda la diócesis o región.

2. Medios impresos

Si bien los medios electrónicos llegan a millones de personas por medio de una comunicación instantánea, se continúan leyendo diferentes tipos de medios impresos en prácticamente todos los hogares y lugares de trabajo de los Estados Unidos. La prensa católica sigue siendo un importante instrumento de evangelización y catequesis para la Iglesia en los Estados Unidos. Los periódicos, revistas, boletines, libros, panfletos y boletines parroquiales católicos pueden ser instrumentos catequéticos muy útiles, especialmente en la catequesis de adultos. Los editores y las editoriales deben proporcionar medios impresos que cumplan con altas normas de excelencia periodística. Sus publicaciones deben presentar con fidelidad las enseñanzas de la Iglesia a todos los lectores y ayudar especialmente a los católicos a evaluar sus experiencias a la luz del Evangelio. Los medios católicos impresos deben fomentar el crecimiento de la fe en sus lectores y promover una comunidad de fe entre ellos. Las publicaciones católicas deben hacer esfuerzos especiales para llegar a las minorías culturales, raciales y étnicas en sus propios idiomas, en formas y modos que reflejen sus valores e inquietudes culturales. Los editores y las editoriales de medios impresos católicos deben colaborar con los dirigentes nacionales y diocesanos de catequesis a fin de acrecentar al máximo el uso efectivo de la prensa católica con fines catequéticos.

Los dirigentes de catequesis de todos los niveles deben trabajar en estrecha relación con los miembros de la prensa católica para desarrollar un enfoque abarcador que cubra la catequesis en forma certera, así como proporcionar datos, información, relatos y fotografías de aspectos de la catequesis dignos de nota. Cuando resulte apropiado, los dirigentes de catequesis y los catequistas deben colaborar con la prensa católica en calidad de planificadores, consultores y escritores.

En conjunto con la oficina diocesana de comunicaciones, los dirigentes de catequesis deben también proporcionar publicaciones seculares con información acerca de asuntos catequísticos, así como estar preparados para reunirse con periodistas y editores a fin de ayudarles a comprender a la Iglesia y su ministerio de evangelización y catequesis. También se requiere disponibilidad para responder consultas de periodistas seculares y para proporcionarles sugerencias para artículos y notas de fondo sobre temas relacionados con la catequesis. Los periódicos comunitarios pueden estar especialmente interesados en cubrir las actividades catequísticas de las parroquias en las que sus lectores viven y celebran su fe.

3. Medios relacionados con computadoras

La era de la computadora ha abierto el amplio y nuevo mundo del ciberespacio. Al igual que con todos los medios de comunicaciones, todas las dimensiones del ciberespacio se pueden usar como instrumentos catequísticos eficaces. La *United States Conference of Catholic Bishops*, la mayoría de las diócesis, los colegios y universidades católicos (y sus bibliotecas) y muchas organizaciones católicas han establecido sitios Web muy accesibles que contienen inmensas cantidades de información y vínculos con innumerables otros sitios con información inclusive más especializada. Los catequistas pueden realizar sesiones de planificación de lecciones por medio de la mensajería instantánea, enviar por correo electrónico el esquema de una lección de catequesis a un grupo de estudiantes, presentar una lección de catequesis a un grupo de noticias especialmente constituido y debatir con ellos en un grupo de chat sobre los puntos de una lección. Los dirigentes de catequesis de una diócesis pueden realizar reuniones grupales sobre inquietudes catequísticas regionales por medio de teleconferencias de audio o video a través de Internet. Las oficinas diocesanas pueden comunicarse con los dirigentes de catequesis parroquiales por medio del correo electrónico; las organizaciones catequísticas nacionales están en condiciones de realizar sus reuniones administrativas o bien ofrecer oportunidades de extensión de instrucción y formación de dirigentes diocesanos de catequesis por medio del uso de cámaras web.

Además, la Internet ofrece muchas oportunidades para el desarrollo personal y espiritual de los catequistas. Muchos sitios proporcionan acceso inmediato a muchos recursos enriquecedores: las lecturas diarias de la Sagrada Escritura, las oraciones de la Iglesia, los libros litúrgicos, los documentos de la Iglesia universal y de la *United States Conference of Catholic Bishops,* los escritos de los Padres de la Iglesia y otros textos teológicos, fuentes litúrgicas, lecturas espirituales, revistas y periódicos católicos, visitas virtuales a las grandes catedrales del mundo, panorámicas en primer plano y comentarios expertos sobre arte y arquitectura religiosos y música sacra, entre otros.

Por otro lado, el ciberespacio también presenta muchos obstáculos que perturban la comunicación del mensaje del Evangelio. "La mayoría de los padres se preocupan respecto al fácil acceso que tienen los niños a la pornografía en Internet o a otras fuentes de información potencialmente dañinas, tales como mensajes de odio e información sobre cómo obtener y usar armas."[844] Además, el solo hecho de que la información esté disponible en la Internet no la convierte en verdadera o confiable, aun cuando el sitio se presente como católico. El anonimato y la falta de responsabilidad que caracterizan al ciberespacio requieren un nivel más sofisticado de conocimiento sobre los medios que lo que se pueda haber requerido en el pasado. Sin embargo, aún no tenemos una verdadera idea de todas las posibilidades que ofrece la Internet para proclamar el Evangelio de Jesucristo, para invitar a potenciales discípulos a que lo sigan y para darles la bienvenida en su Iglesia. El único límite es la imaginación de los evangelistas y catequistas contemporáneos.

C. Los medios como tema de la catequesis

Un plan catequístico diocesano o parroquial debe incluir instrucción acerca de los medios de comunicaciones. Debe ayudar a las personas a desarrollar sus conocimientos y capacidades como televidentes, oyentes, lectores y usuarios, de manera que puedan comprender y evaluar a los medios a la luz del Evangelio. Debe permitirles que se conviertan en agentes para mejorar los medios de comunicaciones y asegurarse de que contribuyan a la dignidad de la persona humana.

---

844 USCCB, *Your Family and Cyberspace [Su familia y el Ciberespacio]* (Washington, D.C.: USCCB, 2000), 3, en http://www.usccb.org/comm/cyberspace.shtml [versión del traductor].

La televisión y la Internet ocupan ahora tanto tiempo en la vida de los estadounidenses que la catequesis se debe enfocar especialmente en el desarrollo de una comprensión crítica de estos medios. Los televidentes y los usuarios de Internet deben saber quién patrocina, planifica y produce los programas y sitios Web. Resulta esencial también conocer las técnicas que usan los publicistas y otros para influir, persuadir y manipular, así como contar con capacidad para distinguir entre la imagen presentada y la realidad o la distorsión de la realidad que representa. Es necesario que los televidentes comprendan las ganancias que impulsan a la televisión comercial y la Internet.

La catequesis debe ayudar a los televidentes y a los usuarios de Internet a familiarizarse con las ventajas y desventajas de la red. Debe ayudar a los padres, por ejemplo, a informarse acerca de la Internet, a seleccionar un proveedor de servicios de Internet (ISP) que proporcione acceso filtrado y a guiar a sus hijos en los usos apropiados de la Internet.

70. PREPARACIÓN Y EVALUACIÓN DE LOS MATERIALES CATEQUÍSTICOS

A. Preparación

Todos los libros de texto y otros materiales catequísticos se deben preparar según los criterios y directrices contenidos en este *Directorio nacional para la catequesis*. Los autores, directores y editores de los recursos catequísticos se deben guiar en general por el *Catecismo de la Iglesia Católica* y el *Directorio general para la catequesis*. Específicamente, deben observar los lineamientos para la preparación de recursos catequísticos establecidos por nosotros en 1990 en *Guidelines for Doctrinally Sound Catechetical Materials [Lineamientos para los materiales catequísticos doctrinalmente sólidos]*. De acuerdo con este documento, dos principios básicos, cuatro criterios fundamentales y sesenta y nueve lineamientos prácticos rigen la preparación de materiales catequísticos doctrinalmente sólidos, y diecisiete lineamientos rigen la presentación de la doctrina correcta en los materiales catequísticos.[845]

---

845   Cf. *Guidelines for Doctrinally Sound Catechetical Materials [Lineamientos para los materiales catequísticos doctrinalmente sólidos]*, 7-25.

Después de la promulgación del *Catecismo de la Iglesia Católica* en 1992, nosotros, los obispos de los Estados Unidos, emitimos una versión ajustada de nuestros lineamientos, indicados en *Guidelines for Doctrinally Sound Catechetical Materials*, en el *Protocol for Assessing the Conformity of Catechetical Materials with the Catechism of the Catholic Church* [*Protocolo para determinar la conformidad de los materiales catequísticos con el* Catecismo de la Iglesia Católica]. Dicho *Protocolo* establece criterios e indicadores específicos que determinan en qué medida se ajustan las obras catequísticas al *Catecismo de la Iglesia Católica*. Los autores, directores y editores de materiales catequísticos deben seguir cuidadosamente estos criterios e indicadores al preparar libros de texto y otros recursos catequísticos. Los criterios fundamentales que deben guiar el desarrollo de materiales catequísticos provienen de los principios de autenticidad e integridad.

A fin de que los materiales catequísticos sean auténticos, se deben respetar los siguientes criterios:

- Los materiales catequísticos no deben contener nada que esté en contradicción con el *Catecismo*.
- Deben alentar y facilitar el desarrollo de un lenguaje común de fe dentro de la Iglesia. Asimismo, deben promover una identidad católica saludable y vital, de manera que se aliente al creyente a oír el mensaje con claridad, vivirlo con convicción y compartirlo valientemente con otras personas.
- Deben aclarar el contexto más amplio de la enseñanza del que se derivan las secciones de "Resúmenes" del *Catecismo*.
- Finalmente, deben evocar la estructura teológica del *Catecismo*, que
  — Está organizado alrededor de la iniciativa creadora y salvadora de Dios Padre, la misión salvífica de Dios Hijo y la función santificante de Dios Espíritu Santo
  — Se centra en la persona, la vida y la misión de Jesucristo
  — Presenta la presencia continua y la misión de Cristo en la Iglesia y por medio de la Iglesia
  — Trata los sacramentos en el marco del Misterio pascual
  — Presenta la vida moral cristiana en las enseñanzas personales y sociales de la Iglesia como una nueva vida en el Espíritu Santo
  — Integra la enseñanza distintiva de la Iglesia respecto de la dignidad de la vida humana dentro de un tratamiento sistemático y orgánico de la vida moral cristiana

— Trata la sexualidad humana dentro del contexto de la educación en la moral sexual, una disposición que ahora excede el desarrollo de segmentos independientes sobre educación en sexualidad humana separados de la enseñaza moral
— Presenta la enseñanza de la Iglesia sobre justicia social en el marco más amplio de la educación moral cristiana

A fin de que los materiales catequísticos se consideren completos, las doctrinas de la Iglesia se deben presentar como un todo integrado; la presentación de la fe debe tener una cohesión intrínseca. Específicamente, los materiales deben:

- Reflejar los cuatro pilares del *Catecismo,* con inclusión de los artículos del Credo, los sacramentos, los mandamientos y las peticiones del Padre nuestro
- Incluir una presentación apropiada de la enseñanza basada en la Sagrada Escritura
- Reflejar de una manera apropiada la variedad y multiplicidad de fuentes de fe que ofrece el *Catecismo:* por ejemplo, las enseñanzas de los Concilios y de los Padres de Oriente y de Occidente, textos litúrgicos y escritos espirituales
- Mostrar que el amor de Dios se revela primordialmente en la Palabra hecha carne, es decir, en Jesucristo
- Dar la importancia apropiada a las dimensiones bíblica, antropológica, litúrgica, moral y espiritual, así como también a las dimensiones ecuménica y misionera del *Catecismo*[846]

Además de estos criterios, el *Protocolo* ofrece los puntos doctrinales específicos que deben estar presentes en los materiales catequísticos para que guarden conformidad con el *Catecismo de la Iglesia Católica.* La *United States Conference of Catholic Bishops* ofrece el servicio de los obispos y los miembros del personal del Comité Ad Hoc para Supervisar el uso del *Catecismo de la Iglesia Católica* para ayudar a los editores de materiales catequísticos a asegurarse de que sus materiales guarden conformidad con el *Catecismo.*

---

846 Cf. USCCB, *Protocol for Assessing the Conformity of Catechetical Materials with the "Catechism of the Catholic Church"* [*Protocolo para determinar la conformidad de los materiales catequísticos con el* Catecismo *de la Iglesia Católica*] (1998).

La preparación de materiales catequísticos también se debe basar sobre principios sólidos de metodología catequística. También se deben tomar en cuenta las diversas condiciones culturales, raciales, étnicas y eclesiales que caracterizan a aquellos que usarán los materiales catequísticos. Se alienta a los autores, directores y editores de materiales catequísticos a prestar gran atención a las necesidades de los grupos específicos que componen la Iglesia en los Estados Unidos. Si bien ninguna serie o texto catequístico puede abordar por sí sola los diferentes grupos culturales y sociales de los Estados Unidos, todas las series y textos catequísticos deben reconocer esta diversidad. Los materiales catequísticos bien preparados presentan las enseñanzas de la Iglesia no sólo de manera auténtica y completa, sino que las presentan en formas que hacen participar a las personas y comunidades que los usan.

El *Código de derecho canónico* estipula que "es necesaria la aprobación del Ordinario del lugar para editar catecismos y otros escritos relacionados con la formación catequética, así como sus traducciones."[847] Antes de la publicación de dichos materiales, los editores deben someterlos al Ordinario local apropiado para su aprobación eclesiástica.

B. Evaluación

Es responsabilidad del obispo local determinar si se pueden utilizar en una diócesis específica determinados materiales catequísticos. Es su deber "dictar normas sobre la catequesis y procurar que se disponga de instrumentos adecuados para la misma [...]."[848] Por lo tanto, como parte de su liderazgo pastoral en la catequesis, el obispo debe establecer un proceso para evaluar los materiales catequísticos propuestos para el uso en su diócesis. Tal proceso debe evaluar tanto la doctrina que se presenta en los materiales catequísticos como los métodos empleados en la presentación de la doctrina.

El proceso se debe desarrollar a la luz de los principales documentos catequísticos de la Iglesia universal y de la *United States Conference of Catholic Bishops*. El proceso también debe tomar en cuenta las diversas comunidades a las que van dirigidos los materiales catequísticos, las condiciones en las que viven y las formas en que aprenden. Además, el

---

847 CIC, c. 827 §1; cf. CCEO, c. 658 §1.
848 CIC, c. 775 §1; cf. CCEO, c. 621.

proceso debe incorporar una seria consideración del plan catequístico general de la diócesis y los objetivos catequísticos específicos establecidos en dicho plan.

El obispo debe convocar al personal de catequesis de su diócesis para coordinar este proceso de evaluación. Es aconsejable que se invite a sacerdotes experimentados e interesados, directores de escuelas católicas, dirigentes parroquiales de catequesis, maestros, catequistas y padres que representen a los diversos grupos culturales y regiones geográficas de la diócesis a que participen en la selección de los materiales catequísticos, así como en la comisión, grupo especial o comité de evaluación de los mismos. Dicho comité debe, en primer lugar, estar familiarizado con la lista de materiales catequísticos que el Comité Ad Hoc para Supervisar el Uso del *Catecismo* haya determinado que están en conformidad con el *Catecismo*. Quizá deseen consultar también al personal apropiado de la *United States Conference of Catholic Bishops* y al personal de las organizaciones catequísticas y educativas nacionales.

Si fuera necesario, el comité de evaluación de libros de texto catequísticos debería diseñar un instrumento de evaluación que mida el nivel de eficacia de los materiales catequísticos usados en las parroquias y en las escuelas católicas de la diócesis. También debe evaluar en qué medida el plan catequístico parroquial ayuda a la diócesis a cumplir con las metas de su plan catequístico general. Debe determinar si los materiales catequísticos respetan la diversidad cultural de la diócesis.

Este instrumento de evaluación debe basarse en forma directa en los documentos de la Iglesia universal y de la Iglesia Católica de los Estados Unidos y en una metodología catequística apropiada. Debe medir tanto el conocimiento del contenido de la fe y las consecuencias de dicho conocimiento para vivir una vida cristiana. En la medida en que sea posible, el comité debe mantener informados a los editores de los materiales catequísticos evaluados acerca del progreso del proceso de evaluación, proporcionar los resultados del proceso y describir los criterios con los que se determinaron dichos resultados.

71. CONCLUSIÓN

Jesús envió a los setenta discípulos antes que Él a las mismas ciudades y sitios que Él visitaría más tarde. Su único equipaje para esos viajes era su confianza en Él. No debían buscar comodidades a lo largo de su camino, solamente debían presentar un mensaje: el Reino de Dios está cerca.

Pero los setenta discípulos volvieron exaltados por el éxito de su misión, ya que habían ejercido el poder sanador del nombre de Jesús sobre los demonios y habían proclamado la Buena Nueva del Reino de Dios. "A ustedes les he dado poder para aplastar serpientes y escorpiones y para vencer toda la fuerza del enemigo, y nada les podrá hacer daño,"[849] les dijo Jesús. Su efectividad dependía por completo de Él: curaron en su nombre, predicaron en su nombre, dieron testimonio de Él.

Si bien ningún recurso material de catequesis puede reemplazar jamás el testimonio personal de la persona de Jesucristo que brinda el catequista bien formado, las ayudas catequísticas, tanto nuevas como antiguas, que son fieles a la revelación de Dios en Jesucristo y se adecuan a las necesidades específicas de los catequizandos pueden ser muy eficaces en manos de catequistas expertos. Deben infundir fidelidad a la doctrina auténtica, adaptándose a circunstancias específicas.

---

849 Lc 10, 19.

Conclusión

Cuando el Espíritu Santo descienda sobre ustedes,
los llenará de fortaleza y serán mis testigos
en Jerusalén, en toda Judea, en Samaria y
hasta los últimos rincones de la tierra. (*Hch* 1, 7-8)

72. UN NUEVO MILENIO, UNA RENOVADA PASIÓN POR LA CATEQUESIS

Al embarcarse la Iglesia en un nuevo milenio de vida en Cristo, el poder del Espíritu Santo fortalece su misión universal de proclamar el nombre de Jesucristo con audacia y dar valientemente testimonio de Él por todo el mundo. Su promesa de acompañar a sus discípulos "todos los días hasta el fin del mundo"[850] impulsa nuestro itinerario en la fe, nos da razones para la esperanza que anida en nuestros corazones,[851] y asegura el cumplimiento de nuestra misión. El mensaje jubilar de "abrir de par en par las puertas a Cristo"[852] y de "remar mar adentro"[853] se transmite a los próximos mil años de cristianismo con renovado entusiasmo como un llamado a todos los creyentes para encontrar a Cristo.

Este *Directorio nacional para la catequesis* proporciona los principios teológicos y pastorales fundamentales extraídos de las enseñanzas de la Iglesia y ofrece lineamientos para aplicar estos principios dentro de la misión catequética de la Iglesia en los Estados Unidos. Nosotros, los obispos de los Estados Unidos, hemos creado este directorio como fuente de inspiración para una nueva evangelización y para una catequesis renovada

---

850   Mt 28, 20.

851   Cf. 1 P 3, 15.

852   Cf. USCCB, *Open Wide the Doors to Christ: A Framework for Action to Implement* Tertio millennio adveniente [*Abrid las puertas a Cristo: procedimiento para implementar* Tertio millennio adveniente], (Washington, D.C.: USCCB, 1997) [versión del traductor].

853   Juan Pablo II, Carta apostólica *Novo millennio ineunte, al concluir el Gran Jubileo del año 2000* (Ciudad del Vaticano, 2001), n. 1, http://www.vatican.va/holy_father/john_paul_ii/apost_letters.

en las diócesis y parroquias de este país. Esperamos que su publicación genere una nueva energía y un renovado compromiso que impulse a los discípulos de esta época, para que no se contengan y para que provean nuevamente iniciativas catequísticas que aseguren la leal y entusiasta proclamación del Evangelio. La Iglesia es "invitada a consagrar a la catequesis sus mejores recursos en hombres y en energías, sin ahorrar esfuerzos, fatigas y medios materiales, para organizarla mejor y formar personal capacitado. En ello no hay un mero cálculo humano, sino una actitud de fe."[854]

Por lo tanto, nada menos que una ardiente convicción por la proclamación de la Buena Nueva puede caracterizar el compromiso de la Iglesia con la catequesis. Al igual que San Pablo, cada catequista del nuevo milenio pregona "¡ay de mí, si no anuncio" el Evangelio.[855] Esta pasión reaviva en los corazones de los fieles el celo de compartir su encuentro con Cristo. Nadie que encuentra a Cristo y nadie que conoce a Cristo puede mantener eso en secreto. Debemos proclamarlo abiertamente y ser testigos confiables de su presencia transformadora en nuestras vidas. Esta pasión despierta en todos los miembros del Cuerpo de Cristo un revigorizado sentido de misión, similar al entusiasmo de los primeros cristianos. Esta pasión reaviva y reorienta la difusión apostólica de la Iglesia y abastece las iniciativas de la nueva evangelización. Esta genuina pasión enciende los corazones de los catequistas con el amor a Cristo y aviva el deseo de guiar a otros a su luz.

El nuevo milenio se extiende frente a la Iglesia como una audaz aventura. Su sólo pensamiento entusiasma el corazón y aligera el paso. Como peregrinos en el viaje, no estamos solos. Tenemos la convicción de la presencia de Cristo en nosotros y con nosotros. Estamos unidos en comunión con todos los bautizados, una comunión que nutre en la mesa de la Palabra de Dios y en la mesa de la Eucaristía. No hay razón para temer, porque Cristo ha exhalado su Espíritu de vida —el Maestro interior— sobre sus discípulos[856] y nos ha dado a su propia madre, la estrella de la evangelización, para que nos acompañe.[857]

---

854   CT, n. 15.
855   *1 Co* 9, 16.
856   Cf. *Jn* 20, 19.
857   Cf. *Jn* 19, 27.

73. EL ESPÍRITU SANTO, EL MAESTRO INTERIOR

"El Consolador, el Espíritu Santo que mi Padre les enviará en mi nombre, les enseñará todas las cosas y les recordará todo cuanto yo les he dicho."[858] Es el Espíritu Santo quien enciende los corazones de los creyentes. Esta acción del Espíritu Santo nos permite vivir "en Cristo" y nos transforma en testigos de Cristo. "El Espíritu es, pues, prometido a la Iglesia y a cada fiel como un Maestro interior que, en la intimidad de la conciencia y del corazón, hace comprender lo que se había entendido pero que no se había captado plenamente."[859]

El poder del Espíritu Santo cubrió con su sombra a la Virgen María, quien dio a luz la Palabra de Dios encarnada. Descendió sobre Cristo en su bautismo, a través del desierto lo guió a su misión y lo ungió para predicar la Buena Nueva. Sólo después de que Jesús entregó su Espíritu Santo a sus discípulos ellos fueron capaces de comenzar la labor evangelizadora de la Iglesia, una labor que simplemente no es posible sin la acción de Dios obrando a través de su Espíritu Santo.

El Espíritu Santo impulsa, inspira y guía toda la obra de la Iglesia. Es "el alma de esta Iglesia".[860] "Si el Espíritu de Dios ocupa un puesto eminente en la vida de la Iglesia, actúa todavía mucho más en su misión evangelizadora."[861] El Espíritu Santo abre las mentes de los que no creen para que escuchen la palabra de Dios y abre los corazones de los creyentes para que comprendan el misterio de Cristo y la Iglesia:

Puede decirse que el Espíritu Santo es el agente principal de la evangelización. Él es quien impulsa a cada uno a anunciar el Evangelio y quien en lo hondo de las conciencias hace aceptar y comprender la Palabra de salvación. Pero se puede decir igualmente que Él es el término de la evangelización: solamente Él suscita la nueva creación, la humanidad nueva a la que la evangelización debe conducir, mediante la unidad en la variedad que la misma evangelización querría provocar en la comunidad cristiana. A través de Él, la evangelización penetra en los corazones,

---

858   Jn 14, 26.
859   CT, n. 72.
860   EN, n. 75.
861   EN, n. 75.

ya que Él es quien hace discernir los signos de los tiempos —signos de Dios— que la evangelización descubre y valoriza en el interior de la historia.[862]

El Espíritu Santo le da al evangelizador las palabras con las cuales proclamar el Evangelio y le da al catequista la fe con la cual formar discípulos. El Espíritu Santo es, por lo tanto, "el principal catequista"[863] y "el principio inspirador de toda la obra catequética y de los que la realizan".[864] El Consolador que el Padre enviará en el nombre de Cristo —que enseñará todo a los discípulos y les recordará todo lo que Cristo les dijo[865]— es "el Espíritu de verdad" que "irá guiando hasta la verdad plena" a sus discípulos.[866]

Sólo el Maestro interior puede iniciar y sostener la obra de catequesis en la Iglesia, porque sólo Él puede generar el crecimiento en la fe, dirigir la vida cristiana a la madurez, animar a los bautizados a dar testimonio de Cristo y transformar a los creyentes en discípulos. Los catequistas sólo pueden ser efectivos en la medida que se encomiendan al Espíritu Santo, entran en comunión con Él y se dejan convertirse en su instrumento.

Este *Directorio nacional para la catequesis* espera poder canalizar la energía y el optimismo del nuevo milenio hacia una mayor renovación de la catequesis. Esta renovación debe conducir a los que buscan a Cristo a poner de lado el temor, a conocerlo aún más profundamente y a dar un valiente testimonio de Él en un mundo crecientemente secular. Su intención es la de "transformar desde dentro, renovar a la misma humanidad."[867] Sólo alcanzará este objetivo en la medida en que sea una renovación en el Espíritu Santo por el Espíritu Santo.

74. MARÍA, ESTRELLA DE LA EVANGELIZACIÓN

En este momento de la historia, la Iglesia tiene oportunidades inigualables para hacer llegar el Evangelio de Jesucristo a todos los pueblos y a todas las naciones. Por su vocación como Virgen Madre de Dios, María

---

862   EN, n. 75.
863   DGC, n. 288.
864   CT, n. 72.
865   Cf. Jn 14, 26.
866   Jn 16, 13.
867   EN, n. 18.

es un modelo único para la misión de evangelización y de catequesis de la Iglesia.

A través del poder del Espíritu Santo, dio a luz al Unigénito de Dios, su Palabra hecha carne, en una proclamación al mundo totalmente única e irrepetible. Fue la primera catequista de su Hijo. Lo formó mediante el conocimiento humano de la Sagrada Escritura y del plan de salvación de Dios para su pueblo, y mediante el hábito de oración diaria al Padre y por su resuelta sumisión a su voluntad. María es "un catecismo viviente, madre y modelo de los catequistas".[868]

María no fue sólo la primera maestra de Cristo sino que también fue su primera discípula. En la intimidad de la vida familiar, Cristo la formó en el conocimiento de su filiación divina y de su obediencia a la voluntad de su Padre celestial. A través de su intercesión con Cristo durante la boda en Caná, "sus discípulos creyeron en él."[869] Tradicionalmente, la Iglesia ha interpretado que María estaba presente con el resto de los discípulos en la sala superior cuando "aparecieron lenguas de fuego, que se distribuyeron y se posaron sobre ellos; se llenaron todos del Espíritu Santo."[870]

Como la "Virgen de Pentecostés",[871] María es realmente la Madre de la Iglesia. A través de su unión con Cristo y su proclamación exclusiva del Evangelio, continuamente ella atrae a los creyentes a la Iglesia y participa en el sacrificio de su Hijo y en la obra salvífica de la Iglesia. Los creyentes encuentran a Jesús a través de María. Ella es el camino seguro hacia Cristo. "Por su total adhesión a la voluntad del Padre, a la obra redentora de su Hijo, a toda moción del Espíritu Santo, la Virgen María es para la Iglesia el modelo de la fe y de la caridad."[872] Es un signo incomparable de esperanza para la Iglesia. Ella "es la imagen y principio de la Iglesia que ha de ser consumada en el futuro siglo."[873] Su peregrinación de fe conduce al pueblo peregrino de Dios en su itinerario al encuentro del Señor y finalmente a la comunión con el Padre, el Hijo y el Espíritu Santo.

Desde la época de la primera evangelización de este continente, la Virgen de Guadalupe ha inspirado el nacimiento de la Iglesia en los pueblos de toda América. Estos pueblos reconocen en el rostro mestizo

---

868   CT, n. 73.
869   *Jn* 2, 11.
870   *Hch* 2, 3-4.
871   CT, n. 73.
872   CCE, n. 967.
873   LG, n. 68.

de la Virgen de Guadalupe "un gran ejemplo de evangelización perfectamente inculturada".[874] Con todo derecho se la honra como la patrona de toda América.

Para la Iglesia en los Estados Unidos de América, la Inmaculada Concepción de la Santísima Virgen María ha sido el faro que ha guiado a los creyentes al encuentro de su Señor. Cuando los primeros misioneros proclamaron valientemente el Evangelio de Cristo, predicaron a la Virgen María como su realización perfecta. Los numerosos y diversos pueblos que componen la Iglesia en los Estados Unidos continúan mirando a María, "estrella de la evangelización",[875] para que ilumine su camino hacia la comunión con la Santísima Trinidad. Con el título de "Inmaculada Concepción" se honra a María en todo su derecho como patrona de los Estados Unidos.

Que la Virgen María, "a cuya intercesión se debe el fortalecimiento de la fe de los primeros discípulos", obtenga para la Iglesia de los Estados Unidos "la efusión del Espíritu Santo como en la Iglesia naciente."[876] A través de este don, se podrá llevar a cabo la nueva evangelización y una catequesis revitalizada, en la que los discípulos de Cristo de este nuevo milenio pueden ser sus heroicos testigos "en Jerusalén, en toda Judea, en Samaria y hasta los últimos rincones de la tierra".[877]

---

874   EA, n. 11.
875   EN, n. 82.
876   EA, n. 11.
877   *Hch* 1, 8.

Índice